本书是2017年北京市”长城学者”培养计划项目（CIT&TCD20170316）、北京市教育委员会社科计划重点项目“后专营时代京津冀食盐供应安全保障机制研究”（SZ201710037020）、北京市社会科学基金项目“后专营时代北京市食盐封闭供应链运行机制研究”（15JGB102）、中国盐业总公司委托项目“培育成熟的食盐市场经营主体研究”、内蒙古额吉淖尔盐场委托项目“食盐产品市场定位及营销策略研究”的部分成果。

中国食盐经营市场化改革研究

ZHONGGUOSHIYAN
JINGYINGSHICHANGHUA
GAIGEYANJIU

王可山　郝玉柱　刘永胜／著

中国经济出版社
CHINA ECONOMIC PUBLISHING HOUSE

·北京·

图书在版编目（CIP）数据

中国食盐经营市场化改革研究/王可山，郝玉柱，刘永胜著．北京：中国经济出版社，2017.4

ISBN 978－7－5136－5009－0

Ⅰ.①中… Ⅱ.①王… ②郝… ③刘… Ⅲ.①食盐—商业经营—市场改革—研究—中国 Ⅳ.①F724.782

中国版本图书馆 CIP 数据核字（2017）第 292165 号

组稿编辑　崔姜薇
责任编辑　贾轶杰
责任印制　马小宾
封面设计　任燕飞工作室

出版发行　中国经济出版社
印 刷 者　北京建宏印刷有限公司
经 销 者　各地新华书店
开　　本　710mm×1000mm　1/16
印　　张　18.75
字　　数　302 千字
版　　次　2017 年 4 月第 1 版
印　　次　2018 年 2 月第 2 次
定　　价　58.00 元
广告经营许可证　京西工商广字第 8179 号

中国经济出版社 **网址** www.economyph.com **社址** 北京市西城区百万庄北街 3 号 **邮编** 100037

本版图书如存在印装质量问题，请与本社发行中心联系调换（联系电话：010－68330607）

前言

PREFACE

盐业系天下。盐是没有替代品的生活必需品，从古至今没有哪一个产品能像食盐一样影响着每个人每天的生活，甚至影响着国家安全和社会稳定。因而，古今中外各国政府历来都非常重视对食盐的生产经营管理。食盐专营制度具有悠久历史，在我国始于2600多年前的春秋战国时期。

新中国成立以后，我国盐业经营管理体制总的基调是政府主导的计划管理方式。1996年5月27日，国务院发布《食盐专营办法》标志着我国开始实行市场经济条件下的食盐专营制度。食盐专营制度无论是对国家、社会、企业还是消费者都发挥了积极作用，为我国经济社会发展做出了重大贡献。然而，随着我国社会主义市场经济发展的不断深入，围绕食盐要不要专营，或者说是食盐经营市场化改革的思考也越来越多。虽然2001年以来国家有关部门先后拟订了七份盐业体制改革方案，但是直到2016年4月22日国务院印发《盐业体制改革方案》（国发〔2016〕25号），才标志着酝酿已久的盐业体制改革终于启动。

本书的研究正是基于以上背景，通过全面的历史考察、现状分析、国内外经验借鉴和个案研究，对我国食盐经营市场化改革问题进行深入探讨，寻求加强和改进我国食盐经营管理效率的策略和措施。本书的研究内容主要包括：(1) 食盐经营管理制度的历史变迁；(2) 食盐专营制度及运营中存在的问题；(3) 食盐经营体制改革国内外经验借鉴；(4) 市场化改革背景下食盐经营主体研究；(5) 市场化改革背景下食盐经营主体运营保障条件研究；(6) 食盐产品市场定位研究；(7) 食盐产品市场营销策略研究。此外，对于盐行业比较关注的一些具体问题，包括政企分开、产销融合、盐事业中心组建、产权结构多元化改革、食盐封闭供应链管理、食盐流通与监管信息平台构建、食盐经营市场化改革的总体目标、基本原则与改革方案、食盐产品定价、食盐产品结构优化、食盐产品品牌提升、盐业企业广告策略和营销渠道拓展等问题，本书分别作了专题研究。

本书研究的主要结论是：(1) 尽管历史上对盐的专营制度不断变化，但都是基于盐在社会经济中的重要性展开的，国家对盐的专营具有政治和经济双重功用。(2) 我国食盐经营管理体制在运营中存在一系列问题，如政企不分、产销分离、无法通过市场实现资源有效配置、行业技术进步和产业结构调整缓慢、企业规模小、流通效率低、产业不集中等。(3) 我国食盐经营管理体制改革应遵循兼顾安全、效率和稳定的基本原则，处理好政府和市场的关系，使市场在资源配置中起决定性作用，并更好地发挥政府作用，保证食盐产业安全和产品质量安全，建立统一开放、竞争有序的市场体系。(4) 要密切结合我国的国情，关注食盐是战略性资源产品的特点，采取稳步推进的方式，逐步培育成熟的食盐市场经营主体。要注意解决改革过程中的食盐产业安全和食盐供应安全问题。(5) 我国食盐经营主体的生产经营网络处在严格的市场监管体系下，生产经营网络安全稳定。但是，食盐生产和流通企业呈现“多、小、散、乱”的状态，缺乏创新动力。(6) 我国是碘缺乏病高发的国家，全世界40%的碘缺乏人群在中国，消除碘缺乏危害的重任不容忽视，中国的食盐市场化更应该稳妥谨慎、有序渐进地推进，理顺效率和安全、稳定的关系。(7) 成熟食盐市场经营主体应是产销一体化经营组织，以确保食盐质量安全和生产服务效率为目标，通过改革不断完善食盐经营主体有效运营的保障条件。(8) 人口总量的变化对食盐市场容量变化起关键作用，未来15年我国食盐消费总增长量不大。(9) 消费者关注食盐产品品牌和安全标识，价格并不为消费者完全看重。目前在品牌选择上最多的是“中盐”，但未来选择其他品牌的比例会有明显增加。质量安全承诺、品质体验、朋友推荐对购买意愿的影响较大，应关注这些影响因素。(10) 消费者认为不同品种的食盐有区别，对食盐产品有多样化需求。消费者对海盐的认知度最高，其次是湖盐、井矿盐。消费者在食盐消费中非常关注产品品质、健康和标准等因素。(11) 企业开发高端产品可以满足消费者的个性化和差异化的需求，但必须考虑地区的差异以及食盐市场的总体发展趋势。(12) 制盐企业允许跨区域经营，食盐产品的竞争会越来越激烈，采取低价虽有助于打开销路，但不会长久。产销一体化或产销联盟是未来的策略选择。

北京物资学院中国盐业研究中心　王可山　郝玉柱　刘永胜

2017年3月18日

目 录

CONTENTS

图表目录

第一章

食盐经营管理制度的历史变迁研究

第一节 中国历代食盐经营管理制度演变

一、春秋战国至秦汉时期的食盐专营制度

通常认为，专营是对商品资源的生产和流通实行集中管理和垄断经营。专营权是由政府设定的权利，有利于集中管理，保障某些利益的获取；垄断经营排除了市场自由竞争，由国家推行的行业垄断有利于保障公共安全。

食盐专营在我国有着2600多年的历史，最早开始于春秋时的齐国。齐桓公为春秋五霸之首，公元前685—前643年在位，齐桓公任管仲（约公元前723—前645年）为相，推行改革，实行军政合一、兵民合一的制度，齐国逐渐强盛。管仲是春秋时期的法家代表人物，是中国古代著名的经济学家、哲学家、政治家、军事家。管仲被认为是中国食盐专卖政策的创始人。据《管子·海王》记载，桓公问于管子曰："吾欲藉于台雉何如?"管子对曰："此毁成也。""吾欲藉于树木?"管子对曰："此伐生也。""吾欲藉于六畜?"管子对曰："此杀生也。""吾欲藉于人，何如?"管子对曰："此隐情也。"桓公曰："然则吾何以为国?"管子对曰："唯官山海为可耳。"

管仲提出的富国策"唯官山海为可耳"，其"官"即为"管"，由国家统一管理、专营；"山"即为开矿铸铁，"海"即为用海水煮盐。"官山

海”就是由国家专营盐铁。① 管仲认为对房屋、树木、牲畜、人口等征税，会使民众产生不满甚至抵触情绪，导致房屋损毁、乱砍滥伐、宰杀牲畜、减少生育瞒报户口等负面影响，也会加大税赋征收难度和征收成本。因此，管仲不赞成对房屋、树木、牲畜、人口等征税，而主张“唯官山海为可也”。可见，“官山海”政策充分利用了盐铁的不可替代性，采用寓税于价的方式，将税赋藏于盐铁价格之中，避免了直接对房屋、树木、牲畜、人口等征税的不良影响。管仲提出的“盐铁专卖”由政府控制资源所有权，把经营权下放给私人，国家统一收购，通过控制盐的产量和销量，进而控制盐的定价权，以获得更多财政收入。尽管其创立的食盐民产、官府统购、统运和统销的食盐官营制度，有不利于民的一面，但是却大利于国。② 当朝廷经用不足之时，实行这种体现国家完全垄断化的管理体制，凭借食盐的产、运、销获取厚利，以资军、国之用。在此后的几年中，齐国成了各国食盐市场的垄断者。“官山海”政策在管仲之后备受各朝重视，特别是宋、元、明、清朝代千余年间，盐课收入成为朝廷仅次于田赋的财政来源，后世因此尊称管仲为“盐宗”③。

战国时期的秦国在商鞅变法时，实行了比齐国更严厉的食盐专卖政策，不但课以重税控制了食盐的生产和流通环节，还置“盐铁市官”专川泽之利，管山林之饶，加强对食盐生产与流通环节的控制和管理，防止私煮私销。④“商鞅变法”后，秦孝公十年（公元前352年），秦国迅速夺取了山西境内的“安邑盐池”，开始池盐大生产。并置“盐官”，食盐专营，

---

① 桓公曰：“何谓官山海？”管子对曰：“海王之国，谨正盐策。”桓公曰：“何谓正盐策？”管子对曰：“十口之家十人食盐，百口之家百人食盐。终月，大男食盐五升少半，大女食盐三升少半，吾子食盐二升少半，此其大历也。盐百升而釜。令盐之重升加分强，釜五十也；升加一强，釜百也；升加二强，釜二百也。钟二千，十钟二万，百钟二十万，千钟二百万。万乘之国，人数开口千万也，禺策之，商日二百万，十日二千万，一月六千万。万乘之国，正九百万也。月人三十钱之籍，为钱三千万。今吾非籍之诸君吾子，而有二国之籍者六千万。使君施令曰：吾将籍于诸君吾子，则必嚣号。今夫给之盐策，则百倍归于上，人无以避此者，数也。”—《管子·海王》。

② 调查：不再专营的食盐对百姓生活影响几何？http：//www.9ihome.com/info/a9iHome/2014/201412/118680.shtml.

③ 历史上与盐商有关的三位重要人物：夙沙氏、胶鬲、管仲，他们被尊为“盐宗”。夙沙氏是古史中比较认可的最早发明“煮海为盐”的人，他应该是人工盐的首创者；胶鬲原为商朝纣王大夫，后经商盐业，后人认为胶鬲是最早的“盐商”；管仲是春秋战国时期齐国的政治家，最早提出“食盐官营制”政策，后人称之为最早的“盐官”。

④ 史继刚．中国古代私盐的产生和发展［J］．盐业史研究，2003（4）：8－13.

开征盐税，为进一步征战奠定了物质基础。秦惠文王九年（公元前316年），秦国吞并了井盐资源丰富的蜀国，开始对盐业资源进行经营，蜀守张若于公元前311年在成都“置盐铁市官并长丞”。其后李冰为蜀守，在公元前251年前后主持开凿了中国历史上第一口盐井“广都盐井”①。有了盐的秦国逐渐强大起来，最终灭了六国，统一华夏，可谓“得盐者得天下”②。

汉初开放民营，使经营盐铁的商人富比王侯，武帝中期，多次大规模的征讨匈奴，军费开支浩繁，财政入不敷出，朝廷不得已向豪富借贷，而富商大贾却“不佐国家之急”。在此情形下，汉武帝于元狩四年（公元前119年），对盐、铁实行官管，由政府垄断。汉武帝迫于财政压力和对商人“财累万金而不住公家之急”的反感，在桑弘羊的主持下“笼盐铁”，将盐铁的经营收归官府，实行专卖。在产盐和产铁的地方，分设盐官和铁官进行管理。盐专卖采取在官府的监督下由盐民生产，官府定价收购，并由官府运输和销售，打击盐铁富商势力，加强中央集权，增加国家财政收入。

东汉初期仍实行的是盐铁专卖政策，只是由于诸多原因而使政府对盐铁专卖的控制有所放松，而且民间也有大量非法的私营盐商存在；直到章帝时期，汉政府又全面加强了盐铁的专卖政策，民间私营盐铁商遭到严厉的打击；自和帝时期起，汉政府废除了盐铁的专卖政策而实行民营征税制度，但政府专卖也仍然存在，一直到东汉末年。

从秦国、西汉、汉武帝时期，再到东汉这四个时期的盐政中可以看出国家对盐的管理上的变化，盐专卖制度的实行是不断变化的。从中也可以看出盐在当时封建国家经济中的重要性。

二、三国、两晋南北朝时期食盐经营管理制度演变

三国、两晋注重专卖，南北朝时征税制复起。三国的统治者，均一边忙于征战，以扩充各自的疆域，一边恢复残破不堪的生产，以巩固其政治、军事地位，图谋一统天下的帝王事业。由于连年用兵、战事不绝，各国统治者对于获利甚丰的盐业经济，皆颇为重视，一改东汉时期的征税制

---

① 《华阳国志·蜀志》记载其“穿广都（双流县）盐井、诸陂池，蜀于是盛有养生之饶焉”。熊贤品．出土文献所见秦、楚食盐产地的分布［J］．盐业史研究，2016（1）：19－23.

② “华夏民族”形成因盐而起？http：//book. hexun. com/2015－01－23/172690567. html.

而为官营专卖制，对食盐的产、运、销实行高度垄断，从中牟取厚利。[①]三国盐制，皆趋重于专卖，其官制亦略相同，各割据者无不以专卖食盐以助军国之需。曹魏盐政实行官产官销制，设司盐都尉、司盐监丞以管理；蜀汉收回被豪强大姓和少数民族酋帅所控制的盐井，设盐府校尉以负责；东吴在海盐产地设司盐校尉与司盐都尉来控制食盐生产。[②]

西晋时期（公元265—316年），盐业管理仍然实行专卖制，盐业由国家垄断，实行专卖，以牟取厚利救边利国。所不同的是，盐政隶属于统领国家财政的度支尚书掌管，而非三国时期专设的司盐都尉或盐府校尉。

在三国时代及入晋以后，各国均实行的是食盐官营专卖制。自汉武帝为资军用实行这种体现国家高度垄断化的管理体制以来，封建统治者每当战事紧迫，军用急需，为增加国家财政收入，改行这种盐业管理体制似乎已成为一大法宝。在南北朝专卖制度的发展中也可以看到，政策最为松弛的时期是南朝。南朝占有丰富的盐铁资源，沿海一带盛产海盐，在西蜀被西魏占领以前还占有蜀地的井盐。但南朝各政权均未垄断盐铁资源，实行盐铁专卖，这与世族经济的影响直接相关。国家专卖了盐铁，就等于扼制住了富商大贾的咽喉和堵塞了商品经济发展之路，具有政治和经济双重功用。盐铁商品化程度高，获利大，实行专卖不但增加了国家财政收入，也打击了富商大贾和地方割据势力。因此，南北朝时期的中央政府也常常把收缩盐铁政策作为抑制和打击世族豪强势力的手段。

三、唐宋时期食盐经营管理制度演变

唐初，实行自由贩卖，不收盐税。安史之乱（公元755—763年），为军需计改征税官卖。肃宗乾元元年（公元758年）第五琦任盐铁使，遂立盐法。这一时期主要是由政府在各产盐区设立“盐院”，负责盐的生产、收购和运销，统制全部盐源和盐的销售，史称“民制、官收，官运、官销”[③]。为解“府库空虚用度不足”之急，朝廷指令各产地盐院“尽榷天下盐，加时价百钱出之，为钱一百一十”，以充盈府库。但由于政府盐务

---

① 任桂园．三国魏晋南北朝时期的盐制与三峡盐业综论．http：//uzone. univs. cn/news2_2008_ 52846. html.

② 马林涛．刘晏榷盐法与中国古代商业政策之转型［J］．许昌师专学报，2000（4）：78－82.

③ 杨国麒．刘晏的盐政改革对唐代中叶社会经济的影响［J］．盐业史研究，1990（4）：54－55.

机构庞大、开支惊人、官场腐败、办事效率低，加价出售，越来越不能体现财政收入的增长，而且盐价的失控反而减少了盐的销量，人民怨声载道。

刘晏（公元715—780年）在宝应元年（公元762年）为两淮盐区转运使，在继承前任盐法的基础上，进行了大胆的治理、改革和整顿，在两淮创行“榷盐法”，推行“平准法”，改变当时的财政紊乱状况。刘晏在两淮创行的“榷盐法”，就是把“官运官销”改为“商运商销”，把盐税加入盐价之中，就场销售给商贩。只要缴价之后放令出场，任其所之，无论何人均可在盐铁使管辖地区以内就场销售给自由贸易，因而又称作“就场专卖制”[①]。通过刘晏的改革，“天下之赋，盐利居半[②]，宫闱服饰，军饷百官俸禄，皆仰给焉。”刘晏的“就场专卖制”核心是由官府掌控食盐的批发环节，而生产和销售采取民营的模式。为了调动盐商的活力，刘晏对盐商实行了扶植与保护政策，通过简化对盐商的税收、可纳绢代钱购盐、修治河道活跃城乡经济、取消商人户税加二等征收的规定、放开盐价由盐商根据市场情况灵活掌握等措施，刺激盐商对榷盐制度的推进。[③]

为确保“就场专卖制”施行，刘晏于各地列置巡院[④]缉捕私盐，先后在两淮销区的扬州、白沙等交通要道设十三巡院以缉私盐。为防止商人唯利是图抬高盐价，创立常平盐制度，由官府调运部分食盐到边远荒僻地区储存，设置盐仓，常年储备食盐100万余石，以备必要之时开仓平价供应市场，保证民食。[⑤]

安史之乱后，唐王朝能够继续存在一个半世纪，与榷盐制的推行有直接的关系。榷盐是唐王朝赖以存在的、重要的经济支柱之一。[⑥] 刘晏的经营理念实现了盐法的重大转折，从完全国营排挤私人资本到官商合营，适当留利于民，为后世的盐法奠定了基础。刘晏“就场专卖制”的创立，标志着中国古代盐政制度的成熟。唐以后历代中央政府的盐政制度，大抵只

---

① 卢正兴．刘晏与两淮盐法［J］．苏盐科技，1994（4）：27.

② 唐代宗末年（公元779年），国家年财政收入1200万缗中，盐利占600万缗，占总收入50%。

③ 马林涛．刘晏榷盐法与中国古代商业政策之转型［J］．许昌师专学报，2000（4）：78-82.

④ 巡院是唐朝重要的地方盐政机关，主要负责盐、缉私等与榷盐密切相关的事务。

⑤ 卢正兴．刘晏与两淮盐法［J］．苏盐科技，1994（4）：27.

⑥ 吉成名．论唐代后期盐政对唐王朝的存在和发展所起的积极作用［J］．盐业史研究，1990（3）：3-8.

是在刘晏旧制的基础上，加以适当变通而已。①

宋初的盐策依旧实行官运官卖，宋太宗时一改旧制，政策时有变动。宋太宗在位21年，淮盐政策的变更竟多达6次，主要是实行官卖榷禁制度，商人不许染指盐利，禁绝自由贸易。这种官卖体制，严重地干扰了官盐的运销，刺激了私盐的兴炽。直到宋中叶以后，政府的统治者们才吸取官卖榷禁政策的教训，逐步实行以通商为主、官卖为辅的开放性的政策。②

对宋代盐政非常有影响的是范祥和蔡京。范祥因1044年提出发展盐钞制度而著名。之前，政府要求商人漕运粮秣至北部地区支持边境军队，商人得到交换的凭证（钞引）作为回报，凭此证能在中央政府机构兑换现金、茶叶、香抖、象牙、盐，当时政府经营着陕西盐池，盐产品极其丰富。然而，商人通过提高漕运给边境军队供应品的价格，或者提高作为交换上缴给政府的商品的价格弄虚作假。为此，范祥创立了盐钞制度，听任商人贩运陕西盐，只需向中央政府付现金就能得到盐钞，而不必先漕运供应品到边境。到蔡京时开始把所有宋盐管理合成一体置于中央政府之下，将盐钞制度扩大至整个国家。同时，他加快发行新钞，作为从商人身上榨取附加钱的手段，商人不得不按一种不利的折扣兑换他们的旧钞。蔡京的政策和操纵手段慷慨地为国家和帝国的官员分配盈利③。蔡京的盐钞制度前后反复两三次，每次推行在细节上或有修补，其基本精神则是利用盐钞的反复变异不断吸引和敛聚商人的货币财富。④

由于官府牢牢把持盐业的生产与流通，控制着“利源”，盐利成为宋朝财政收入中的重要组成部分。盐利从北宋太宗时的100%递增至140%、300%，至宋徽宗时高达1060%。南宋疆土虽然削小，也高达906%，略低于宋徽宗、宋神宗两朝，较其他诸朝为高。“宋真宗天禧末货币总收入为2650余万贯，盐利350余万贯，占总数13.2%；宋仁宗时总收入3900万贯，盐利715万贯，占18.3%；宋高宗绍兴末年总收入为3540余万贯，盐利1930余万，占54.2%，宋孝宗淳熙末总收入为4530余万，盐利2196万，占48.4%，南宋盐利占国家财政收入48.4%~54.2%，这是宋代财政

---

① 马林涛．刘晏榷盐法与中国古代商业政策之转型［J］．许昌师专学报，2000（4）：78－82.

② 于海根．略述宋初太宗朝淮盐政策的几度变更［J］．盐业史研究，1992（2）：56－57.

③ 埃德蒙·H·沃原西，江玉祥译．南宋盐管理的区域控制．盐业史研究，1988（4）：80－85.

④ 郭正忠．北宋中后期的解盐政策［J］．盐业史研究，1988（3）：3－19.

结构一个明显的重要的变化。”①

四、元明清、民国时期食盐经营管理制度演变

元代形成了南北统一的盐引制度，盐引是元代食盐管制的核心票证，无论商贩还是官运都遵守“引盐不相离”的原则。由于有价值稳定的商品盐作为支撑，盐引也被元朝政府用于物资采购、赏赐、站户救济等各种财政支出，由票证又衍生出了支付手段的功能。元代的盐引制度代表了北宋以来食盐“官控商销”发展的一个高峰，不仅覆盖范围空前，而且盐利高度向中央集中。元代的盐引制度、官僚的行政实践以及元代盐商的活动构成了明初国家食盐运销体制逐渐成形的母体。②

明代只是把元代盐法经过一定改造之后，以国家制度的形式正式确立了下来。明代的盐法是在国家专卖制度下组织的灶户制度，以特定的人户世袭制盐，官府支给工本与生产工具，免除杂役。灶户生产的盐包括以课盐的形式交给官府的“正盐”和正盐生产以外的剩余劳动所生产的“余盐”。明初的专卖制度，原则上国家把灶户生产的盐全部由政府收购，然后通过户口食盐法运到各州县按口派卖，或通过开中法由商人输送粮草等供应边镇军饷，政府给以盐引，派场支盐，自行运销指定地点。③

明代盐业官专卖表现在对盐业的生产、销售的严格控制、管理上，明代主要产盐场地都设置了盐业管理机构，管理该地区盐业的产、供、销。为行官盐，明政府颁布一系列法令，严禁私盐的存在。同时，还对权贵势要及商人中盐有严格规定。但是，“盖法虽严而用法自有权也”，明政府一系列旨在保证盐业官专卖制的规定却为余盐所侵蚀。由于政府对灶户的待遇一再降低，使灶户甘冒违法风险而将余盐私卖给商人。余盐就成为私盐之来源，挤占了正盐的销售市场，使正盐滞销，也使盐场的产量受到影响，开中领到盐引的商人，久候难以支到场盐，造成正引的壅积。④

万历年间，商盐壅积的现象更加严重。万历四十四年，袁世振提出了《疏理十议》，全面进行盐政的改革。袁世振的改革方案称为“纲法”，实

① 冯红. 基于榷盐制度的宋代国富论与民富论探析［J］. 河北大学学报（哲学社会科学版），2012（7）：7-11.

② 李春园. 元代的盐引制度及其历史意义［J］. 史学月刊，2014（10）：35-45.

③ 金钟博. 明代盐法之演变与盐商之变化［J］. 史学集刊，2005（1）：21-26.

④ 张家国、殷耀德、李红卫. 试析明代盐法变迁之轨迹［J］. 法学评论，1997（5）：70-75.

际上是一种商人专卖制度，凡纲册上有名的盐商，均可以世世代代垄断盐利，无名者不得加入充当盐商。纲法在疏积引以行正引方面的成效是很卓著的，“万历末年，有袁世振者纲法，行之半年，新旧之盐引滞疏，而课之解太仓者，几倍于曩时”。[①]

盐利是国家重要的财源，清政府对盐政也特别关心。清初主管盐务的是巡盐御史或盐运司。从康熙中期开始，专门设立盐政的职务，在长芦、两淮颁布了责任盐政，由部院官兼管，或者由都察院上奏派人主管盐务。福建、甘肃、四川、两广则由总督兼任；两浙、云南、贵州、河东由巡抚管理。可是由于两淮盐政管理的地盘很大，权限却较小，因而不能将盐务处理得非常得体。在道光十年陶澎出任两江总督的同时，改由两江总督兼任两淮盐政，各省督抚此后都具有管理盐政的头衔。宣统元年在中央设置督办盐政处，其官职为督办盐政大臣，一切盐务都由其管理。后来盐政处改为盐政院，统一管理一切盐政事宜。[②]

清代主要的盐场有辽东、长芦、山东、两淮、两浙、福建、两广、四川、云南、河东等地方，但对清朝财政起最主要作用的是两淮盐，清代盐政中的许多问题也是以两淮盐为中心。从嘉庆到道光初，盐商的没落较明显。此外，自明代以后淮南纲纪紊乱，没有章法，官盐滞销，私盐盛行，盐的收入大大减少。清代道光年间（公元 1821—1850 年），淮北地区曾进行了以两江总督陶澎为首的盐法制度改革，即所谓的票法。陶澎根据淮北盐政改革中的成就而在淮南以及全国推行其改革的措施，取得了极为显著的经济效果，松动了淮北地区一蹶不振的盐业经济。在淮北试行票法对淮南盐政以及全国盐政改革都有重大影响。[③]

清代盐商只能在规定的销盐区域内贩卖盐，即便有余量而适遇邻州县的盐又告缺，将没有获得许可的盐越界贩卖也是绝对禁止的。清代的销盐地区基本上是按照宋代的规定划分的，销盐地区是国家为了统管盐的贩卖而建立的制度，根据各盐场的产量、销盐地区内的人口、地貌、运盐路线的难易，以及当时的社会背景等诸多情况来决定的，以配给人民足够的食盐，解决无盐可食之优。而且，更重要的是划分销盐地区可确保盐利，稽

① 金钟博．明代盐法之演变与盐商之变化［J］．史学集刊，2005（1）：21－26.

② 佐伯富著，顾南、顾学稼译．清代盐政之研究［J］．盐业史研究，1993（2）：14－27.

③ 佐伯富著，顾南、顾学稼译．清代盐政之研究［J］．盐业史研究，1993（2）：14－27.

察私盐。①

清末，盐税成为政府最重要的收入来源。甲午、庚子战败后，巨额赔债款等使清政府财政日益困窘，不断加征盐税。盐税越重，盐价越高，致使“私盐日炽”。因贩私盐获利甚丰，出现许多铤而走险、武装贩私的“盐枭”。盐商贿赂盐官，利用场产管理，放盐及加耗加斤等环节的漏洞来偷税的现象也司空见惯，清末税法日益败坏。②

民国初期，时任南京临时政府实业部长及两淮盐政总理的张謇根据自由贸易宗旨，对盐的产、运、销、税等进行了详细的规划，但是由于损害封建专商及盐务官吏胥役们的既得利益，改革很快失败。1913 年，北洋政府与五国银行团签订了善后借款合同，借款以全部盐税收入作为担保，为使本息能如期偿付，须以外国人直接监督管理盐税的稽征和用项，在外国人的协助下对盐务行政实行改革。改革派官员与洋会办丁恩由此担任中国盐务稽核总所会办兼盐务署顾问推行改革，丁恩不赞成中国改革者们的官专卖办法，主张采用西方资本主义的盐税制度。③ 这在客观上适应了中国社会经济发展的需要，成为中国盐务近代化的开端，因而其有一定的进步意义。④

民国 20 年代、30 年代乃至抗战胜利后的 40 年代末，都先后出现过关于盐务改革的论争，实质上是民初盐务思想论争的继续和深入，民初所揭示的“就场征税、自由贸易”模式，始终是民国改革者们努力实践的目标。1946 年国民政府颁布的《盐政纲领》，其根本原则便是“民制、民运、民销”，由政府管理，调节供求，恢复就场征税制。⑤

第二节 中国现代食盐经营管理制度演变

新中国成立后，盐税在我国财政收入中的比重明显降低，1950 年只占到 5.49%，2006 年更是已经低至 0.04%。虽然在 1996 年，国务院《食盐

① 佐伯富. 清代盐政之研究（续）[J]. 顾南、顾学稼译盐业史研究，1993（4）：37－53.

② 汪文忠. 试析民国初期的盐务改革—兼论洋会办丁恩在盐务改革中的作用［J］. 现代盐化工，2015（8）：8－11.

③ 刘经华. 民国初期盐务改革思想论析［J］. 盐业史研究，2003（4）：20－28.

④ 刘洪升. 民国初期的盐政改革对盐务近代化的影响［J］. 河北学刊，1996（5）：107－110.

⑤ 刘经华. 民国初期盐务改革思想论析［J］. 盐业史研究，2003（4）：20－28.

专营办法》正式出台，明确地将食盐生产和运销归入专营，表面上看食盐专营体制只有十几年的历史，但实际上从新中国成立起，通过一系列的计划经济管理的政策和措施，对盐业生产经营活动一直采取国家计划管理，即整体上是采取专营的办法，只是专营的目的不再只是增加财政收入，而是主要为了：①因食盐是生活必需品，且具有不可替代性，专营可以保证供应（特别是边远地区的供应）和价格稳定；②确保食盐普遍加碘。大体上，我国现代食盐经营管理制度演变可分为四个阶段。

一、第一阶段：食盐经营政府主导、计划管理（1949—1994 年）

盐是重要的民生商品，也是基础化工原料，享有“化工之母、食肴之将”的美誉。新中国成立以后，我国盐业经营管理体制总的基调是政府主导的计划管理方式。1949 年 11 月 24 日，财政部召开第一次全国税务会议，拟定《全国税政实施要则》作为整理与统一全国税政的基本准则，确定全国范围的税收为包括盐税在内的 14 种，明确了盐税作为一个单独的税种，由财政部下设盐务总局负责管理全国盐的生产和盐税征解。1949 年 12 月 5 日，财政部召开第一次全国盐务会议，会议为统一盐政、保证民食与国家收入，讨论了 1950 年盐务工作的方针、任务、组织机构、产销关系和税收原则，做出《关于 1950 年全国盐务方针任务的决定》和《关于全国盐务机构组织的决定》，确定了“公私兼顾，按销定产，提高质量，增加产量，减低成本”的生产方针。1949 年 12 月 26 日，中央贸易部召开全国大城市供应会议，决定建立粮食、花纱布、煤业建筑器材、盐业、百货、猪鬃、油脂、土产、茶叶、矿产、石油、进口等 12 个专业公司。

1950 年 1 月 20 日，政务院颁布《中央人民政府政务院关于全国盐务工作的决定》。该《决定》对 1950 年的方针和任务做出了以下规定：（1）关于制盐，采取公私兼制，按销定产，提高质量，增加产量，减低成本的方针。（2）关于运销，规定全国划分七大销区，采取公私兼运兼销方针，凡产销分开的地区，运销由盐业公司负责。（3）关于税收，采取“提高税额”与“税不重征”的方针，各区税额统一由中央确定，征收时“从量核定，就场征收”。（4）关于缉私，基本上要依靠组织群众缉私，但亦应适当扩大缉私武装，使产区与销区缉私相结合，并配合其他缉私，以收互助之效。（5）关于盐务分工，除西北与内蒙古维持现状外，华北、华东、中南等区的运销工作，统由贸易部门指定其各级盐业公司负责，西南另定。生产、税收、缉私确定仍由财政部门的各级盐局负责。(6) 关于盐务机构，规定全国盐务管理机构实行五级制，即盐务总局、大区盐务管理局、总局直属或区属省级盐务管理局、盐场管理处和分场、场务所。①②

1950 年 2 月 15 日，中国盐业公司正式成立。中国盐业公司主要负责经营华北、华东、中南三大区盐的采购、运输、调拨、销售、保管及出口业务，其职能还包括扶持合作社的发展、草拟购运销及出口计划和工作章程、批准所属各单位的业务与财务计划并进行监督指导、制定食盐批发价与出口价等。1950 年 3 月 8 日，中国盐务总局正式成立。③

1953 年以前实行的产销分管的盐业经营管理制度，适应了当时的历史条件，恢复和发展了生产，保证了军需民食，稳定了民心和形势。但是，在华北、东北和中南等主要产区实行产销分别管理，不利于统筹安排，产销失衡，矛盾较多。④ 1953 年 8 月第五次全国盐务会议上，有关产销矛盾与是否要进行产销统一的问题得到了进一步的研究讨论。中财委于 1953 年 12 月 12 日颁布《关于盐业产销统一领导的决定》。按照《决定》，中央商业部所属中国盐业公司系统全部移交中央轻工业部，并由轻工业部统一领导产、销的经营管理工作。东北、内蒙古盐业运销业务仍由粮食部门负责领导不变。1953 年 12 月 31 日，中央轻工业部和中央商业部发出《为明确盐业产销统一领导后的几个问题的联合通知》，要求盐务总局和中盐公司的组织机构同时并存，西南、西北及两广区的产、运、销组织维持原状，由盐务总局直接领导；有销无产的地区，保持盐业公司的组织不变；有销有产的地区，公司、盐局采取联合行文办法进行领导。⑤

1954 年 4 月 1 日，中国盐业公司并入盐务总局，总局内部增设了相应的运销机构。盐业管理实行高度集中的计划管理，是一种工商管、工贸合一的管理体制。1956 年 5 月 12 日将盐业划归食品工业部领导。1958 年 2 月食品工业部并入轻工业部，盐务总局归轻工业部领导。1958 年，随着中

---

① 新中国成立以后的盐专卖制度 . http: //www. jscz. gov. cn/pub/jscz/czwh/shzc/201409/t20140930_ 63494. html.

② 张荣生 . 中国历代盐政概说 [J]. 盐业史研究，2007 (4): 24 – 33.

③ 新中国成立以后的盐专卖制度 . http: //www. jscz. gov. cn/pub/jscz/czwh/shzc/201409/t20140930_ 63494. html.

④ 黄群慧、钟宏武、张蒽、魏秀丽 . 中国盐业总公司考察 [M]. 经济管理出版社，2013.

⑤ 新中国成立以后的盐专卖制度 . http: //www. jscz. gov. cn/pub/jscz/czwh/shzc/201409/t20140930_ 63494. html.

央直属企业的下放，盐务总局改为制盐工业局，盐税划归税务总局。省级直属产销企业下放后，盐业管理机构多数被撤并，生产并入轻工业局，运销并入商业、供销或粮食部门。这种“地区分管”“产销分管”的体制持续到1963年。①

1964年，中央决定试办托拉斯，恢复统一管理模式，加强了专业管理。但1966年“文革”爆发，盐业托拉斯迅速解体，统一管理的组织机构被削弱或瓦解。② 1980年2月，国家经济委员会经国务院审核批准，成立中国盐业总公司，同时恢复盐务总局，与总公司一套机构两块牌子。中国盐业总公司统一管理全国盐的产、运、销、存，统一经营直属产、销企业。1987年7月，轻工业部进行机构改革，撤销盐务总局，成立中国盐业协会，中国盐业总公司办成经济实体。1990年5月，轻工业部又将行业管理职能划归中国盐业总公司，形成中国盐业总公司领导省级盐务局的局面。③ 1990年取消盐税，改为资源税和增值税。1990年3月2日，国务院第51号令发布实施《盐业管理条例》。根据《盐业管理条例》，轻工业部是国务院盐业行政主管部门，主管全国盐业工作。省及省级以下人民政府盐业行政主管部门，由省、自治区、直辖市人民政府确定，主管本行政区域内的盐业工作。

二、第二阶段：食盐专营体制建立及发展（1994—2000年）

党的十四大明确我国经济体制改革的目标是建立社会主义市场经济体制。中央非常重视对关系国计民生的食盐的监管，鉴于食盐的质量、包装和卫生标准要求高和食盐加碘消除碘缺乏病的特殊需要，1994年确定了盐业体制改革思路，“食盐管好，工业盐创造条件逐步放开”，决定对食盐实行专营，对工业盐实行计划管理。

按照1994年2月《国务院关于进一步依法加强盐业管理问题的批复》（国函〔1994〕13号），国务院同意对食盐实行专营，由国家经济贸易委员会牵头，会同中国轻工总会和内贸部负责抓好这项工作，并会同其他有关部门研究制定具体实施办法；由国家技术监督局组织力量对各地区特别

---

① 黄群慧、钟宏武、张蒽、魏秀丽．中国盐业总公司考察［M］．经济管理出版社，2013.

② 程龙刚．新中国盐业管理体制50年回眸．盐业史研究，2000（1）：39－44

③ 黄群慧、钟宏武、张蒽、魏秀丽．中国盐业总公司考察［M］．经济管理出版社，2013.

是碘缺乏病区销售的食盐是否含碘进行抽查；工业用盐继续依照《盐业管理条例》实行计划管理。授权中国轻工总会承担《盐业管理条例》规定的“主管全国盐业管理工作”的职能，同意在中国轻工总会内设盐业管理机构，但不再增加编制。食盐加碘关系到人民群众的健康水平和素质的提高，必须有严格的法令和执法检查机制，要明文规定对销售非碘食盐应视同卖假药一样依法查处。由国务院法制局尽快组织有关部门依照法律程序修订《盐业管理条例》。①

1995 年 11 月，国家计划委员会、国家经济贸易委员会下发《关于改进工业盐供销和价格管理办法的通知》，将现行工业盐的计划分配改为在国家总量计划指导下的合同订货。由中国轻工总会和化工部每年联合组织订货会，盐碱生产企业双方直接见面，双向选择，签订合同，直接结算。同时取消现行的工业盐准运证和准运章制度，盐碱双方根据签订的合同向运输部门申请计划。盐碱双方在不低于保护价的基础上，协商确定成交价格，向市场经济过渡。

1996 年 5 月 27 日，中华人民共和国国务院令（第 197 号）发布《食盐专营办法》，标志着我国开始实行市场经济条件下的食盐专营制度。按照《食盐专营办法》，由国务院授权的盐业主管机构负责管理全国食盐专营工作；县级以上地方各级人民政府授权的盐业主管机构负责管理本行政区域内的食盐专营工作。国家对食盐实行定点生产制度，非食盐定点生产企业不得生产食盐。国家对食盐生产和食盐的分配调拨实行指令性计划管理。国家对食盐批发实行批发许可证制度，经营食盐批发业务必须依法申请领取食盐批发许可证，未取得食盐批发许可证的不得经营食盐批发业务。托运或者自运食盐的单位和个人，应当持有国务院盐业主管机构或者其授权的省、自治区、直辖市人民政府盐业主管机构核发的食盐准运证。概括起来，就是实行了食盐生产定点制度、食盐批发许可证制度和运输准运证制度。

1998 年，国务院机构改革，撤销中国轻工总会，成立国家轻工业局，设国家轻工业局盐业管理办公室，与中国盐业总公司合署办公。2000 年，中国盐业总公司交由中央企业工作委员会管理，行业管理职能由盐业管理

① 国务院关于进一步依法加强盐业管理问题的批复 . http：//www. gov. cn/xxgk/pub/govpublic/mrlm/201012/t20101202_ 63036. html.

办公室和盐业协会负责。2001 年，国家轻工局撤销，盐业管理办公室移交国家经贸委。

三、第三阶段：酝酿盐业改革方案（2001—2015 年）

2001 年以来，国家有关部门先后拟订了七份盐业体制改革方案，这些方案由于各种原因都停下来了。盐改方案暂停最主要的原因可能还是我国盐行业还不具备放开的条件，需要时间为市场化作准备。①

围绕盐业体制改革，虽然有不同的方案提出，但是主要聚焦于五个主要问题：第一，政企合一问题。在政企合一体制下，各级盐业公司既是“裁判员”又是“运动员”，无法保证公平、公开、公正的交易市场秩序。盐政管理和盐业公司的行政和经营行为存在不规范，利用“政”为“企”谋利，垄断经营。部分地方盐业公司对小工业盐实施专营，造成食盐专营扩大化。计划统得过死不利于调动企业积极性。第二，食盐生产企业的市场地位问题。市场经济条件下食盐生产企业不能进入市场，食盐生产企业没有食盐产品的商标、品牌，制盐企业普遍规模小，产业集中度低，不能实现优胜劣汰。第三，产销分离问题。食盐流通环节多、效率低，需要承担政府执法费用，导致流通成本偏高，制盐企业难以获得合理利润。制盐企业不能面向市场需求，导致制盐企业没有开发新产品、提高产品技术含量的积极性，使整个行业应有的发展受限。第四，区域分割问题。地区封锁，商业流通不畅。条块分割、各自为政，宏观调控乏力，导致产能过大、产销失衡和生产过剩。第五，消费者权益问题。食盐批发企业垄断经营，生产企业不关注产品质量、技术创新，也没有积极性提升产品质量。消费者多样化用盐需求得不到满足，无法选择到更优质多样的产品和更好的服务。

2006 年 3 月 14 日第十届全国人民代表大会第四次会议批准《中华人民共和国国民经济和社会发展第十一个五年规划纲要》，明确提出“坚持政企分开、放宽准入、引入竞争、依法监管，推进垄断行业管理体制和产权制度改革”“深化石油、电信、民航、邮政、烟草、盐业和市政公用事业改革，推进国有资产重组，形成竞争性市场格局，建立现代企业制度”。

---

① 董志华在全国盐业多种经营交流会作改革思路动员 . http：//www. cnsalt. cn/d. asp? id = 17968.

2006年8月，国务院“关于落实《中华人民共和国国民经济和社会发展第十一个五年规划纲要》主要目标和任务工作分工的通知”（国发［2006］29号），实现《纲要》确定的目标和任务，应主要依靠发挥市场配置资源的基础性作用；同时，政府要正确履行职责，调控引导社会资源，合理配置公共资源，保障《纲要》顺利实施。部署由国家发展改革委员会牵头，深化石油、邮政、烟草、盐业体制改革。

国务院2007—2010年连续4年转发的国家发展改革委员会关于深化经济体制改革工作意见的通知都将盐业管理体制改革列为年度工作要点，2009年“加快盐业改革”更是引人注目地出现在国务院政府工作报告中。“推进盐业体制改革，实现政企分开、政资分开”被列入2011年3月14日第十一届全国人民代表大会第四次会议批准的《中华人民共和国国民经济和社会发展第十二个五年规划纲要》。①

2011年11月，中国盐业协会发布《盐行业“十二五”发展规划》（中盐协〔2011〕45号）明确提出，“积极稳妥地推进盐业体制改革，加快食盐批发企业内部经营机制转变，建立现代企业制度，完善法人治理结构，优化人员配置，树立竞争意识、市场意识，提高市场竞争力，完善食盐市场监管体系，开展食盐专营体制下的市场化运作，促进食盐管理向市场化方向发展。”

为了继续贯彻《食盐专营办法》及有关法规，积极配合稳妥推进盐业改革工作，2014年食盐计划编制工作本着形式从简、务实高效的原则，只编制和下达食盐销售计划及省际调拨计划（包括直接食用、食品加工用盐；加碘和非碘食盐），畜牧盐、渔盐、肠衣盐和出口盐由食盐专营主体根据市场需求采取产销企业自主衔接方式保证供应，不再列入国家指令性计划。② 2014年9月4日国务院印发《关于在中国（上海）自由贸易试验区内暂时调整有关行政法规和经国务院批准的部门规章规定的准入特别管理措施的决定》，决定“允许外商以独资形式从事盐的批发，服务范围限于试验区内”。2015年5月8日公布的《国务院批转发展改革委关于2015年深化经济体制改革重点工作意见的通知》（国发〔2015〕26号）再次提出“推进盐业体制改革”。

---

① 王伟．盐业垄断改革的法律困境与对策研究［J］．西南财经大学出版社，2014.

② 2014年食盐计划安排意见．http：//www．cnsalt．cn/d．asp？id＝17855.

四、第四阶段：盐业改革方案出台和实施（2016—）

2016 年 4 月 22 日，国务院印发了《盐业体制改革方案》（国发〔2016〕25 号），标志着酝酿已久的盐业体制改革终于启动。

盐业体制改革是我国经济体制改革中的一项重要改革。《盐业体制改革方案》确定了我国盐业改革的指导思想：全面贯彻党的十八大、中共十八届三中全会、四中全会、五中全会和中央经济工作会议精神，认真落实创新、协调、绿色、开放、共享发展理念，以确保食盐质量安全和供应安全为核心，在坚持食盐专营制度基础上推进供给侧结构性改革，坚持依法治盐，创新管理方式，健全食盐储备，严格市场监管，建立公平竞争、监管到位的市场环境，培育一批具有核心竞争力的企业，逐步形成符合我国国情的盐业管理体制。强调突出食盐安全、释放市场活力、注重统筹兼顾、坚持依法治盐的基本原则。

《盐业体制改革方案》（国发〔2016〕25 号）明确提出完善食盐定点生产制度、完善食盐批发环节专营制度、完善食盐专业化监管体制、完善盐业法律法规体系四个完善。提出改革食盐生产批发区域限制、改革食盐政府定价机制、改革工业盐运销管理、改革食盐储备体系四个改革。自《方案》印发之日起至 2016 年 12 月 31 日，有关部门要抓紧研究制定食盐生产及批发企业规范条件、食盐储备、市场监管和价格监测、干预等政策措施，修改完善相关制度。从 2017 年 1 月 1 日开始，放开所有盐产品价格，取消食盐准运证，允许现有食盐定点生产企业进入流通销售领域，食盐批发企业可开展跨区域经营。现有食盐定点生产企业许可证和食盐批发企业许可证不再重新核发，有效期延至 2018 年 12 月 31 日。从 2018 年 1 月 1 日开始，现有食盐定点生产企业和批发企业可依照新的规定申请许可，根据许可范围从事相应的经营活动。

目前，全国 31 个省级人民政府都完成了盐业体制改革的方案制定和上报工作。《食盐价格管理办法》已经废止，《食盐专营办法》《盐业管理条例》等 3 部涉盐法规已完成了公开征求社会意见阶段。针对存在的突出问题，国家发展改革委员会、工业和信息化部已下发多个文件，加强对改革推进工作的指导力度。①

---

① 王强．深入推进盐业体制改革保障食盐安全稳定供应［J］．宏观经济管理，2017（1）：30－33.

第三节　各时期对食盐管制的合理性和必要性

各时期对食盐管制的合理性和必要性主要体现在以下几个方面：

1. 食盐是维持人的生命和健康所必需的物质，没有替代品，每个人都必须吃盐，因此必须确保食盐及时安全供应。

食盐是日常生活中重要的调味品，酸、甜、苦、辣、咸五味，咸味是最基本的，饭食、汤、菜中没有盐就会淡而无味。更重要的是，食盐可以使人体维持正常的生理机能，[①] 是维持人体及其他许多生命体内部机能正常运行不可或缺的重要元素。食盐的主要成分是氯化钠，钠和氯两种成分在人体内分解成钠离子和氯离子，氯离子可使人体细胞及其周围的水分保持平衡，促进消化，和钠一起保持血液的酸碱平衡。钠离子调节血液流量和血压的平衡，有助于神经脉冲信号的传递，对肌肉的收缩是必不可少的。[②]

2. 历史经验证明，如果放开食盐私营，则食盐供应容易遭受操纵和垄断。如在传统社会前期，很多时候盐的生产、销售主要为世家大族和豪商巨贾所把持和垄断，"非豪民不能通其利"。特别是世家大族，他们是传统社会前期专制政权的统治基础，通常不会愿意让出盐利、支持朝廷的专卖政策。[③]

盐的不可替代性，会使部分奸商囤积居奇，哄抬盐价，牟取暴利，会造成很多人买不起盐或买不到盐。例如，日本核泄漏后的我国"抢盐事件"。2011 年 3 月 12 日，日本福岛核电站爆炸，日本政府宣布"核能紧急事态"，在这之后的连续几天内，核电站反应堆不断出现爆炸事故，核辐射范围也不断扩大。众多国家陷入核辐射危机的恐慌中，防辐射风潮席卷各国。3 月 15 日，核危机的不断升级已引发全球恐慌，各大媒体都出现了各国的抗辐射报道，如"日本根据福岛核电站周围检测到的放射性物质，拟向居民发放碘片以防止碘 - 131 的危害""芬兰的防辐射碘药片脱销"等。我国某主流网络媒体还专门邀请嘉宾对此次灾难进行详细解说，虽表

① 白鸽．食盐与人体健康［J］．学科教育，1996（4）：33 - 35.

② 陈勇、陈俊．浅析食盐的健康摄入［J］．中国井矿盐，2010（1）：44 - 45.

③ 史继刚．中国古代私盐的产生和发展［J］．盐业史研究，2003（4）：8 - 13.

示“我国应该不会受到太大核辐射影响”，也指出“如果实在不放心，可服用一定的稳定性碘来预防”，但并未说明摄入“稳定性碘”具体应该服用哪些药物以及如何科学服用。由于信息的不对称，此时一些谣言正通过手机短信传播开来，随后有关“吃加碘盐可防核辐射”、“日本核辐射会污染海水导致以后生产的碘盐都不能食用”的消息开始在网络上零星出现，浙江省的一些地区开始出现非正常购买食用碘盐的现象。此时，已经有部分人群开始购买碘片来预防辐射，但由于人们对食盐更为熟悉，出于对核辐射的不了解和恐慌心理，更多的人选择参与到抢购食盐的队伍中。浙江省的宁海、诸暨、萧山、永嘉、三门、临海、庆元、江山等市县开始出现排队抢购食盐现象。这一抢购风潮迅速向浙江省相邻周边地区如安徽、江苏、上海扩散，各大超市、便利店的食盐销售量暴增，一度出现食盐供货紧张，造成抢购食盐的集体恐慌，严重扰乱了民众的正常生活。虽然食盐属于政府定价商品，施行全国统一销售价格，但还是出现了不少商贩私自哄抬物价的违法行为。3 月 17 日，食盐抢购风潮迅速向全国各地蔓延，河南、广东、北京、福建等地也纷纷受到影响，出现了大规模的抢购行为。食盐供应异常越发明显，许多地区的食盐已经脱销，出现盐荒现象。部分不法商贩趁机提高价格，更加加剧了群体抢购行为，一些公众购买的食盐量甚至足够其一家食用几十年。①

如果百姓都没盐吃，就会民不聊生，造成政局动荡。② 如唐中叶以后盐价高涨，“天宝、至德间，盐每斗十钱”。至第五琦变更盐法，盐价每斗增至 110 钱，普通民户很难购食，造成食盐供需之间的严重脱节。官盐价越高，则私贩越多，禁私越严，私贩之利越厚，利越厚则制贩私盐的活动越不能禁，并往往朝着对封建统治更加不利的方向发展。唐末农民暴动的领袖黄巢、王仙芝就与私盐有关。

3. 食盐一直是历代封建政府牢牢掌握的最重要的专卖商品，其收入是历代政府的重要财源。

春秋时期管仲主张“轻重鱼盐之利”，而不对房屋、树木、牲畜、人口等征税，通过“煮沸水以籍天下”，以专卖收入取代了税收收入，这是

---

① 日本核泄漏后的我国“抢盐事件”. http: //www. mpaouc. cn/newscontent. asp? id = 377&sort = % D6% D0% D0% C4% D0% C5% CF% A2&tsort = % B0% B8% C0% FD% B7% D6% CE% F6.

② 史继刚. 中国古代私盐的产生和发展［J］. 盐业史研究，2003（4）：8 - 13.

齐国成为强盛富裕之国，雄踞五霸之首的主要原因之一。① 吴王濞也以盐铁之利而“薄赋其民”，收买人心。他们已认识到盐是一种很大的财源，“于是盐为官业”。② 唐代刘晏在开始管理盐铁时，每年盐利收入才40万缗，到唐代宗大历末时增至600万缗。“天下之赋，盐利居半”，盐利成为唐后期专制统治的重要财政支柱。③ 宋代“官制商销”的钞法通行，盐价增涨，全国盐课总数大致增加二、三倍。元代盐法甚于宋代之法，全国总收入盐利占80%。④

可见，在封建社会通过掌握食盐这一重要资源，可以获得既丰富而又稳固的财政收入，也是加强对人民的统治的一种手段，所以历代都十分重视。

4. 从我国的具体情况看，从1996年开始的食盐专营是确保加碘，防止碘缺乏病的有效渠道。

碘是人体必需的微量元素之一。⑤ 碘在人体的含量仅有20～50毫克（平均30毫克），为身体质量的二百万分之一，尽管含量极低，却是合成甲状腺激素不可缺少的重要原料。缺碘严重者可导致碘缺乏症，引发智力残疾、地方性甲状腺肿、地方性克汀病、亚克汀病、生长发育障碍、先天聋哑儿等疾病。碘缺乏病对人体健康的损害是严重而多方面的，对社会尤其是对人口素质及经济发展的有害影响是十分深远的。⑥

20世纪90年代，我国约有7.2亿人生活在碘缺乏地区，碘缺乏病分布于1807个县，27128个乡。⑦ 我国政府分别于1991年和1992年签署了《儿童生存、保护和发展世界宣言》《执行九十年代儿童生存、保护和发展世界宣言行动计划》《世界营养宣言》《世界营养行动计划》，承诺到2000年在中国消除碘缺乏病。1994年《食盐加碘消除碘缺乏病危害管理条例》颁布实施，确定：国家对消除碘缺乏危害，采取长期供

① 黄天华．试论我国盐税的起源［J］．现代财经，2010（3）：3－9.

② 夏约．盐税史话［J］．财政，1980（6）：38－39.

③ 史继刚．中国古代私盐的产生和发展［J］．盐业史研究，2003（4）：8－13.

④ 夏约．盐税史话［J］．财政，1980（6）：38－39.

⑤ 一般把含量不足人体质量万分之一的元素称为微量元素，按目前技术水平在人体内可以检出的约有70种，已知维持正常生命活动所必需的有14种。

⑥ 碘缺乏病防治知识．http：//3y.uu456.com/bp_6c7776yhcd8xswm2y1h6_1.html.

⑦ 讲真，现在大部分人还有必要特意补碘吗？http：//www.sohu.com/a/141728787_313701.

应加碘食盐为主的综合防治措施。国务院卫生行政部门负责碘缺乏危害防治和碘盐的卫生监督管理工作；国务院授权的盐业主管机构负责全国碘盐加工、市场供应的监督管理工作。各级人民政府应当将食盐加碘消除碘缺乏危害的工作纳入本地区国民经济和社会发展计划，并组织实施。①

1996 年，为了加强对食盐的管理，保障食盐加碘工作的有效实施，保护公民的身体健康，制定《食盐专营办法》。《食盐专营办法》明确了国家对食盐实行专营管理，由国务院授权的盐业主管机构负责管理全国食盐专营工作。县级以上地方各级人民政府授权的盐业主管机构，负责管理本行政区域内的食盐专营工作。国家对食盐实行定点生产制度。非食盐定点生产企业不得生产食盐。国家对食盐的分配调拨实行指令性计划管理，对食盐批发实行批发许可证制度。②

防治碘缺乏病的最根本措施是食盐加碘，这是各种补碘办法中最好的方法，不仅安全、有效、经济和容易推广，又符合微量、长期及生活化的要求。食用加碘盐的优点：一是安全、有效。我国食用盐含碘的标准《GB 5461—2000》规定每公斤碘盐含碘量为 30±15（20~50）毫克，食用这种碘盐即可保证每日对碘的需要量。防治实践证明，碘盐防治碘缺乏病是安全有效的，许多发达国家使用碘盐已经消除了碘缺乏病。二是生活化、长期性。通过吃碘盐，能保证补碘的生活化、适量化及持久性。三是经济、易推广。食用碘盐很经济，用钱少，只需花少量的钱即可解决防治疾病的大问题。③ 因此，消除碘缺乏病最简便、最有效、最经济的办法，就是食盐加碘，全民食用加碘盐。④

第四节 中国现代食盐专营制度的主要贡献

盐是关系国计民生的重要产品，新中国成立以后，食盐都是由国有企业垄断经营。1996 年之前，各类用盐采取严格的计划经济体制管理。1996

① 中华人民共和国国务院令（第 163 号）——食盐加碘消除碘缺乏危害管理条例 . http://www.moh.gov.cn/mohzcfgs/pfg/200804/18982.shtml.

② 食盐专营办法 . http://www.sda.gov.cn/WS01/CL1601/92100.html.

③ 科学补碘能有效预防碘缺乏病 . http://news.hexun.com/2011-05-12/129545874.html.

④ 谭治 . 实施食盐专营消除碘缺乏病［J］. 中国井矿盐，1996（4）：9-10.

年，国务院颁布《食盐专营办法》，开始了国家食盐专营制度，明确将食盐生产和运销归入专营，专营的目的主要确保食盐普遍加碘、价格稳定和保证供应（特别是边远地区的供应）。

我国碘缺乏严重且碘盐使用率普遍较低的地区主要集中在西藏、新疆、甘肃、青海等边远和贫困省份和地区，主要原因是居民收入低，土盐、硝盐、伪劣碘盐冲击市场，盐又是长距离、大吨位运输的物资，老少边山穷地区运输条件差。尤其重要的是，食盐加碘关系到国民素质的提高。

按照联合国儿童基金会（UNICEF）2012 年统计数据，全球 196 个纳入 UNICEF 的国家或地区中，有 128 个国家或地区采取食盐加碘策略，其中有 37 个国家达到 90% 以上的碘盐覆盖率；52 个国家碘盐覆盖率在 50% ~89%。消除碘缺乏病，食用碘盐是根本措施。食盐专营是合格碘盐正常供应的制度保障，有了食盐专营的法律制度，才能确保碘盐市场不被土盐、硝盐、伪劣碘盐冲击，保证人们吃上合格的碘盐。根据 2011 年全国碘缺乏病监测情况的通报，全国共检测了居民户食用盐 827028 份，检出碘盐 816692 份、非碘盐 10336 份，经人口加权全国碘盐覆盖率为 98.7%。上海市碘盐覆盖率为 92.2%，其他省份碘盐覆盖率均大于 95%。全国有 98.5% 的县碘盐覆盖率达到 90% 以上。全国碘盐合格率为 98.0%，除上海市和西藏自治区外，各省份碘盐合格率均在 95% 以上。全国居民户合格碘盐食用率为 96.8%，上海市合格碘盐食用率为 87.4%，其他省份合格碘盐食用率均在 90% 以上，全国有 97.1% 的县居民户合格碘盐食用率达 90% 以上。在水源性高碘地区，不加碘食盐率为 90.8%，江苏省、安徽省、山东省、河南省不加碘食盐率在 90% 以上，天津市、河北省、山西省不加碘食盐率分别为 87.9%、76.9%、83.8%。① 中国碘盐覆盖率由于长期保持在 90% 以上的高水平被世界瞩目，中国被称为“持续消除碘缺乏病的引领者”。我国在食盐加碘消除碘缺乏病方面取得的成就被国际社会评价为“世界的典范”和“里程碑式的成就”。而越南和俄罗斯由于废止了食盐强制加碘的法律

① 卫生部等五部委关于 2011 年全国碘缺乏病监测情况的通报. http://www.moh.gov.cn/zwgkzt/pjbkz1/201209/55777.shtml.

保障，导致两国重新面临碘缺乏危害，成为反面教材。①

我国实行食盐专营政策以来，通过对食盐实行统一计划、统一管理、统一价格等有力措施，我国确保碘盐安全供应，食盐专营是消除碘缺乏病的制度保证。我国消除碘缺乏病之所以取得这样的成绩，与我国采取以食盐专营制度为核心的管理体制密不可分。食盐专营制度在特定历史时期不管是对国家、对社会、对企业还是对消费者都发挥过积极作用，为我国经济社会发展做出了重大贡献。

1. 对政府来讲，通过建立一种制度，在较短时间内既经济又有效地解决了我国的公共卫生问题，是一项非常了不起的中国创造。中国消除碘缺乏病制度模式得到国际社会的广泛赞誉和高度认可。

我国是碘缺乏病最严重的国家之一，② 自 1995 年实施全面食盐加碘预防碘缺乏病策略和 1996 年实行食盐专营制度以来，我国碘缺乏病得到有效控制。2000 年评估显示，我国在总体水平上消除了碘缺乏病。③ 并且，2010 年发布的《中国食盐加碘和居民碘营养状况的风险评估》认为：从人群尿碘水平和膳食碘摄入量两方面评价，我国除高水碘地区外，绝大多数地区居民的碘营养状况处于适宜和安全水平，沿海地区也不例外；食盐加碘并未造成我国居民的碘摄入过量；我国居民碘缺乏的健康风险大于碘过量的健康风险。由于我国多数地区都存在程度不同的碘缺乏，而且加碘盐是这类地区碘的重要膳食来源，考虑到我国食盐加碘在碘缺乏病控制方面取得的突出成绩，应该认为食盐加碘的健康益处远大于食盐加碘的可能健

---

① 历史的经验表明，加碘食盐的使用与消除碘缺乏病密切相关，一旦碘盐不能充足供应甚至停止供应，碘缺乏病往往卷土重来。1965—1969 年人口调查结果显示，苏联几乎完全消除了甲状腺肿，也未发现新发呆小症病例。苏联卫生部门随后宣布，苏联已经解决了碘缺乏问题，并结束了对碘缺乏病的监督和监测。1991 年 11 月，国际控制碘缺乏病委员会（ICCIDD）、联合国儿童基金会（UNICEF）以及 WHO 联合召开的国际研讨会上，来自苏联的 10 个加盟国的知名科学家，以充分的证据表明自 20 世纪 80 年代开始，碘缺乏病在苏联各地区，各个人群又卷土重来。1994 年，碘缺乏病又成为新独立出来的 6 个国家的主要公共卫生问题。碘盐全球策略，http://finance.sina.com.cn/leadership/mroll/20140106/103517854835.shtml.

② 我国多数地区都属于程度不同的缺碘地区。20 世纪 90 年代，全国约有 7.2 亿人生活在缺碘地区，碘缺乏病分布于 1807 个县 27128 个乡。我国的高碘地区主要分布在北京、天津、河北、山西、内蒙古、江苏、安徽、山东和河南 9 个省（区、市）中 109 个县（市、区、镇）的 735 个乡镇，这些高碘地区主要呈局灶性分布，多与非高碘地区交织并存。

③ 中国食盐加碘和居民碘营养状况的风险评估.http://www.moh.gov.cn/sps/s3585/201007/a4ce7825135d4603af15dac1b2e1a433.shtml.

康风险。①

2. 对盐业企业来讲，发展态势总体良好。食盐专营以来，通过加碘盐工程的实施，提高了制盐技术，改善了加碘工艺，满足了碘盐需求。碘盐生产能力从1995年的350万吨达到现在的900万吨。目前，我国盐业的发展速度和规模是前所未有的，2013年全国盐业系统拥有制盐企业298家，批发企业2222家，转（代）批发企业2097家，资产总额1443.17亿元，从业人员204515人。2013年营业收入806.82亿元，是2004年的3.07倍；盐业企业工业总产值375.31亿元，是2004年的3.15倍；工业增加值139.82亿元，是2004年的2.68倍；利润总额49.94亿元，是2004年的3.72倍。②

全国建立了覆盖城乡的碘盐供应网络和质量保证体系，为我国食盐质量安全奠定了坚实基础。全国实行食盐专营政策之初，基本按照行政区划，实行省、地、县三级流通管理模式。为提高食盐流通效率，降低流通成本，有效保障全国合格碘盐供应，国家发展改革委员会分别于2003年及2005年出台了《关于促进食盐流通现代化的若干意见》及《推进食盐流通现代化实施方案》两个文件，在各级政府的支持下，各省食盐流通体制得到理顺，取得了显著成果。安徽、陕西、西藏等以无偿上划方式理顺全省（区）盐业管理体制，实现统一管理。到2009年，全国已经有24个省级盐业公司对市、县级公司实现了不同程度的垂直管理，还有7个省级公司也在积极推进这方面工作。各省在积极推进食盐流通现代化工作中，做到了食盐分装集中化、分装车间封闭化、分装设备自动化，相比以前的手工分散式分装，其规模化优势不仅降低了食盐的包装成本，而且有力地保证了食盐质量安全。③

3. 对消费者而言，负担低廉。目前，随着人民生活水平日益提高，食盐消费形式出现了新的趋势。一方面，对食盐的质量要求提高，由最初的劣质粗盐，逐渐演变为粒状盐、精制盐、加碘盐和其他专用食盐，食用盐的消费结构走向多元化，市场上相继出现了调味盐、营养盐、低钠盐等系列产品，注重健康的新理念将逐步成为消费趋势。另一方面，公众消费食

---

① 中国食盐加碘和居民碘营养状况的风险评估. http://www.moh.gov.cn/sps/s3585/201007/a4ce7825135d4603af15dac1b2e1a433.shtml.

② 《中国盐业发展报告》编写组. 中国盐业发展报告2014［M］. 经济管理出版社，2014.

③ 2009年全国食盐流通现代化经验交流会上的总结报告. http://info.10000link.com/newsdetail.aspx?doc=2011032290127.

盐的行为改变较大，人均在餐饮业消费次数增长较快，购买调料、佐餐食品及其他含盐食品、饮料等的开支加大，并且消费者行为改变导致家庭食盐购买量趋于减少。

世界卫生组织（World Health Organization，WHO）推荐的食盐消费量水平为5克/天，而2002年全国营养调查中食盐的消费量为12克/天。有研究发现，10年来食盐的消费量下降了31%，这可能与营养宣教以及慢性病防治的宣传有关，例如，在城市和农村地区分别下降至8.4克/天和7.7克/天。[①] 当前，我国居民每年人均食盐消费支出仅为13元，每月人均食盐消费支出1元多,[②] 占日常消费支出比重微乎其微。对老少边穷地区及少数民族地区，为保障能够吃到与产地基本价位相同的食盐，国家采取了吊销指令行计划，由运营系统采取以远补近、以盈补亏的方法。食盐专营的普惠机制保证了老少边穷地区（也是碘缺乏病重点防控地区）最弱势群体的补碘需求和民生需要，低成本实现大收益。

4. 对社会而言，保障了市场稳定和应急供应。特别是在历次食盐抢购风潮中，发挥出组织优势，不涨价、保供应，起到了市场稳定器的作用。

例如，非典时期的“抢盐大战”最早是在广州的周围，包括肇庆、清远、江门、佛山、东莞、深圳等地出现的米盐抢购。其中，清远的反应最为猛烈。2003年2月12日开始，清远市连路边卖光碟的小贩都卖起了食盐，并且抢购的物品很快从食盐扩展到大米、食用油、调味品。在广州的大街上出现了很多小贩叫卖5元一包的食盐。天河某超市为应付顾客抢购食盐和大米，不得不限量发售，直到夜里12时，还有市民坐出租车到粮油批发市场买米买盐。2月13日，省、市有关部门负责人纷纷出面辟谣，各部门联合行动，严打囤积居奇、哄抬物价，一度飙升的大米、食盐价格瞬间恢复正常。[③]

2009年6月21日，福建省宁德市霞浦县突传谣言，说盐场受到污染，食盐断货且要涨价，许多市民抢购食盐，部分乡镇断货，个别地方1元/包被不法商贩炒至3~5元/包。当晚，谣言传至宁德市蕉城区和福州市区，引发市民抢购，部分商店断货。宁德地区和福州地区平常日订货量分别为

---

① 我国食盐消费量10年降31%存在碘营养不足状况.http://health.sohu.com/20130910/n386271101.shtml.

② 盐改背后的专营制度依赖症.http://www.cb.com.cn/companies/2014_0430/1057481.html.

③ 非典时期的“抢盐大战”.http://www.wzljl.cn/content/2011-03/17/content_61426.htm.

44 吨和 77 吨，但 21 日晚至 22 日 10 时，订货量猛增至 321 吨和 716 吨。抢盐事件发生后，福建省盐业公司立即启动了应急预案，成立应对突发性事件保障食盐供应协调指挥部，并电告各分公司和碘盐厂每两小时汇报情况，并加班生产，保证库存，增加车辆调运，同时向政府和媒体反映情况，发公告辟谣，还将福州、宁德两市食盐调度权限收归指挥部。[①] 在政府的有力指挥下，盐业公司全力组织调运，以最快的速度满足市场供应，稳定食盐价格，使抢购风潮得以迅速平息。

① 福建食盐抢购风波调查一个月谣言风传福建六市 . http：//news. sohu. com/20090623/n264687340. shtml.

第二章

食盐专营体制及运营中存在的问题分析

第一节　政企不分导致经营行为不规范

盐业行业的上游是制盐企业，负责工业用盐、食用盐、小工业盐的采制和生产。工业用盐由市场决定价格和销量。制盐企业生产的食用盐、小工业盐销售给盐业公司。盐业公司负责食盐的加碘，各类食盐和小工业盐的运输、分装和销售。盐业行业的下游是消费者和两碱工业盐以外的用盐企业，包括调味品加工企业、小工业盐用盐企业等。我国大部分地区的盐政管理和经营队伍是一套机构两块牌子，各地盐务局是盐业管理政策的制定者、盐政执法者、生产企业的上级主管，同时又是盐产品的经营者。各级盐业公司承担着保证碘盐供应的政治任务，同时又承担着资产保值增值、实现利润的经济责任，还承担着市场监管的行政职责，角色定位不清晰，容易出现利用政治或行政职能为经济职能服务的倾向，也容易导致专营范围扩大化。

如有的盐业公司借加强食盐市场管理之名，扩大专营范围。从纵向上，一些盐业公司凭借专营权力，兼并制盐企业，实际上将垄断向生产环节延伸，影响了食盐计划和执行的公正性。从横向上，盐业公司借助食盐专营控制其他用途盐的流通和市场化。甚至为强化对“小工业用盐”的“严格管理”，很多地方的盐业公司不但专营了漂染、制革、制冰冷藏等其他工业用盐，还将专营扩大化，对海水晶、海水素、足浴盐、沐浴盐等品种盐也实行变相专营。即使是已经放开了两碱工业盐，为防止冲击食盐市场，向盐业公司（盐务局）适当备案、定点监控等管理手段也是必要的，但一些地方却在这些环节收取了许多不合理的管理费用。

目前，食盐经营企业政企分开的呼声较高，政企分开也确实是食盐经营企业建立现代企业制度的基本要求，但从实践上看，在实施过程中，还需要精心设计，积极稳妥。因为政企分开后，意味着原来由盐业公司承担的监管职能划归到政府职能部门，由此产生了新的问题：

一是费用承担。即由过去的盐业公司承担的监管人员的工资及办公费用，转由政府承担，需要政府有足够的承担能力。

二是监管的分散化。政府的不同管理部门承担各自的职责，如食药监管部门依法行使食盐安全管理的综合监督职责，卫生部门组织制定食盐卫生健康安全标准，工商部门承担食盐流通环节的质量安全和商标广告的监管责任，质检部门负责食盐的生产加工环节的质量安全监管工作等。这种分段多头式管理模式，很容易产生部门之间相互推诿扯皮，管理风险较高。如果把食盐管制职能分割给以上这些管理部门，可能会出现假冒伪劣食盐泛滥，影响科学补碘目标的实现。

三是一些省市的实践并没有取得理想的效果。如 1994 年初，广东省政府机构改革，撤销了省盐务局，但是盐业行政管理和盐政执法职能划给哪个部门承接没有明确，以至盐业行政管理、市场管理和盐政执法工作出现真空状态。2004 年 2 月，将盐业管理职能正式划入省经贸委，由于职能不配套，机构不落实，人少甚至没有人管市场，私盐、工业盐和假冒伪劣食盐冲击食盐市场，结果使广东碘盐覆盖率不断下降，广东省在 2007 年 7 月又重新实行政企合一的盐业管理体制。据卫生部通报，截至 2010 年，青海、西藏和新疆三个省（自治区）尚未完全达标。而其中的青海省一直采用政企分开的管制模式。因此，有人主张实施政企适当分离，撤销盐业公司内部的盐政执法机构，将其职能划入工商部门，由工商部门向盐业公司派驻执法人员，实现体制上政企分离、运行机制上密切配合。①

第二节 产销分离的制度设计是产销矛盾产生的根源

为了防止非碘盐等假冒伪劣食盐进入消费市场，在食盐专卖体制下，不允许制盐企业直接面对市场，制盐企业生产的食盐必须要通过与自己有购销计划的盐业公司才能销售食盐，这就造成了工商利润如何分配的问

① 单鑫．食盐专营：企业身份、行政管理与体制改革［J］．行政论坛，2009（1）：79－83.

题，也使得负责运销的盐业公司处于买方垄断的地位。食盐的出厂价格一般为400~500元/吨，销区批发价在1200元/吨左右，二级批发价在1500~1600元/吨，零售价格在2000元/吨。表面看，食盐的出厂价格与零售价格差价较大是不争的事实，但要冷静客观地分析食盐的出厂价格与零售价格相差太大的问题。客观地说，这里不能简单地把零售价格与出厂价格的差额作为食盐经销企业的利润。这里以2013年零售的基础碘盐价格构成为例进行分析，见表2-1。

表2-1　2013年某地区主流小包装食盐价格构成表

项目	元/吨	说明
一、出厂环节		
1. 成本	259	仅制造成本
2. 资源税	12	
3. 增值税	69	13 %税率
4. 税前利润	60	
小计：出厂价（含税）	400	
二、产区港站环节		
1. 产区费用	85	销售费用、管理费用、财务费用合计
2. 增值税		
小计：产区批发价格	485	
三、销售环节		
1. 产区到销区运费	115	火车运费、短途运费
2. 分装费用	531.38	
其中：小包装袋	307.5	2500个*0.123元/个含标
包装箱	103.5	50个*2.07元/个
分装加工费	120.38	自动化机械包装
3. 经营管理费等	57.18	
4. 应缴增值税	163.75	
5. 税前利润	1246.28	含盐政执法费用等
6. 转批优待	151.41	
小计：批发价格	2750	
四、零售环节		
加：批零差价	500	
零售价格	3250	

从表2-1可以看出，食盐以400元/吨出厂价指的是50公斤大包装食盐，还需要经过分装加上与盐厂散盐生产成本相当的小包装袋后的小袋食盐成品（分装费用每吨达531.38元）。若以小包装出厂计，出厂价相当于931.38元/吨，产区批发价相当于1131.38元/吨。除此之外，还包含三部分费用：

一是流通费用，特别是物流费用。我们知道，食盐的物流成本在其销售价格中所占比重较大。食盐从盐厂到铁路车站，装车；到销区车站卸车、装车，短途运进仓库、卸车；从盐库装车送到转批点，再送到零售商店。经过这么多环节，运费和装卸费一般达到150~200元。

二是对政企合一的企业来说还有盐政执法费用。销区的盐政执法和碘缺乏危害的宣传教育等费用巨大。目前全国从事盐政执法的各类人员共有21011人，其中公务员编制728人，事业编制4906人，企业编制15377人。公务员及行政事业编制中，除目前已经实行政企分开的省部分有财政拨款外（如辽宁省盐务局、西藏盐务局、陕西省盐务局部分等），其余均由盐业公司自收自支。即使有行政事业编制，因不涉及财政供养，绝大多数编制并没有明确到具体人，只是以文件形式列上编制名额而已。另外，已经实行政企分开的省份，除执法部门的正式人员工资等由财政承担外，盐业公司往往需要配备一定的人力物力予以工作协助，且执法经费基本由盐业公司承担（如北京市成立盐政协查大队配合北京商委工作，费用自担；山西盐务局与山西盐业公司虽然机构分设，但并没有财政拨款，靠专营政策收取管理费等自收自支）。据各省上报的数据，2013年，全国盐业用于盐政管理支出的费用达15.7亿元，其中用于执法人员的工资福利等支出11.7亿元，执法费用（办案车辆、油费、办案经费等）支出4亿元。其费用折合到937.4万吨左右的食盐上（按2013年全国盐业执法人员及销量计算），每吨食盐的执法费平均174元。

三是各环节的销售费用。包括对老、少、边地区的“抽肥补瘦”价格补贴政策和保持核定库存政策，需要销区盐业公司增加政策性费用支出。从食盐零售价格每吨平均3250元/吨的构成中可以看出，国家税收264.75元（其中，增值税232.75元，资源税12元，城建、教育等各种附加20多元），占8.1%。

从碘盐价格构成看，出厂环节的税前利润是60元/吨，占产区批发价格的12%；销售环节的税前利润是1246.28元/吨，占批发价格的45%；

零售环节的批零差价500元/吨（含税收、流通费用及利润），占零售价格的15%。食盐批发环节的差价最大，其次是零售环节，考虑工业资金周转率要慢于商业资金周转率，因此，从资金利润率角度看，食盐生产企业利润低，而销售环节差价较大、毛利高。但由于大部分食盐批发企业政企不分，还承担着食盐监管职能，在45%的购销差价率中还包括各环节的销售费用及税收，而“所谓每吨食盐赚千元的说法毫无根据”。某地方盐业公司一位不愿公开身份的人士告诉中国商报记者，“审计署几年前就对全国盐行业进行了长达8个月的审计，结论是食盐不存在暴利”①。如果深入分析产销矛盾产生的根源，就是因为食盐专营体系在制度设计时确立了食盐定点生产和食盐批发许可制度，形成了我国食盐产销分离的局面。由于产销各自独立，盐业公司处于买方垄断地位，生产企业不能直接到市场上销售，直接面对消费者，产销之间的利润分配不是市场竞争的结果，产销矛盾由此产生。并且，产能过剩进一步加剧了产销矛盾。

第三节　食盐生产企业缺乏自主创新的积极性

现行定价体系造成食盐生产企业利润微薄，生产企业不能直接进入市场和自主经营，一些盐业公司垄断了食盐的加工分装，食盐生产者没有自己的商标、品牌，极大地影响了食盐生产者提高自身竞争力的积极性，从而也就没有提高产品质量、开发新品种盐和进行设备更新改造的积极性。食盐生产和经营企业的生存发展，取决于生产调拨计划和批零差价，而非产品质量和管理水平。

以品种盐开发为例，据统计，目前全世界的品种盐有14500多种，而且品种盐的种类和数量还在逐步上升。发达国家品种盐的研发已经历了上百年的历史，但其快速发展始于20世纪80年代。美国、日本、欧洲各国、韩国在品种盐的开发方面比较超前，其中，日本是品种盐最多的国家，多达2000多种，仅调味盐就有240余种。我国品种盐开发起步较晚，从20世纪80年代起开始生产品种盐，目前为止也只有200多种，而我国食盐市场品种单一，消费者缺乏选择权。以北京为例，目前在市场上销售的品种

① 邓大洪．专营改革两度搁浅盐业改革再次遭遇专营存废之争［N］．中国商报，2012－06－14.

盐只有十几种（见表2－2），而且多以批发企业为主导研发，但价高利大。以北京市小包装食盐中的110g天然海盐为例，每吨达到了52727元，是普通食盐价格的26倍，而这些品种盐的开发主要是盐业公司从盐生产厂购入原盐，再委托加工而成，所获得的收入主要归食盐销售企业。

表2－2　北京市小包装食盐零售价格表

序号	种类	零售价格（元）	每吨零售价格（元）
1	500g复合膜装精制盐（一级）	1.00	2000
2	1000g复合膜装精制盐（一级）	1.90	1900
3	500g纸塑袋装精制盐（一级）	1.30	2600
4	400g低钠盐	2.00	5000
5	800g绿色碘盐	2.80	3500
6	400g海水自然晶盐	1.30	3250
7	250g竹盐健康型	4.70	18800
8	110g天然海盐（研磨）	5.80	52727
9	200g雪花盐（袋装）	1.40	7000
10	300g天然海盐（袋装）	1.80	6000
11	500g中盐低钠盐	4.40	8800
12	300g天日海晶盐	1.80	6000
13	175g中盐低钠盐	2.30	13143
14	300g玉砂盐	1.80	6000
15	250g竹盐低钠型	5.70	22800

数据来源：北京市发展和改革委员会．小包装食盐价格［EB/OL］．［2014－08－15］．http：//www.bjpc.gov.cn/ywpd/wjgl/cx/sp/201208/t3884346.htm.

造成这种状况的原因之一就是制盐企业缺乏开发品种盐的积极性。因为在现有盐业体制下，普通小包装食盐只有专营公司的商标，没有生产企业的商标。调查问卷显示，多数生产企业认为“有属于自己独立的品牌非常重要”。由于难以拥有自己的品牌，生产企业缺乏自主创新的积极性，致使一些制盐企业生产技术条件还停留在20世纪七八十年代水平上，职工收入水平较低，产销矛盾也不断深化。

有专家认为，产销矛盾的焦点是分装业务权。食盐分装业务的利益空间较大，销区分装与生产企业集中分装相比有明显的不经济表现，但盐业公司依然坚守。近年来，尽管流通批发企业大量减少分装业务，开始将分装业务向生产企业集中，但方式上是采取委托加工，生产企业依然无法分享食盐批发价的现实利益空间。①

第四节　经营范围的制度设计导致区域分割

食盐专营政策实施以来，我国形成了以中国盐业总公司为龙头，以各食盐定点企业为生产主体，以各省级盐业公司为批发经营主体的食盐专营体系。各省批发主体呈现省、地、县三级机构，并以县级为基本经营单位，经营区域按行政区域划分，形成了画地为牢、层层批发的业务经营及管理模式。

我国的食盐经营管理模式有助于明确责任主体，对普及碘盐供应做出过积极贡献，但同时也存在体制僵化、企业规模小、流通效率低、产业不集中等突出问题。盐业的生产为资源导向，工艺简单，技术含量少，进入门槛低。由于食盐市场狭小，且被人为割断，已失去市场导向作用。随着国家对盐业产业结构调整的相关行政审批取消或下放，生产企业简单扩能成为行业主要发展方式。② 在进行食盐专卖的进程中，出现了重“专”轻“营”的现象。也就是更多地去在乎社会效益，而忽略了盐企业自身的经济效益；在乎政府的行政行为，而忽视市场的经济行为。如果对于食盐的经营做不好，经济效益与社会效益不能有机地结合，专营机构的相关部门没有足够的经费来维持盐市场的稳定，食盐专营就难以正常进行下去。③

食盐专营实行区域封锁、划地经营，难以通过市场竞争实现优胜劣汰，无法通过市场实现资源有效配置，影响了行业技术进步和产业结构调整。造成这种状况的原因是盐业的审批权在各省，导致批发企业小而散，行政区划条块分割严重，企业规模小，没能力也没有必要采用现代化流通设备和信息管理技术。这种状况的长期存在，使一些企业形成严重的路径依赖，一些企业甚至对推动流通现代化的新型技术、先进模式和对外合作形成抵触。许多食盐批发企业还沿用传统的管理模式，使用传统的物流、搬运、仓储设施，流通效率低下。

---

① 王云. 加快推进盐业改革［J］. 中国财政，2015（6）：65－66.

② 王云. 加快推进盐业改革［J］. 中国财政，2015（6）：65－66.

③ 李婷婷. 盐业专卖制度的经济学分析［D］. 长春：吉林大学，2010.

第三章

食盐经营体制改革国内外经验借鉴

第一节　发达国家食盐管理体制改革的经验借鉴

一、专卖制度改革目标多元化

由于资源禀赋劣势和国内产能不足，日本政府将关系到国计民生的盐产品纳入管制之中。日本食盐生产以国内海盐制盐为主，仅有少量进口，其中50%的食盐由国家指定的盐事业中心供应，剩下的50%由市场供应。由于日本盐资源相对匮乏，为了保障食盐的基本供应，盐事业中心承担了基础盐（平价盐）供应。①

日本从明治三十八年（1905年）一直到1997年，持续了92年的食盐国家专营制度，期间经历了数次盐业制度的改革，直至1997年彻底结束盐业专营制度。日本的改革经历了从所有盐产品专卖到一般用盐规制，再集中于食料用盐管制的过程。在改革的目标设置上坚持了多元化，日本盐业管制充分考虑了国民的公共利益与盐业企业的经济利益，尤其优先考虑弱势群体利益和食盐产业安全，既要实现社会公共福利目标，又要达到产业经济效率目标，充分体现出公平与效率兼顾的原则。正是因为日本盐业管制目标明确和改革措施给力，才使日本盐业管制改革进程顺利，效果良好。②

鉴于此，我国食盐经营管理体制改革应遵循兼顾安全、效率和稳定的

① 日本是如何进行盐业体制改革的. http://news.163.com/15/0908/09/B2VTTM9O00014AED.html.

② 吕福玉、曾祥凤. 我国盐业管制制度改革策论——基于日本盐业专卖制度改革之启示[J]. 天津行政学院学报，2012（11）：102－110.

基本原则，发挥市场作用和政府作用，保证食盐产业安全和产品质量安全，建立统一开放、竞争有序的市场体系。

二、专卖制度改革决策的程序化

这种程序化主要体现在两个方面：第一，专卖制度改革决策的社会化。民主化的立法程序充分展现在日本盐业专卖制度改革的进程中。1949年，日本大藏省内设立由学者、盐业生产者和公社职员组成的专卖事业审议会，以代表消费者和业界向大藏省提供关于专卖事业的政策建议，并推荐专卖公社的总裁和监事人选。1982年，隶属于日本首相的咨询机构——临时行政调查会在其提出的“关于行政改革的第三次咨询意见书”中首次提出盐业专卖制度必须改革。1988年首相的咨询机构——临时行政改革推进审议会又一次提到盐业专卖制度改革，并提出政府引导制盐企业合并、扩大消费地购入制度、放宽零售商认定条件等方向性建议。① 随后，经临时烟业等事业审议会盐业小委会近7年的审议，1995年11月正式提出《关于日本盐业的改革问题》，向议会提交咨询意见书并获得通过。在改革过渡期，盐业小委会经过一年的基层调研和反复研讨，提出咨询意见书，建议采用特别关税手段保护国内盐业市场，② 设置3年构造改革期来优化盐业产业组织，也获得了日本内阁政府的同意。③

第二，专卖制度改革决策的法制化。日本盐业国家专卖制度，从起初的建立到最终的废除，无不彰显出法律的权威性和严肃性，始终坚持立法为先导，依法管制和依法改革。1905年以颁布实施《盐专卖法》为标志，日本开始实施食盐专卖，主要为了增加财政收入，筹措日俄战争中的军费，保护和培育本国盐业。④ 依据《盐专卖法》，明治政府在大藏省设置专卖局，赋予其盐业专营职能。1948年，日本议会通过《日本专卖公社法》。

---

① 李宏舟．日本盐业规制改革：动因、历程与效果分析［EB/OL］．http：//www.docin.com/p－1921564575.html.

② 日本盐业界达成共识：《盐业专卖法》取消，盐业企业失去了保护，必须走自立之路；在走上自立道路之前，必须实施进口盐的关税制度；国内形势的变化，可能使盐业企业的自立更加困难，必须对目前盐的进口制度进行讨论和修改。晏仲华、王志华、李心丹．关于日本盐业市场情况的考察报告［J］．苏盐科技，2002（8）：22－24.

③ 吕福玉、曾祥凤．我国盐业管制制度改革策论——基于日本盐业专卖制度改革之启示［J］．天津行政学院学报，2012（11）：102－110.

④ 李宏舟．日本盐业规制改革：动因、历程与效果分析［EB/OL］．http：//www.docin.com/p－1921564575.html.

1949年6月依据《日本专卖公社法》成立专卖公社，取代专卖局实施专卖职能。1985年，日本政府取消专卖公社，依据1984年《日本烟业株式会社法》，投资50%成立日本烟业株式会社，在其内部设置盐业专卖事业部，取代专卖公社实施专卖职能。1996年，日本议会审议通过大藏省提出的《盐事业法》，正式废除了盐业专卖制度。①

我国亟待制定一部位级较高的权威性法律——食盐管理法，作为管制的制度性基础。根据经济社会发展的现实制定、修订相关法律法规，以保障食盐经营管理体制改革的顺利推进。

三、盐业体制改革的渐进化

尽管日本《盐事业法》确定于1997年4月1日废除盐业专卖制度，但出于改革稳健性的考虑，同时培育日本国内制盐企业的自立能力，设置了5年的改革过渡期。除变更管制机构以外，其专卖政策基本未作调整，继续由政府对盐业实施规制。同时，还配套了三年结构改革期，优化盐业市场结构，保证国内市场食料用盐的供给（140万吨左右），为盐业管制向市场化迈进奠定坚实的产业基础。并且，2002年日本由国家投资成立了盐事业中心，专门负责食盐的平价供给和国家食盐储备。这意味着日本政府对盐业的管制并没结束，只是以一种新的管制制度取代时过境迁的专卖制度而已。② 日本最终于2005年4月1日实现了盐业的完全市场化。

在过渡期间，日本政府确立了四项基本措施：（1）进口方面的限制。对工业用盐以外的一般用盐的进口实施政府控制，只有盐事业中心才具有进口权。（2）批发商资格的限制。对1997年之后申请设立的一般用盐批发业务的申请者实施资格审批制，申请者需具有5年以上同业业务经验。（3）流通渠道的限制。制盐企业必须通过盐事业中心、批发商的渠道将盐销售给零售商。（4）设立专项资金（300亿日元），主要用来补贴制盐企业和批发商破产、设备投资补贴等。③

---

① 吕福玉、曾祥凤．我国盐业管制制度改革策论——基于日本盐业专卖制度改革之启示［J］．天津行政学院学报，2012（11）：102－110.

② 吕福玉、曾祥凤．我国盐业管制制度改革策论——基于日本盐业专卖制度改革之启示［J］．天津行政学院学报，2012（11）：102－110.

③ 周洪福．过渡期5年＋构造期3年：日本盐业市场化改革进程及结果［EB/OL］．http：//blog. sina. com. cn/s/blog_ e09cd50e0102uwlj. html.

为应对来自中国的出口盐的竞争压力,① 2001 年初，大藏省第二次设立了烟业等事业审议会盐业小委会，经讨论和与社会各界的意见交换，达成了保护本国制盐企业的共识，认为如果不采取必要措施，现存的国内 7 家制盐企业最终会全面亏损，被迫破产。为此，根据日本盐工业会和日本盐事业中心的要求，日本政府决定设立 3 年结构改革期，并采取以下四项措施：（1）从 2002 年 4 月 1 日起，废除进口规制，实现盐进口自由化；（2）从 2002 年 4 月 1 日起，废除对批发商和流通渠道的规制，实现盐的自由买卖和流通；（3）在 3 年结构改革期间，对来自中国的出口盐征收特别关税，税率递减，到 2005 年 4 月 1 日起恢复至正常水平;②（4）由政府（148 亿日元）、制盐企业（26 亿日元）、批发商联合会（2 亿日元）出资设置构造改革资金（176 亿日元），主要用于制盐企业的主动破产和批发商的合理化补贴。

可见，日本废除盐业专卖制度，并不表示取消盐业管制，而是根据其独特的资源条件、特殊的行政管理体制和特定的社会文化背景等，实行了一种新的经济性管制制度。为此，结合我国特殊国情、目前盐业产业条件以及市场监管环境等，我们需要审慎选择科学合理的改革方案和改革路径，积极稳妥、有序渐进地推进我国食盐管理体制改革。

四、产销合一化解供销矛盾

在经济自由化程度较高的欧美地区，没有食盐专营政策，盐产品市场自由竞争。盐业企业大都产销合一，组建跨国集团实现垄断经营（经济垄断）。例如，欧美大多数国家的盐化工企业都自办盐场，实行盐碱联合，盐作为中间产品直接供应碱厂，这样取消了中间环节，降低了生产成本，提高了产品在国际市场的竞争能力。③ 其中，作为老牌资本主义国家的美国就是产销合一制，盐厂生产，公司经营，有 6 家公司负责销售，各公司与用户签订长期供货合同，再向所属盐厂下达生产计划，产、销保持绝对

① 由于运输距离短等客观原因，中国的出口盐比墨西哥和澳大利亚的盐还要便宜，与日本国内制盐企业的差价在每吨 3300 日元左右，这是日本盐业小委会在《关于日本盐业的改革问题》中没有考虑到的。

② 即 2003 年 4 月 1 日以前每吨征收 3300 日元，2004 年 4 月 1 日以前每吨征收 2900 日元，2005 年 4 月 1 日以前每吨征收 2500 日元，2005 年 4 月 1 日以后，恢复至基本税率每吨 500 日元。

③ 郝玉柱、张津策、詹先豪．我国食盐流通管理体制改革及经营主体培育［J］．中国流通经济，2015（4）：7 - 16.

均衡。也有一些国家，如土耳其、瑞士等国由政府设立专门机构或指定机构对盐的生产、销售进行统一管理、国家定价。① 从产业组织看，美国已形成了6大产销一体化的盐业公司，它们的企业组织化程度很高，集团内部产销也减少了交易成本，没有根本的利益冲突。日本盐业公司组织化程度虽然低于美国，但是比我国高，而且产销之间自律性强，利益分配基于市场，矛盾较小。②

因此，我国产销矛盾的化解，应在法律法规框架下，政府职能管理到位、不缺位，通过市场有序竞争，使盐业公司具备依据市场的需求进行生产、销售和服务的市场特征。

五、逐步提高市场集中度

美国、日本都是数家大企业寡头占据市场的格局。美国原盐年产量约为4600万吨，由6家公司控制，其中IMC Global、莫顿盐业、嘉吉公司三大盐业寡头，生产能力均在1300万吨左右。日本本土建立了6大海水制盐工厂，分属于4家公司，进口业务也基本由2到3家大公司垄断。澳大利亚原盐的年总产量约为1400万吨，主要由不足10家公司来垄断竞争。法国南方盐业公司几乎独家主宰全国盐业市场。由此可见，西方发达国家经过盐业体制改革和产业组织的整合，市场集中度极高，规模经济效益显著。

从盐业企业的规模和生产效率看，美国盐业行业的集中度高度集中，规模效应显著。其中，莫顿公司、北美盐业公司、嘉吉公司、岩盐公司等几家大型集团控制着全美约90%以上的盐业市场份额。这些集团公司产销高度一体、经营高度集中，形成了市场经济条件下的寡头垄断模式，③ 规模经济使得同类盐产品的制造成本低。日本盐业的产业集中度也很高，规模也较大，日本最大的海盐生产企业是日本海水公司，其盐产量占日本盐产量的比例在50%。日本盐业企业的劳动生产率较高，盐的生产成本也

① 孙长林．浅议新形势下盐政队伍建设．http：//www. cnsalt. cn/d. asp？id＝5599.

② 盐业改革提速．http：//jingji. cntv. cn/2014/04/23/ARTI1398243971656910. shtml.

③ 盐业体制改革国际经验及对中国的启示．http：//money. 163. com/15/0908/09/B2VSTTLH00253B0H. html.

较低。①

我国制盐企业规模小、数量多，盐业的产业集中度低，盐业劳动生产率总体较低。由于我国制盐业的人工成本低、生产工艺落后、交易成本较高，我国盐业的生产成本高于美国，但相对日本较低。因此，我国应加快盐业企业兼并重组，逐步提高市场集中度，优化市场结构，提高盐业市场的规模经济效益。

第二节 我国行业管理体制改革的经验教训

一、其他行业管理体制改革的经验教训

1. 发挥政府的主导作用

从我国电力、电信、烟草、煤炭与乳品行业的管理体制改革看，无论是市场纵向一体化结构的拆分或融合，还是市场横向一体化结构的重组；无论是行业分配计划的取消，还是行业产品定价的逐步放开或管制加强，政府都发挥着重要的主导性作用。特别是在电力、电信等行业政企分开、市场竞争主体的形成过程中，甚至体现了政府的强制性作用。乳业改革也通过政府一系列条例、标准的出台和颁布为乳业发展提供了保障。

以我国电力行业改革为例，改革前我国的电力体制主要体现为“政企合一、国家垄断”的高度垄断与集中的管理模式。其改革发展路径可分为三个阶段：第一阶段是“集资办电，政企合一”阶段（1985—1996 年）；第二阶段是“政企分开，省为实体阶段”（1997—2002 年）；第三阶段是“厂网分开，竞价上网”阶段（2002 年之后）。1985 年，国家放开了发电侧的投资权，改变市场准入规则。从组建能源部对电力行业的监管到组建电力工业部对电力行业实施垂直一体化的管理，反映出了行政垄断和经济垄断的双重特征。1997 年开始实施改革的重点是政企分开，将政府行政职能和企业经营职能分开，改变政企合一的问题。撤销电力工业部，其经营职能由新成立的国家电力公司接管，行政职能则划归国家经济贸易委员

① 美国、日本及中国盐业管理模式比较分析. http://www.askci.com/news/201404/25/2517131438500.shtml.

会，国家电力公司进行了公司股份制改组。初步形成国家经济贸易委员会、国家计划委员会等部门行使政府管电职能，国家电力公司等电力企业自主经营，中国电力企业联合会等行业协会自律服务的体制框架。2002 年开始的进一步改革，打破了国家电力公司的垂直垄断，国家电力公司被拆分为 2 家电网公司、5 家发电集团、4 家辅业公司，原国电公司相关的资产划归相应的新成立的公司。2003 年 6 月，东北、华东开始开展区域电力市场试点，对售电环节进行网上竞价。

同样，我国政府在电信行业改革过程中，也体现了主导作用，见表 3－1。

表 3－1　政府在电信产业改革中的作用

作用	政策表现	描述
参与性作用	政府投资	政府通过直接对电信产业投资或经营促进电信业发展
	普遍服务	政府通过相关制度推动高成本区域获得电信服务，相当于二次分配
激励性作用	价格管制	政府通过对于相关服务的价格制定，促进需求扩张；并通过价格上限管制，促进企业提高效率，降低成本
	市场准入	政府通过让一些企业进入电信领域形成竞争，提高效率，降低成本，促进发展
惩罚性作用	互联互通	政府通过一系列法规促进电信网络之间互联互通，发挥网络规模效应
	管制独立（规则透明）	政企分开，管制者能够公正独立执行规则

食盐与电力、电信、煤炭等产品都属于与居民消费和国家安全息息相关的战略性资源产品，我国食盐管理体制改革也离不开政府的主导作用。

2. 稳步推进管理体制改革

烟草、电力、电信行业管理体制改革都实行了稳步推进的方式，不仅有助于保障社会稳定，而且有助于培育成熟的市场经营主体，避免了行业出现“一放就乱、一管就死”的局面。而物资行业管理体制改革步伐过大，导致大批企业倒闭破产，员工失业，给社会带来安全隐患。

以物资行业管理体制改革为例，1980 年全国物资局长会议提出“物资经营单位要在思想上、制度上和工作上从分配调拨型向企业化经营转变”。同年，物资企业实行利润留成。1981 年，国家物资总局所属金属、第一机电、第二机电、木材、回收、储运、化建、生资、集装箱等公司开始企业化经营，财务独立核算，利润分成。1985 年起，地方物资部门开始对企业简政放权，逐步做到政企分离。1988 年，国家物资总局政企合一的各专业公司从行政序列分离出去，成为自主经营、自负盈亏的经济实体。1993 年，全面落实物资企业的经营决策权、进出口经营权、定价权、人事劳动用工权、分配权等 14 项自主权，把物资企业进一步推向市场。

随着改革的不断深入，一些问题逐渐暴露出来。片面强调“放开”“搞活”，而忽视甚至排斥管理，导致了流通领域的失控和混乱。在开放生产资料市场的同时，忽视市场规则、市场秩序的建立。在发展生产资料市场的进程中，忽视了社会化大工业生产需求的特点，过分关注市场主体的经济利益关系，对市场组织生产应发挥的作用，市场功能的培育没有引起足够的注意。已经形成的市场大都是小批量、商流和物流合一的小规模现货市场，远远不能满足大中型企业的需要，难以解决它们的产需衔接问题。失控和混乱迫使国家不得不花费时间和代价进行治理整顿，不得不再度使用改革中已经放松的行政干预，强调多一点计划、多一点集中。①

因而，我国食盐管理体制改革应采取稳步推进的方式，逐步培育成熟的食盐市场经营主体。

3. 实行集团化运作

2002 年，根据《电力体制改革方案》（国发〔2002〕5 号），我国电力体制改革的总体目标是：打破垄断，引入竞争，提高效率，降低成本，健全电价机制，优化资源配置，促进电力发展，推进全国联网，构建政府监管下的政企分开、公平竞争、开放有序、健康发展的电力市场体系。改革的主要任务包括：实施厂网分开，重组发电和电网企业；实行竞价上网，建立电力市场运行规则和政府监管体系，初步建立竞争、开放的区域电力市场，实行新的电价机制；制定发电排放的环保折价标准，形成激励清洁电源发展的新机制；开展发电企业向大用户直接供电的试点工作，改变电网企业独家购买电力的格局；继续推进农村电力管理体制的改革。

《电力体制改革方案》（国发〔2002〕5 号）明确规定，重组国家电力公司管理的发电资产，按照建立现代企业制度要求组建若干个独立的发电

① 秦毅. 中国物资流通体制的 10 年改革 [J]. 中国物资经济，1990 (4): 13-16.

企业。重组电网资产，设立国家电网公司。对现在国家电力公司系统所拥有的辅助性业务单位和“三产”、多种经营企业进行调整重组。在厂网分开的重组完成以后，允许发电和电网企业通过资本市场上市融资，进一步实施股份制改造。

在《电力体制改革方案》（国发〔2002〕5 号）确定的改革框架下，我国形成了 2 家电网公司、5 家发电集团、4 家辅业公司构成的集团式电力市场体系，如图 3 –1 所示。

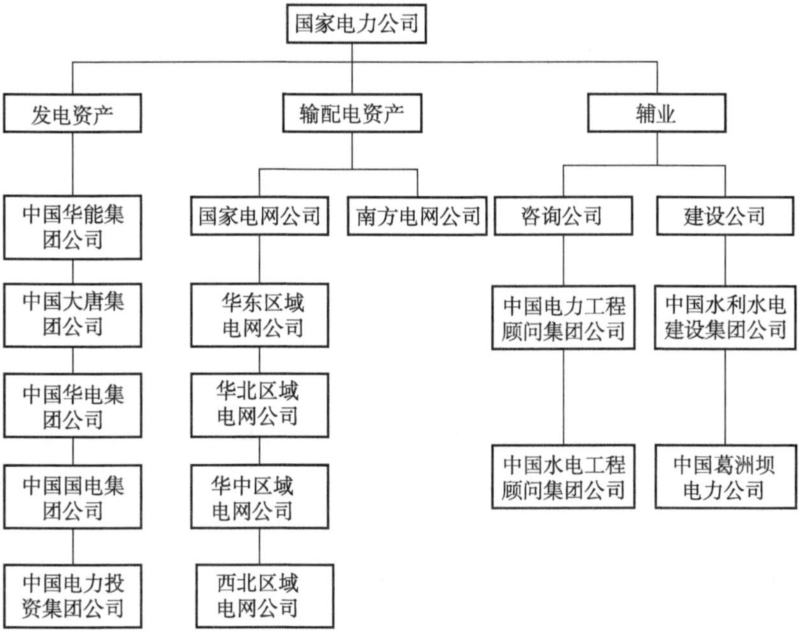

图 3 –1　我国集团式电力市场体系

其中，发电部门由原国家电力公司管理的发电资产直接改组或重组为规模大致相当的 5 个全国性的独立发电公司构成，分别是中国华能集团公司、中国大唐集团公司、中国华电集团公司、中国国电集团公司和中国电力投资集团公司。

输配电部门由原国家电力公司管理的电网资产重组后成立了两家电网公司，分别是中国国家电网公司和南方电网有限责任公司。国家电网公司下设华北、东北、华东、华中和西北 5 个区域电网有限责任公司或股份有限公司，并代管西藏电力公司。国家电网公司主要负责各区域电网之间的电力交易、调度，参与投资、建设和经营相关的跨区域输变电和联网工程：区域电网公司负责经营管理电网，保证供电安全，规划区域电网发展，培育区域电力市场，管理电力调度交易中心，按市场规则进行电力调度。区域内的省级电力公司改组为区域电网公司的分公司或子公司。南方电网公司由广东、海南和原国家电力公司在云南、贵州、广西的电网资产组成，按各方面拥有电网净资产比例，由控股方负责组建南方电网公司。电网环节基本形成了南北两家国家级电网垄断经营的局面。

类似地，电信行业形成了中国移动、中国联通与中国电信三足鼎立的格局。通过统一的战略发展规划和集团化运作，提升了经营主体竞争力。为此，我国食盐行业亟须大型盐业集团的培育发展，通过行政化干预和市场化手段推动现有食盐产销企业联合重组，尽快形成 8 ~ 10 家跨区域经营的产销一体化集团型食盐企业。

二、广东省盐业体制改革的经验教训

1. 政企分开要切实做到“人随事走”

1994 年初，广东省政府机构改革，撤销了省盐务局牌子，并于当年 12 月下发文件，授予省盐业公司增挂广东省食盐专卖局牌子等 6 项行政管理职能。2003 年 11 月 25 日，广东省委、省政府印发《广东省人民政府机构改革方案》。方案指出，省盐业总公司（食盐专卖局）承担的有关盐业的行政管理职能划入省经济贸易委员会，同时撤销省食盐专卖局牌子；[①] 2004 年 2 月，省盐业总公司（食盐专卖局）承担的有关盐业的行政管理职能正式移交给省经济贸易委员会。由于多方面的原因，市场管理不到位，特别是 2005 年 6 月省政府取消了工业盐准运证以后，不法商贩从外省调运工业盐直接冲击食盐市场，用工业盐制售假冒伪劣小包装食盐的案件大幅增加，市场管理的压力大，执法人员严重不足。[②]

在此期间，由于职能移交原行政管理人员和盐政执法人员不是“人随职能走”，在职能不配套、机构不落实的情况下，私盐、工业盐和假冒伪劣食盐冲击食盐市场情况严重，碘盐覆盖率从 2003 年的 97.7% 滑落至 2004 年的 88.11%、2005 年的 85.32%，全国倒数第四。2006 年广东省政

---

① 盐改和碘盐“大战”的广东样本 . http：//news.163.com/14/0514/21/9S82NCBF00014JB6_2.html.

② 黄泽锋 . 广东盐业市场监管体系与完善对策研究 [D]. 广州：华南理工大学，2016.

府发文，将省经济贸易委员会承担的盐业行政管理职能划入省发展改革委员会。2006年，广东碘盐覆盖率84.39%，合格碘盐食用率为79.3%，排在全国末位，受国家卫生部批评。小工业盐的泛滥、碘盐覆盖率的持续下降催生了第二次的机构改革。2007年，省政府发文《关于省盐业总公司加挂省盐务局牌子等有关问题的批复》，同意广东省盐业总公司加挂广东省盐务局牌子。至此，广东省盐业从2004年实施政企分开又重新政企合一。

2007年5月，市场监管职能重新划回给盐业公司。职能移交以后，各级盐业行政主管部门依靠地方政府和有关职能部门，加大执法力度，强化食盐市场管理，大力整顿和规范食盐市场秩序，打击各种涉盐违法犯罪行为，确保食盐安全。经过几年的努力，食盐市场秩序明显好转。根据2008年度全国碘盐监测报告，广东碘盐覆盖率、合格碘盐食用率达到93.13%和90.05%，分别比2007年提高了4.60和4.81个百分点。①

2. 坚持盐业管理有关政策

严格执行国家发展改革委员会发布的《关于修改〈产业结构调整指导目录（2011年本）〉有关条款的决定》，对单套10万吨/年以下的真空制盐装置、20万吨/年以下的湖盐和30万吨/年以下的北方海盐生产设施，利用矿盐卤水、油气田水且采用平锅、摊晒制盐的生产工艺与装置，2万吨/年及以下的南方海盐生产装置实现限制和淘汰。对食盐生产设置市场准入，食盐（包括多品种食盐）生产，仍实行定点企业生产制度，由省盐业行政主管部门确定本省的食盐定点企业生产，要由国家制定政策。

为确保低收入群众可以吃得起合格的碘盐，应继续实行普通小包装食盐政府定价制度。不发达地区，尤其是老少边穷地区由于路途遥远、销量少、售价低而导致经营成本高，因此，有必要对这部分地区食盐销售业务实行政府财政补贴制度，以调动食盐销售企业在不发达地区经营食盐业务的积极性。

3. 解决退休人员、分流人员财政经费问题

如果盐业政企分开，应考虑到各级盐务局履行盐业行政管理职能和盐政执法工作的实际情况，继续参照省人事厅、省财政厅下发的《关于解决

① 盐改和碘盐“大战”的广东样本. http://news.163.com/14/0514/21/9S82NCBF00014JB6_2.html.

省直转制单位部分退休人员待遇问题的通知》（粤人发［2008］189号），以省政府批准盐业政企分开时间为截止日期，对符合相应条件的人员（包括已退休和符合工作年限满30年条件可提前办理退休的人员），享受与机关同等退休人员养老金待遇，企业与行政的养老金差额由省财政给予补助政策，以彻底解决广东盐业“政企合一”管理遗留问题。

广东全省执法管理人员共902人。如果无法转为公务员，剔除工作限满30年、未达到法定退休年龄应纳入省财政补助的管理人员455人，剩余457人需进行转岗培训和分流安置，其中约366人进行转岗培训，约91人办理解除劳动合同。经初步测算，进行转岗培训366人，每人所需培训费约2万元，合计费用约732万元；办理解除劳动合同91人，按近三年年平均人工成本12.2万元计，合计费用约1110.20万元。上述两项费用约1842.20万元。为确保盐业职工队伍稳定，维护盐业企业持续健康发展，需要政府解决盐业执法和管理人员转岗培训及人员分流安置所需费用的经费压力。

此外，对盐业企业食盐市场化改革的重点创新项目给予财政拨款、贴息贷款等资金支持，引导成立食盐市场化改革创业投资基金，对食盐市场化改革项目进行扶持。

4. 推进产销一体化改革

完善产业政策和准入标准，并严格企业生产经营资质管理。通过制定行业的准入标准、设定良好的生产规范及生产许可条件、提出生产加工布局与技术装备更新指导意见，来引导行业加快转型升级。由政府主导盐业企业以资产、品牌为纽带，通过企业并购、协议转让、联合重组、控股参股等多种方式兼并重组，激发改革活力，妥善处理企业兼并重组的债权债务问题，确保改革稳定性。

根据盐行业的特点，出台政策鼓励行业内部实行产销一体化的兼并重组工作；按照食盐流通的商业属性，鼓励盐业流通企业与商贸、物流企业合作，开展横向商贸多元化的改革。

第四章

市场化改革背景下食盐经营主体研究

第一节　专营体制下的食盐经营主体现状

一、社会责任意识较强

食盐经营主体较好地承担起提高全国碘盐覆盖率的任务，全国碘盐覆盖率为98.7%，合格碘盐食用率为96.8%；[1] 确保居民以较低价格吃到安全碘盐，如日本食盐品均售价在10万元/吨，而我国仅为0.1～1万元/吨；通过储备调节并平抑市场价格，确保“非典”及2011年日本核泄漏期间食盐哄抢时的充足供应及价格稳定；在确保边远地区居民食盐安全供应上发挥了重要作用。我国盐业批发企业和制盐企业2013年在职员工分别为7.2万人和13.3万人，极大地解决了社会就业问题，实现了地区的稳定（见表4－1）。

根据《中国企业社会责任研究报告（2012）》，中国食盐总公司（以下简称中盐）的社会责任发展指数是57分（接近领先者水平60分以上），位列《中国企业社会责任研究报告（2012）》食品饮料行业36家样本企业第一位。另外，根据课题组对9家生产企业和8家流通企业的调查数据显示，食盐经营主体由于社会责任意识强，职工的福利待遇较好（14家企业员工福利超过6项，最低4项，最高8项），履行社会责任成绩突出，在地区公众心目中具有良好的品牌口碑和企业形象（平均得分是4.41，中间值为3）。

---

① 《卫生部等五部委关于2011年全国碘缺乏病监测情况的通报》（卫办疾控发〔2012〕99号），2012年9月5日。

表 4－1　盐业批发企业与制盐企业人员及报酬情况　单位：人、万元

地区	批发企业人员数及报酬				制盐工业人数及报酬			
	年均从业人员	从业人员报酬	在岗职工	在岗职工报酬	年均从业人员	从业人员报酬	在岗职工	在岗职工报酬
全国合计	71905	309116	58459	292518	132609	122384	463716	437541
北京	345	3488	162	2582	—	—	—	—
天津	233	3429	233	3429	7002	6263	41208	38497
河北	4295	9788	3812	9531	13071	13052	42530	42335
山西	1082	4109	1077	4109	—	—	—	—
内蒙古	1396	11027	1190	8988	6363	5886	30567	29384
辽宁	1957	5127	1799	5008	5230	5110	15441	15375
吉林	2051	6823	1517	5855	—	—	—	—
黑龙江	2568	7452	2417	6674	—	—	—	—
上海	243	5865	243	5865	—	—	—	—
江苏	2059	17820	2028	17730	14021	10219	55726	46234
浙江	2423	22789	1920	20341	1259	1206	4284	4087
安徽	4821	22735	4821	22735	1680	1138	8050	7006
福建	626	3804	554	3629	6354	6080	14359	14291
江西	1228	9500	1197	9442	2577	2577	10122	10122
山东	7378	27134	5527	24423	41296	39013	129419	123611
河南	17650	22765	10187	19689	3624	3569	12877	12747
湖北	2330	14344	2330	14344	4968	4407	19743	17365
湖南	2216	18238	2216	18238	2507	2427	10384	10145
广东	2243	20648	2243	20648	902	902	1504	1504
广西	1038	6928	720	6335	1030	926	759	759
海南	226	1402	223	1400	1590	1484	3968	2929
重庆	1233	6150	1210	6054	2563	2442	9055	9034
四川	2876	18619	2876	18619	8497	7961	23098	23126
贵州	1368	7478	1297	7427	—	—	—	—
云南	390	2176	389	2174	2361	2356	9639	9624
陕西	3665	9283	2555	8335	740	736	3124	3119
甘肃	1481	9130	1423	8095	577	560	1233	1233
青海	1518	4389	1370	4247	2600	2307	8510	7072
宁夏	284	1590	268	1565	—	—	—	—
新疆	682	5086	655	5007	1797	1763	8116	7942

数据来源：2013 年《食盐行业年报》，其中表中“—”代表该省份没有制盐企业。

二、生产经营网络安全稳定

通过食盐定点生产许可、食盐准运许可及食盐批发许可的监管，我国食盐经营主体的生产经营网络处在严格的市场监管体系下，食盐质量与安全得到保障，企业按分配计划安排食盐的生产、批发流通，生产经营网络安全稳定。

以中盐为例，作为我国盐行业中唯一的中央企业，为保障食盐质量安全，中盐着力构建了“三级食盐质量监控网络”，即在全国范围内分级组建食盐产品的检验机构，逐步形成了以国家盐产品质量检测中心为龙头，以各省级盐业产品质检站和生产企业化验室为基础的三级质量监控管理体系。中国盐业总公司建立的国家盐产品质量监督检测中心是目前国内实施盐产品检测的最高机构，该中心通过了国家计量认证，并多次代表国家判定盐产品质量纠纷，其公正性、业务水平得到了国家有关部门和行业内外的一致认可。各省盐业质量检测站是国家检测中心的下级专业站，由国家检测中心和所在省技术监督局进行资格确认，负责本省食盐产品的监督检测工作；企业化验室是省盐业质量检测站的下级站，由省盐业质量检测站进行资格确认，负责生产厂内产品及出厂产品的质量监督检测工作。网络的各级检测机构都有严格的管理程序和较高的业务水平。①

按照中盐的《加碘盐质量监测办法》要求，国家盐产品质量监督检验中心负责全国范围内的食盐质量监测工作，每年对全国食盐生产企业、运销企业的产品进行一次统一检测；各省级盐业质量检测站每季度对本省食盐生产、运销企业不定期进行 1 ~2 次抽检；生产企业化验室则负责出厂食用盐的质量把关，并每月对库存食用盐进行 2 次抽检、每 2 小时对企业生产线进行 1 次碘含量测定。通过不同层次不同监测密度的网络分工，各级检测机构各自执行工作计划，承担检测职责，执行检测任务，相互配合、互相支持、上下互动，形成了完整的食盐质量监控体系，从而达到对食用盐质量的有效监控。②

至 2001 年，全国各地的专营网络建设已经成效显著。湖南在全省各市

---

① 中盐之道（五）——制造安全营养食盐坚持诚实守信经营 . http：//www. fjsalt. com/onews. asp？ id =1343.

② 中盐之道（五）——制造安全营养食盐坚持诚实守信经营 . http：//www. fjsalt. com/onews. asp？ id =1343.

(州)、县设立了190个批发部、109个食盐专卖店、2610个食盐专卖点，建立健全了销售网络，将服务延伸到零售环节，坚持分区包干、宣传、稽查、送货下乡和碘盐配送一条龙服务，有力地保证和方便了群众购买食用合格碘盐。广西采取集资设点，以寻找伙伴，联合经营，委托经营等形式，全面拓宽销售渠道，延伸增设销售网点，形成全区各市（县）—乡（镇）—村1200多个批发销售网络，并摸底登记建立了86000多个零售网点档案。河南坚持以三级批发为基础，以村级零售环节为重点，建立健全了县（市）、乡、村三级营销网络。同时，采取合同式管理的措施，加强网点管理，实现了碘盐销售网络化，市场管理规范化，督促检查经常化，营销结构一体化的“四化”目标。黑龙江省全面实行碘盐送销制和连锁销售制，使全省合格碘盐市场占有率达到98%以上。天津市对各区、县实现微机联网，他们将全市10000多个零售企业和网点的基本情况逐一输入微机，通过微机管理，把专营网络扩展到食盐零售环节，及时掌握各销售网点的购销动态，使专营“三率”的考核，直接形象地体现到各责任区。北京市盐业公司要求全体职工以良好的信誉、优质的商品、满意的服务打造专营品牌，市内批发部销售的盐产品95%以上都是送货上门，不管要三吨、两吨，还是十箱、八箱，他们都能保证卸货到位，码放整齐，卸货现场打扫干净，得到用户信任。上海市盐业公司对111户没有配送经营能力、长期拖欠货款、有违规行为的食盐批发企业做出了不予换证的决定，同时按照合理布局的原则，核准了136户新的食盐批发企业，现在全市共有食盐批发企业289户，覆盖了全市各区、县、乡镇。①

三、企业数量多、规模小

专营体制下食盐产销脱节，盐业公司按省划区经营，98家食盐定点生产企业按分配计划向全国2222家盐业公司供盐。2013年食盐产量914.98万吨，平均食盐产量仅9.34万吨，不足10万吨，原盐生产平均28.26万吨，与美国6家企业年均766.67万吨原盐产量相比规模过小。生产和流通企业数量众多，呈现“多、小、散、乱”的状态。制盐企业产业集中度低，食盐流通批发企业各自为政，市场不图大，只求全，以县为单位设有2200多个经营机

---

① 董志华总经理在全国食盐计划工作座谈会上的讲话.http：//www.gdsalt.com/wenzhang-735.html.

构，单个流通批发主体年均销量只有4000多吨。同时，基本上每一个单位都拥有自己的仓库、办公楼、配送车辆和庞大的员工队伍。[①]

从食盐生产产能来看，平均产能3万吨，生产能力超过5万吨的企业仅占全部制盐企业的8.5%。从资产规模上看，中国盐业总公司资产规模在2010年有310多亿元，拥有全资、控股子公司40余家，这是中国规模最大的盐业公司。此外江苏盐业总公司其资产总额只有40多亿元，山东省盐业总公司资产总额只有27亿元左右，其他公司的实力就更加一般（见表4-2）。

在课题组调查的9家生产经营主体中，平均资产是21.97亿元，近3年食盐平均生产为44万吨，2013年平均食盐生产能力为42.52万吨；8家流通经营主体的16.375亿元，也证明我国食盐经营主体的规模太小，无法发挥规模经济效应。

表4-2　全国食盐定点生产企业前10位实际产量、销量　单位：万吨

定点企业	实际产量			销售	
	产量合计	其中		合计	其中
		加碘盐	非碘食盐		加碘盐
中盐东兴盐化股份有限公司	54.79	44.28	10.51	53.70	43.70
湖南省湘衡盐矿	40.19	19.18	21.01	40.21	19.19
中盐长江盐化有限公司	37.56	18.54	19.02	37.17	18.43
中盐皓龙盐化有限责任公司	33.54	29.35	4.19	33.64	30.06
四川久大制盐有限责任公司	33.35	20.52	12.83	33.4	24.07
江苏省井神盐业有限公司第一分公司	35.23	17.03	18.2	33.06	17.04
江西晶昊盐化有限公司	36.19	36.19	0.00	30.91	30.91
中盐新干盐化有限公司	28.15	16.28	11.87	26.34	16.22
四川省盐业总公司（含和邦盐化）	25.8	12.93	12.87	25.2	12.98
平均数	36.1			34.8	

数据来源：2013年《食盐行业年报》。

四、产能过剩

近年来，各制盐企业不断改进工艺、设备、技术，生产能力逐年提升，产能增长迅速。“十一五”期间，国内原盐产能年均增幅保持在

① 王云．加快推进盐业改革［J］．中国财政，2015（11）：65-66.

12.15%。高速扩张引起产能高度过剩，2006至2010年的五年间，产能过剩分别为1471万吨、1518万吨、1440万吨、1680万吨和1811万吨。到2013年，全国盐产能为9791.59万吨，实际产量为8421.45万吨，销售7795.66万吨，形成年末库存1841.92万吨，实际产能过剩近2000万吨。

由于食盐市场狭小，且被人为割断，已失去市场导向作用，加之近期国家对盐业产业结构调整的相关行政审批取消或下放，因此，生产企业简单扩能成为行业主要发展方式。① 我国盐业产能过剩呈逐年发展态势，产销失调使制盐企业开工率进一步走低，但同时，目前我国许多地区仍在不断计划新建或扩建原盐及配套氯碱或纯碱装置。生产工业盐的企业大多都具备生产食盐的能力，由于生产食盐利润更高，都想生产食盐，而食盐的需求量是相对固定的，产销矛盾实在难以协调。②

以河南省为例，2012年底全省6家真空制盐企业及两家液体盐生产企业，年制盐生产能力达到490万吨，实际生产食盐53.78万吨，工业盐372.75万吨，液体盐32万吨，有效产能利用率为93.6%。③ 另据调查的9家食盐生产经营主体数据看，2011—2013年的平均开工率为84.66%，不足85%，产能过剩较大。

五、产品创新积极性不高

产销分离造成食盐行业对市场需求反应迟钝，生产和营销共同打造品牌困难。现今，很多盐业公司的主要产品，从用途上分类，除了工业盐就是食盐。如果将其细分，也不过就是几十种产品而已。而日本在盐资源匮乏的情况下，盐品种竟然有1500多种。相比之下，拥有悠久产盐历史的中国，盐业产品品种简单，实用领域狭窄。长期以来专营企业产品单一，创新能力不足，推出的新品以价格和利润为目的，总是在包装图案、包装材料、包装净含量、产品名称等方面变换花样，以博取政府部门更高的定价，而淡化产品功能、市场需求以及质量和品牌意识导向。④ 制盐企业对原盐的开发利用不够，对开发产品延伸产业链还存在观望，对液态盐的开

---

① 王云．加快推进盐业改革［J］．中国财政，2015（11）：65－66.

② 曾绍伦、王伟．我国盐业管理体制之负面效应探析［J］．四川理工学院学报（社会科学版），2010（6）：10－14.

③ 李建国、姚延岭．河南盐业产销现状与发展对策研究［J］．盐业与化工，2014（2）：5－8.

④ 王云．加快推进盐业改革［J］．中国财政，2015（11）：65－66.

发利用仍处于较低水平，卤水化工的深加工系列产品还没有形成规模化和产业化。

高附加值的产品、盐化工、综合利用卤水才能为企业带来更大的利润。比如在西方国家，先进的盐业领域已经充分利用在保健、营养、日化、护肤、美容、工业、公路化雪、水处理、畜牧养殖等多方面，开发出了相关产品千余种。现在盐产品高端市场，我国制盐企业较缺乏，国内的高端市场被日、美产品抢占较严重。另外，我国原盐生产、消费都以固态盐为主，对液态盐的开发利用仍处于较低水平，我国液体盐消费比例只有10%左右（折算为盐产量计算），而美国达到51%。卤水化工的深加工系列产品，如钾镁肥、阻燃剂、农药、医药中间体等还没有形成规模化和产业化。产品单一除造成制盐企业利润低外，还存在资源利用水平低，单一开采造成盐、溴比例失调，湖盐区镁害严重，矿盐区芒硝提取率低。这样的资源使用模式对环境的危害很大。

此外，大多数品种盐只能依靠盐业公司现有的销售网络体系，销售主要集中于省级中心城市，产销分离、产销脱钩，使只产不销的制盐企业没有市场竞争压力与风险意识，也没有直接面向消费者，不能以市场需求为导向进行技术改造与产品研发，对消费者需求变化缺乏回应性，造成企业缺乏创新动力，生产效率低下。

六、历史包袱重，人才匮乏

由于历史原因，食盐经营主体吸纳了较多的社会人员，企业办社会，历史包袱称重。根据课题组调查数据显示，9 家食盐生产经营主体的在册人员数量为 2775 人，实际在岗人员为 1985 人，在岗率仅为 71.53%，相当于 3 个在岗人员要养 1 个不在岗的；8 家食盐流通经营主体的历史负担与生产主体相比，稍微严重一点，平均在册人员数量为 1823 人，在岗仅为 1294 人，在岗率为 70.98%。

从人员受教育程度看，9 家生产经营主体的本科及以上学历人员的总数仅为 1709 人，占职工总人数的比例仅为 10.9%；专科以下的占到总人数的 67.54%。8 家流通经营主体的受教育程度稍微好一些，本科及以上学历人员占比为 20.77%，总人数为 2209 人；但专科及其以下的人员比例也较多，占到总人数的 43.18%。企业缺乏高素质人才队伍，知识层次低、结构不合理，致使企业智力资本储备不足，严重影响了企业创新能力。另外，从年龄结构上看，36~45岁的员工居多，生产经营主体与流通经营主体的比例分别占到42.76%和37.56%，在工作中应该是年富力强，较有闯劲，但囿于知识水平，难有创新成效。

七、信息化程度低

完善的现代企业管理制度是保证企业正常运营、参与市场竞争的基础。现代企业管理制度是否完善，是衡量一个市场主体是否成熟的重要标志。调查数据发现，有50%以上的食盐经营主体已经建立了企业管理制度、组织机构管理制度、财务管理制度、质量管理制度等13项现代企业管理制度体系，且75%的企业能严格按照制度执行，说明食盐经营主体已具备了较为完善的管理基础。但受传统观念的影响，盐化工企业总体来讲应用信息化的水平不高，有些企业的信息化建设还处于初步发展阶段。盐业企业信息化程度低，主要在于企业还缺乏对信息化的正确认识，忽视了企业信息化建设。另外，社会基础差、企业实力不足、法律法规不完善等也是影响盐业企业信息化建设水平的原因。

盐业企业信息化程度直接影响了企业的管理效率。数据显示被调查的17家经营主体的信息化程度平均得分仅为2.78，[①] 主要应用的信息化系统集中在办公信息系统上，如集中式财务管理系统、协同办公自动化等，在维条码技术、射频技术、物联网技术等方面较少应用，仅有1家经营主体在应用射频技术。信息技术的缺乏，在一定程度上了限制了管理效率的提高。因此，企业需要更新观念，提高对信息化的认识。

第二节　成熟食盐市场经营主体的特征

市场经营主体是指在市场上从事经济活动，享有权利和承担义务的个人和组织，具有营利性、独立性、灵活性特征。营利性是其最本质的特征；独立性主要表现为产权的独立和经营权的独立；灵活性则表现为市场经营主体遵循市场规律对经营战略和策略进行调整，是其存在于市场的基本功能。一般来说，成熟市场经营主体是指适应市场，能够充分运用新理

① 1=非常低，2=比较低，3=一般，4=比较高，5=非常高。

念、新知识、新技术，依法合规经营，信守合同承诺，积极履行社会责任，努力打造核心竞争力，不断提高经营效率与效果的市场经营主体。

食盐市场经营主体主要指食盐生产经营过程中的食盐生产企业和盐业公司。国家发展和改革委员会宏观经济研究院课题组在2003年6月25日的《人民日报》上发表的“食盐专营利国利民”研究成果中，提到“取消食盐专营必须以完善的社会主义市场经济体制为前提。就全国总体情况来看，应具备三个基本条件：一是成熟的经营主体。由一个或几个大公司支配全国的工业盐和食盐的生产、经营，如美国、法国和英国等发达国家那样……”结合成熟市场经营主体的一般概念和其他行业成熟市场经营主体的特征，我们认为，食盐市场经营主体走向完善和成熟的标志是：准入与退出制度化，产业组织一体化，经营战略专业化，经营管理规范化，业务流程标准化，管理手段信息化，简称“六化”。因此，成熟食盐市场经营主体是指那些在食盐生产经营过程中已经实现或基本实现“六化”的食盐市场经营主体。通过准入与退出制度化达到食盐经营主体资格合法、食盐市场秩序规范；通过产业组织一体化实现食盐产销无缝连接和规模经济，获取食盐市场经营中的竞争优势；通过经营战略专业化，专注于各种盐产品的经营，发挥自身特长；通过经营管理规范化、业务流程标准化、管理手段信息化，实现高效率以及最佳的资源调配和运用。

成熟食盐经营主体的特征主要表现在以下几个方面：（1）独立参与市场竞争。成熟食盐经营主体是按照市场经济要求建立完善现代企业制度，真正成为食盐经营的竞争主体，独立参与市场竞争，自主决策、自主投资、自负风险、自负盈亏，并具有完善的法人治理结构和科学合理的经营机制，依法合规经营，自觉履行企业社会责任。（2）产销融合。随着我国食盐管理体制改革的深化，定点生产企业可对大客户直销，也可与食盐批发企业建立产销联系，实现产销一体。而食盐批发企业通过兼并重组，可进入盐业生产环节，实现产销一体化经营。（3）规模经营。食盐经营主体通过多元参股、核心企业自我扩张、兼并重组、组建大型企业集团等多种形式不断扩大经营规模。经过一定时期的发展，在竞争中逐渐形成数量不多、规模适度的食盐经营主体。（4）注重品种品牌，开展多种经营。不断开发多品种食盐，从产品经营转向品牌经营，树立良好的品牌形象，提升企业的核心竞争力。不断扩大经营范围，实施一业为主、多业并举的发展思路。

第三节　食盐市场经营主体的理想格局

一、成熟食盐市场经营主体运营要求

1. 食盐市场经营主体的运营应符合市场经济一般规律

价值规律、竞争规律、供求规律和市场决定资源配置是市场经济的一般规律。同时，这些客观经济规律的要求和表现形式在食盐市场经营主体运营中又有具体的、有别于其他商品市场经营主体运营的特点。另外，市场经济实质上是一种竞争性经济，市场竞争力量能促进生产效率和社会分配效率，但是并非所有竞争都会实现资源的有效配置，过度竞争也会降低市场效率。① 因此，在理想的食盐市场经营主体格局下，食盐市场经营主体的运营应既能够体现上述规律的要求，又能够发挥其促进食盐生产、稳定食盐市场的功能。

2. 食盐市场经营主体的运营要体现食盐的公益性

食盐担负着全民持续补碘进而消除碘缺乏病的历史重任，承载着我国公共卫生和公共健康的神圣使命，具有明显的公益性（公共福利性）。② 因此，食盐市场经营主体的运营不能离开政府的公共干预，要在一定程度上接受政府对食盐供给价格、质量和数量的管制，以便所有消费者都能以可承受的价格购买到相同质量和足量的食盐。同时，可以借鉴日本的做法，由国家出资设立食盐事业中心，承担食盐的储备和平价供应，应对食盐市场出现突发事件，保障社会公共利益和公共安全，维护社会稳定。

3. 食盐市场经营主体的运营要适应食盐行业现状与发展

在我国，一方面，制盐企业规模小、数量多，盐业的产业集中度低，劳动生产率总体较低；③ 另一方面，我国有食盐市场流通主体约有 2222 家，分属不同的系统或部门，盐业销售系统职工有 7 万多人，年销售食盐

---

① 王俊豪．市场结构与有效竞争［M］．北京：学林出版社，1995.

② 吕福玉．基于公益性的盐业管制政策构想［J］．兰州商学院学报，2012，28（1）：7－14.

③ 中商情报网．美国、日本及中国盐业管理模式比较分析［EB/OL］．http：//www.askci.com/，2014－04－25.

900多万吨，经营效率低下。[①] 同时，受自然环境和交通运输条件的影响，食盐资源分布不均，需要在全国范围内统筹食盐的生产与销售。因此，理想的食盐市场经营主体格局应能反映我国的具体国情，同时，理想格局下的成熟食盐市场经营主体运营又能促成格局的演进，在广度和深度方面加速食盐市场的发展。

以上既是成熟食盐市场经营主体运营的要求，也是评判食盐市场经营主体格局理想程度的标准。依据此标准，可以将食盐市场经营主体格局理想分为微观理想格局和宏观理想格局。其中，微观理想格局是从食盐市场经营主体层面呈现的，宏观理想格局则是从食盐行业层面呈现的。

二、食盐市场经营主体的微观理想格局

1. 产权结构多元化

产权结构多元化，是相对于产权结构一元化来说的，是指企业的出资者或投资主体不是只有一个而是有多个。产权结构多元化是建立和完善现代企业制度的关键，既有利于规范法人治理结构，又有利于企业分散经营风险，同时将从体制上真正实现政企分开。

产权结构多元化是食盐企业发展和完善现代企业制度的关键和深化改革的方向，也是食盐市场适度竞争的基本前提。根据竞争需要标准，鼓励社会资本和外资以投资入股方式参与到盐业集团公司中来，进入食盐市场，食盐市场逐步呈现多种投资主体共同存在、共同发展的基本格局。

2. 市场份额集中化

在政策引导和市场竞争机制的双重作用下，省级或重点市的食盐生产企业、盐业公司向优势企业集中，通过自愿划拨、收购兼并等方式，逐步形成几家全国产销一体化的食盐专业化经营主体，食盐行业资源优化配置和效率得到不断提高，食盐市场份额得到集中，食盐市场呈现寡头垄断的竞争格局。

3. 市场竞争适度化

食盐行业的健康发展需要市场机制发挥作用，但食盐行业需要的是适

① 袁东明，姚永福，肖庆文．完善食盐专营体制，加快盐业结构调整［N］．中国经济时报，2009-09-03.

度竞争的市场机制，而不是过度竞争与充分竞争①。适度竞争会提供激励与约束机制，参与竞争的食盐企业规模要达到最低适度竞争规模（即最小经济规模）要求，否则将面临被超越、被兼并的压力。只有效率高具有成本优势的企业才会生存和发展。

三、食盐市场经营主体的宏观理想格局

1. 食盐产销一体化

新制度经济学认为，企业组织的边界取决于市场交易成本和企业内部组织协调成本的对比均衡。在激烈的市场竞争中，为降低成本、提高利润和市场竞争能力，企业往往选择向上游或下游跨界经营，实现产销融合。随着我国食盐管理体制改革的深化，产销融合是我国食盐生产经营健康发展的必由之路。取得食盐生产经营许可的生产企业，可自主发展销售渠道和网络，也可与各类商品流通企业建立产销联系，实现食盐产销一体。而食盐批发企业在取得生产经营许可后，可进入盐业生产环节，通过融合重组实现产销一体经营。

在政府监管部门的有效监管和协调下，以现有食盐经营主体为基础，通过划转、兼并重组、收购等方式，彻底改变食盐生产、食盐销售相分离的局面，全国形成10家左右产销一体化盐业集团公司（符合规模经济要求）。

2. 生产布局合理化

生产布局是指物质资料生产在一个国家或地区的地理分布，包括生产的具体地点（地区）、规模、相互联系和地域结构。生产布局既反映了生产的空间形式，又反映着生产的发展方向，它是生产力的一种表现形式，故也称“生产力布局”。

按照以社会经济条件为主导作用，以自然、技术条件的可能性为前提的原则，统筹安排10家左右盐业集团公司的生产企业在全国的布局，正确体现自然、社会经济、技术三者的最佳结合，确保整体食盐销售配送最

① 过度竞争（Excessive competition）在国外经济学文献中又称“自杀式竞争”“毁灭性竞争”或“破坏性竞争”，在日本被称为“过当竞争”，在我国则有人称为“恶性竞争”，表现为企业之间频繁发生的价格战、资源战、广告战等现象。充分竞争是指市场内所有的资源都已经被调动，不存在任何人或集体可能出现的垄断性，这样市场价格会维持在一个很合理的地位。

优化。

3. 监管机制完善化

建立起食品药品监督、工商、卫生等多部门协调的新型监管体系。实行食盐经营准入许可制度，严格食盐生产经营者的资金、规模、质量、标准等资质准入条件，加大对非碘盐、劣质盐、不合格碘盐的打击力度，维护食盐市场秩序，保护投资者、经营者和消费者的合法权益。

通过建立和完善食盐监管机制，打击盐业违法行为，规范食盐市场秩序，保障食盐安全，促进各级盐业行政主管部门切实履行管理职能，依法行政；引导和教育公民、法人或者其他组织遵守国家食盐政策法规，依法经营、诚信经营，构建食盐市场的社会信用体系和市场监管体系。①

4. 碘盐保证法制化

通过立法保证合格碘盐供应的普及性和可持续性。食盐事业中心充分履行职能，确保食盐市场的安全稳定。贫困边远地区市场合格碘盐的供应保障由食盐事业中心指定的盐业公司负责，而盐业公司享受食盐事业中心给予的运费补贴，或者实行免费供应制。

5. 应急管理机制化

积极推进资源整合和信息共享，健全食盐供应紧急突发事件防范应对联动机制，明确应急管理领导指挥机构、执行机构，完善“政府统筹协调、食盐集团公司广泛参与、防范严密到位、处置快捷高效”的食盐供应应急管理机制。

食盐市场经营主体理想格局的以上构想立足于我国目前的食盐行业现状，着眼于食盐管理体制改革的未来。

第四节　培育成熟的食盐市场经营主体是一个渐进过程

市场化是以市场需求为导向，竞争的优胜劣汰为手段，实现资源充分合理配制，达到效率最大化目标的改革过程。日本通过完善国家层面顶层设计，周密充分论证改革方案，在着眼于保护本国盐产业生存和发展的基础上，采取了稳妥谨慎的渐进式改革模式。从其改革方向、目标和措施来

① 黄泽锋．广东盐业市场监管体系与完善对策研究［D］．广州：华南理工大学，2016.

看，培育成熟的市场主体极为重要。

日本在1905年颁布实施《盐专卖法》，开始实行食盐专卖制度。1980年，首次在内阁提出废除盐专卖制度；1988年，首相咨询机构再一次提到推进盐业专卖制度改革，并提出了方向性意见。该意见书提交日本大藏省审议历时7年，大藏省于1995年正式提出《关于日本盐业的改革问题》，就盐业专卖制度改革的方向、目标、内容、措施做出了明确的规定。1996年，日本议会审议通过大藏省提出的《盐事业法》，正式宣布废除食盐专卖制度，启动盐业市场化改革，并将1997—2002年设定为改革过渡期。在改革过渡期，日本政府继续对生产领域、经营市场和配送市场的进入实行许可制，盐事业中心独家垄断一般用盐的进口权和国内市场首次批发权，并建立300亿日元专用资金，以补贴制盐企业和批发商的合理化调整。2002年4月1日，日本政府正式废除国家专卖制度，不再对盐业的生产、进口、批发、零售和物流环节实行管制，市场主体完全自由参与盐业生产经营活动。为了应对国际市场竞争的冲击，2002年日本政府设置了自2002年4月1日到2005年3月31日的三年构造改革期：对进口的中国精制盐征收特别关税；政府、制盐企业和批发商共同出资建立176亿日元构造改革基金，用以补贴制盐企业的主动破产费用和批发商的合理化补贴。①

历经5年的改革过渡期和3年的结构改革期，日本最终于2005年4月实现盐业完全市场化。日本从食盐专卖到完全市场化，前后历经了100年的时间。

目前，我国的现实情况是，我国是碘缺乏病高发的国家，全世界40%的碘缺乏人群在中国，消除碘缺乏危害的重任不容忽视。中国人口众多，盐是生活必需品，“盐业系天下”的重要性没有减弱。相比而言，中国的食盐市场化更应该稳妥谨慎，有序渐进地推进，通过不断加强和完善国家的顶层设计，明确和细化改革的方向、目标、内容、措施，理顺效率和安全、稳定的关系。总之，培育成熟的市场经营主体还需要一个过程。

---

① 吕福玉、曾祥凤．我国盐业管制制度改革策论——基于日本盐业专卖制度改革之启示[J]．天津行政学院学报，2012（11）：102－110.

第五节　培育成熟食盐市场经营主体的措施

一、国家层面的措施

1. 设计好食盐管理体制改革的进程和方式

食盐管理体制改革不可能一蹴而就、一步到位，只能有计划、有步骤地逐步推进，需要充分考虑我国盐业管理体制的历史和现状，要有一个较充分的过渡期。过渡期对于面临食盐管理体制改革的食盐生产企业和盐业公司而言，显得尤为重要。

日本盐业专卖制度有100年的专卖历史，经过3年结构改革期、8年过渡期，才完成市场化改革。如果从改革盐业专卖制度进入国家决策层面算起到实现完全市场化，前后共用了23年时间。因此，在此特殊时期，如果能够未雨绸缪，充分做好食盐管理体制改革前的准备工作，食盐管理体制改革就会事半功倍，少走很多弯路。另外，改革初期可能存在扰动和风险，如果短期内食盐价格无法下降或市场秩序陷入混乱，那么改革成本将大幅上升。

因此，科学设计食盐管理体制改革的进程和方式是改革的关键，也是培育成熟食盐市场经营主体的前提条件。

2. 出台食盐行业结构调整的指导意见

由国家相关部门联合印发《关于加快食盐行业结构调整的指导意见》①（以下简称“指导意见”），而省（市、区）地方政府则相应出台类似“关于鼓励食盐行业整合重组的意见”（以下简称“意见”）之类的文件，着力破解食盐行业“低、小、散”难题，引导和鼓励以省级食盐企业和盐业公司为龙头企业的资产重组、整合、改制，支持优势企业对劣势企业的收购兼并，通过产业链的整合重组，优化资源配置，优化食盐企业和盐业公司布局，提高产业集中度，全面促进食盐企业和盐业公司做大、做强、做优，为确保食盐管理体制改革的成功创造有利的外部环境和条件。

---

① 工信部联消费〔2010〕483号．关于加快医药行业结构调整的指导意见［G］．http：//www.miit.gov.cn/n11293472/n11293832/n11293907/n11368223/13476011.html，2010-11-09.

在“指导意见”和“意见”中，对指导思想和基本原则、主要任务和目标，以及保障措施等提出明确要求和做出明确说明。如剥离目前盐业公司承担的食盐计划编制、食盐监管等行政职能，并将盐业公司中从事行业管理、盐政稽查的工作人员划归政府相关部门，使盐业公司轻装上阵，成为真正的食盐市场经营主体。

3. 扶持产销一体化的食盐经营主体

产销一体化是以市场为导向，以食盐和多品种盐加工或经营企业为龙头，把食盐和多品种盐生产、加工、销售等环节联系起来，形成一体化经济利益集团的组织形式。这种组织形式可以把分散的食盐和多品种盐生产纳入统一的生产经营体系，是解决食盐和多品种盐产销脱节、扩展多品种盐转化增值、提高食盐行业效益的重要途径。

食盐产销一体化是盐业企业组织发展的共同趋势，是现代食盐行业的发展方向。然而，食盐产销一体化企业组织的发展是一项复杂的系统工程，涉及财政、金融、物价、工商、税务、人力资源与社会保障等诸多部门。在现有情况下，仅靠食盐企业和盐业公司的力量在短期内是不可能完成的，需要政府制定相应的扶持、资金保证和税收减免等政策加以引导、组织和帮助，为推广产销一体化经营创造条件。

4. 出台《食盐特许经营管理办法》

选择适当时机废除《食盐专营办法》，尽快出台《食盐特许经营管理办法》，通过市场竞争机制选择食盐经营者。明确食盐行业的公益性、基础性地位，仿照《市政公用事业特许经营管理办法》[①]《药品管理法》[②] 出台食盐经营特许经营管理办法，明确只有具备特许经营条件的食盐经营主体才能从事食盐经营业务（食盐市场经营主体准入与退出条件见附录一）。如规定只有“三证”（营业执照、卫生许可证、食盐经营许可证）齐全，且达到《食盐批发企业管理质量等级划分及技术要求》国家标准 A 级及以上的批发企业才能进入食盐市场。而参与特许经营的食盐经营主体数量以竞争需要为限，防范过度竞争或恶性竞争。

5. 设立食盐事业中心

由国家出资设立食盐事业中心，承担食盐的储备和平价供应职责，应

① 中华人民共和国建设部令第 126 号，2004 年 5 月 1 日生效.

② 中华人民共和国主席令第 45 号，自 2001 年 12 月 1 日起施行.

对食盐市场的突发事件，保持社会稳定。食盐事业中心，性质为公益法人，属于非营利机构，可授权具有一定资质的企业代行食盐事业中心部分职能。其职责包括：食盐的平价供应和国家储备；市场经营食盐产品的质量检测；食盐生产、进口和经营方面的信息收集、整理与公布；食盐生产、进口和经营方面的政策建议等研究；对食盐生产企业和盐业公司的指导等。

6. 建立健全食盐管理法律法规

在食盐管理体制改革过程中，应以《食品安全法》《行政许可法》等为上位法，梳理现有食盐管理法规，建立健全《食盐管理条例》《食盐管理条例实施细则》《反不当竞争条例》等法律法规，对政企分开的管理体制加以确立，明确盐业公司只需承担经营职能，管理职能则分别由质检、工商、食品药品监督等部门承担，从盐业公司剥离出来的盐务管理局则可承担相应的盐政管理工作。完善食盐市场经营主体资格的认定和审查条件，明确各食盐市场经营主体的权利和义务，防范食盐市场的恶性竞争、不正当竞争、过度竞争以及竞争不足等，以促进各类食盐经营企业的健康成长。

国家质检、工商、食品药品监督等监管部门要把培育成熟食盐市场经营主体作为其职能之一，应该注重食盐市场经营主体章程的制定和其章程范围内的运作行为，包括指导监督其健全股东大会、董事会、监事会及经理层治理结构；建立起动态性、完整性的信用信息制度，经营主体行业自律性制度等，帮助经营主体提高综合素质，使经营主体真正成为依法经营、自我约束、自我发展的市场竞争主体。

二、 行业层面的措施

1. 营造食盐管理体制改革的氛围

国家有关部门、行业协会要利用各种会议和适合的场合，在行业内部积极进行动员，将食盐管理体制改革的精神和做法进行广泛宣传，号召各级食盐企业和盐业公司领导及职工转变观念，克服恐惧、悲观、谵妄等心理，使广大企业和员工正确对待改革，认识到现有食盐管理体制不仅制约着市场经济的进一步发展，也封死了企业自身发展的空间。促使广大盐业职工变压力为动力，锐意进取，形成主动深化食盐管理体制改革的氛围。

2. 开展食盐管理体制改革研究

组织行业专家、学者对食盐市场经营主体的组织形式、培育方式进行研究，指导各经营主体制定并落实食盐管理体制改革实施方案。邀请行业专家、学者对食盐市场经营主体的业务骨干进行业务培训，为促进行业全面推进食盐管理体制改革奠定人才基础。

3. 加强行业标准化体系建设

用准入退出标准、运营标准、技术标准等促进行业产业结构调整和产业的优化升级，用标准引领行业的发展，推动服务质量和管理水平的提高。

4. 充分发挥行业协会作用

无论日本还是美国，盐业行业协会在盐业管理体制改革过程中都发挥着巨大作用。因此，在培育成熟食盐市场经营主体的过程中，要充分发挥中国盐业协会的职能，代表全国盐业运销企业和生产企业利益，组织食盐产品营销、与政府部门合作制定食盐政策、向食盐经营主体提供价格咨询、发布供求信息、开展食盐产品的广告宣传、研究开发国际市场等。

三、企业层面的措施

1. 转变思想观念

改革的关键是要提高认识，转变观念，坚决扭转食盐企业和盐业公司内部对现有食盐管理体制的依赖思想。改变食盐企业和盐业公司员工安于现状、不思进取，抱守老观念、老习惯、老作风的局面，使他们尽快适应社会主义市场经济的要求，树立危机意识、竞争意识、市场意识。与此同时，也要鼓励食盐企业和盐业公司员工坚定信心，充分认知自己的优势与不足，避免整个公司上下人心混乱，丧失信念和动力。

2. 加快企业重组整合

本着“调整结构、整合资源、适应市场、促进发展”的原则，中盐公司和各省级盐业公司、食盐企业要积极争取各种政策支持，采取“无偿上划”“出资入股”“兼并重组”等方式，面向市场建立以产权为纽带的母子公司经营管理体制，促进产业集中，加强省际合作、整合，增加企业整体竞争实力，形成产销一体化经营格局。目前，云南盐化、兰太实业等中盐系公司已在食用盐行业实现了产销一体化的经营模式，销售网络已经覆盖相关省份，食盐销售及配送效率正在逐步提高，能很好地应对盐业市场改革的新变化。同时，要大力推进企业内部重组整合，采取合并、分立、解散与清算等模式，压缩管理机构和精简管理人员，减少管理层级，优化人员队伍结构，提高经营效率和服务质量。

3. 推进经营专业化

盐业集团公司作为一定地域内的唯一食盐产品供应商，对食盐及其关联产品的品种、价格、渠道、销量等市场情况较为熟悉，因此盐业集团公司在食盐管理体制改革过程中要坚持转型不转行，牢牢把握最为熟悉的食盐产品，始终把食盐及其关联产品的营销作为主业。

要重视优质、健康、安全的食盐产品的推广销售，做健康食盐产品的推广者。盐业公司应进一步调查市场需求，根据消费者的不同消费特点推陈出新，积极推出最符合人体健康要求的食盐产品，并采取各种措施有意识地引导消费者健康用盐、合理控盐的健康理念，推出低钠盐、海藻盐、自然晶盐等不同品质的食盐产品，满足不同层次的消费需求。

要重视挖掘盐产品潜在价值，研发和引进以盐为核心的多元产品，做新型盐产品的创新者和引导者。在食盐管理体制改革过程中，盐业公司一定要打破思维定式，深入挖掘食盐的文化和潜在价值，针对盐的特性，开发以盐为核心的多功能、多系列、多品种产品。很多盐业公司已经陆续推出了盐枕、有机盐牙膏、洁面盐、洗手盐、含盐洗发水和沐浴露等产品，现在还需要以新时期消费者崇尚的天然、绿色、无污染为理念，加强市场推广工作，推动盐及其关联产品的销售。

在继承公共产品供应商良好社会形象的基础上，盐业公司要注重产品品牌和企业品牌建设，一方面，将自有产品品牌塑造成本地区的强势品牌；另一方面，树立和强化“最专业的盐产品供应商”和科学、健康用盐理念的倡导者形象，增强盐业公司的软实力，提高社会影响力，为进一步成为成熟食盐市场经营主体创造条件。

4. 创新经营模式

国家发展改革委员会分别于 2003 年和 2005 年下发了《关于印发促进食盐经营现代化的若干意见的通知》和《推进食盐经营现代化实施方案》两个纲领性文件，要求各地盐业系统加快理顺食盐经营管理体制进程。

加强食盐商业经营渠道建设，既是适应市场经济条件下零售业的服务社会化、现代化和国际化的有效经营方式，又是盐业公司生死攸关的战略部署。在食盐管理体制改革过程中，包括连锁经营在内的经营渠道模式将会显现出扩大效应，在扩大经营范围、最大限度地资源共享、创造新的消费点等方面发挥重要的作用。因此，盐业集团公司应结合自身实力、地域特点等，在加强网络建设的基础上，积极尝试直配终端、特许经营零售终端、以食盐为载体的多关联产品配送、连锁营销网络体系等经营模式，对产品全部实行统一包装、统一产品视觉形象、统一质量、统一价格、统一宣传，加快自身商业经营模式创新的进程。

目前，很多盐业公司已经开始进行网络渠道经营探索，通过整合零售资源，优化食盐零售终端网络，将连锁经营和特许经营作为推进食盐经营现代化、终端网络化的重要手段，由盐业公司从批发逐步延伸到转批发和零售，直接控制市场终端，打造以食盐产品为主体的商贸经营渠道，提升渠道的竞争力和抗风险能力，努力实现营销网络健全、功能完善、用途广泛、覆盖面广的目标。在加强盐业公司经营终端渠道模式建设过程中，可以考虑“形象店＋特许加盟连锁店”的经营网络思路。

加强自有形象店建设。盐业公司应充分利用自身资产、产品、销售人员等资源，根据各地实际情况设置自营点（店），选取有条件的自营点（店）培养成经营专业、管理统一、产品体验、展示形象的自有品牌形象店。自有形象店不仅可以有效显示公司的实力、提供形象规范、有效地提高盐业产品品牌的知名度和美誉度，还便于操作管理，能及时准确地执行企业的营销理念和方针政策。在自营点（店）的经营中，要全面深化“客户经理制”新型营销机制，充分发挥企业营销人员与市场客户之间的纽带作用，尽可能控制市场销售终端。同时，自有形象店使盐业公司直接面对消费者，可以了解消费者的需求特点，有助于品牌企业获取最有效的市场信息，为公司决策提供第一手的资料。此外，自有形象店经营还可以为盐业批发企业下一步进入零售环节积累经验。

稳步扩大特许加盟连锁店规模。盐业集团公司应通过收购、兼并、股份合作、特许加盟连锁等多种形式向社区、郊区县延伸发展，全面推进“万村千乡”市场工作，全面构建新型农村经营网络工程。做好店铺发展中的市场需求与供给的衔接工作，将社会分散、独立的零售企业通过特许加盟的形式，纳入连锁经营体系，进一步提高连锁企业的社区覆盖率，提升企业的经营服务水平。鼓励支持连锁企业为消费者提供非盐产品以及网上或电话购物等便民服务，增加连锁业种，扩大服务范围，满足社区居民的生活需求。

第五章

市场化背景下食盐经营主体运营保障条件研究

第一节　食盐市场经营主体标准化建设

一、食盐市场经营主体标准化的特点

成熟食盐市场经营主体属于产销一体化经营组织，因而其标准化既具有流程性材料生产企业标准化特点，又具有服务企业标准化特点。具体来说，有以下几个方面。

1. 标准化的主要目标是食盐质量安全和效率

食盐市场经营主体标准化的主要目的是提高产品和服务质量，而其产品质量中，安全是第一位的质量。客户没有人身安全，也就没有了质量。同时，食盐市场经营主体的客户又十分重视等候服务和接受服务的时间长短。因此，服务的及时性即快捷服务，也就是服务的效率，成为食盐市场经营主体标准化的又一重要目标。为此，食盐市场经营主体标准化建设要建立在工业工程（IE）等先进的科学基础上，采用动作分析和时间研究等工业工程方法，制定和实施科学的服务标准或服务作业指导书，以争分夺秒，节省时间，在确保服务质量、使客户满意的前提下，提高服务效率。

2. 资源和能源标准化在食盐市场经营主体中占有十分重要的地位

食盐产品以资源为原料，一方面要考虑合理利用资源、开展资源标准化工作，另一方面还要认真开展能源节约方面的标准化工作，以实现降耗节能，增加经济效益。

3. 标准的专业性强、配套性高、协调性好

任何一种食盐市场经营主体都要认真组织制定适用于本企业的技术标

准体系，使各类标准协调、统一、配套，而每种食盐产品都要有其质量标准及其配套的标准体系。

4. 服务流程的程序化、规范化与个性化密切配合

服务流程由一系列为顾客创造价值并且相互关联的活动组成。为了确保服务质量，食盐经营主体要对其提供的服务流程与方法实施标准化，为客户提供程序化、规范化的服务，并减少和消除服务差错。同时，由于食盐经营主体的客户来自不同地区，必须对他们开展针对性的个性化服务，以确保其满意。因此，经营主体的服务提供过程既要实行标准化，又不能“一标切”，要在不违背服务标准的基本原则和程序的前提下，创造性地开展个性化专门服务。

5. 服务设施标准化的地位越来越重要

随着社会科学技术的发展、生活质量的提高，经营主体的服务设施越来越多，越来越先进。服务设施的完好程度，有时直接决定了服务提供的成败和服务质量的高低。因此，食盐市场经营主体应该高度重视服务设施标准化工作，统一包装重量，统一包装规格，统一装箱尺寸，统一托盘规格，统一堆码高度，统一集装箱尺寸，统一运输工具，统一装卸搬运工具，统一储存要求，使他们处于完好的技术状态，以确保服务的顺利提供和服务质量的提高。

二、食盐市场经营主体标准化建设内容

食盐市场经营主体为客户提供的产品是有形产品与无形产品的有机结合，标准化水平的高低直接影响到客户服务质量。围绕所提供的产品，食盐市场经营主体标准化建设的主要内容包括准入退出标准化建设、产品标准化建设和运营标准化建设，见表5－1。

表5－1　食盐市场经营主体标准化建设内容

标准化分类	建设依据	建设内容	备注
企业准入退出标准化	1.《食盐管理法》 2.《食用盐国家标准》 3.《食盐卫生标准》 4.《食品安全法》 5.《节约能源法》 6.《清洁生产促进法》 7. 其他相关法规	1. 企业布局与规模 2. 厂房环境 3. 营业场所要求 4. 质量安全保障 5. 仓储设施要求 6. 监督与管理 7. 其他	需要抓紧制定《食盐管理法》

续表

标准化分类	建设依据	建设内容	备注
产品及服务标准化	1.《食盐管理法》 2.《食用盐国家标准》 3.《食盐卫生标准》 4.《食品安全法》 5. 各级政府、行业协会等出台的服务规范	1. 食盐产品 （1）分类；（2）性能；（3）规格； （4）质量（感官指标和理化指标）； （5）所用原材料；（6）工艺装备； （7）检验方法；（8）检验规则； （9）标志、包装、运输和贮存； （10）专利 2. 销售服务 （1）服务项目开发/设计； （2）服务过程； （3）服务环境与标识； （4）服务行为/作业； （5）服务信息及其沟通过程	需要进一步补充、完善，尤其是品种盐标准
企业运营标准化	1.《标准化法》 2.《标准化法实施条例》 3. 其他相关标准化文件	1. 组织管理标准化 2. 制度管理标准化 3. 基础管理标准化 4. 现场管理标准化 5. 档案管理标准化 6. 信息管理标准化 7. 运营作业标准化 8. 运营体系标准化	涉及采购、生产、销售、配送、存储等软硬件标准化

1. 企业准入退出标准化建设

为了确保食盐市场经营主体资格合法，食盐市场秩序规范，食盐安全监管职能到位，以及食盐作为广大人民群众的身体健康保障，要根据《行政许可法》《食盐管理法》《食品安全法》《食品流通许可证管理办法》等法律法规的规定，制定食盐市场经营主体准入退出制度，明确食盐市场经营主体进入与退出食盐市场的标准。

2. 产品及服务标准化建设

食盐市场经营主体提供产品的过程也就是服务交付过程。因此，既要对食盐产品的类型、性能、规格、质量、所用原材料、工艺装备和检验方法等规定统一标准，又要对服务项目开发/设计、服务过程、服务环境与标识、服务行为/作业、服务信息及其沟通过程等定统一标准。

3. 企业运营标准化建设

企业运营标准是对企业标准化领域中需要协调统一的运营事项（对事）所制定的标准。如组织管理标准、制度管理标准、基础管理标准、现场管理标准、档案管理标准、信息管理标准、设备管理标准、运营体系标准、职业健康管理标准等。这些与食盐经营主体的业务流程密切相关。

在竞争激烈的环境中，运营标准化可以帮助食盐市场经营主体提高运营效率，从而以更低的成本和更高的质量击败对手。特别是在竞争激烈的市场环境下，企业的运营标准化对保持快速和可持续发展尤为重要。

第二节　食盐流通政策与监管体系完善

一、食盐流通政策、法规和监管现状分析

随着全国覆盖城乡的食盐销售网络的初步形成，国家发展改革委员会分别于2003年和2005年出台了《关于促进食盐流通现代化的若干意见》（发改经贸〔2003〕1995号）和《推进食盐流通现代化实施方案》（发改办经贸〔2005〕1073号），提出了促进食盐流通体制现代化的重要意见和建议，通过进一步加快食盐流通现代化进程，不断提高盐行业流通组织化程度、降低流通成本、提高流通效率，确保合格碘盐供应。此外，在国家政策的宏观指导下，中国盐业总公司组织业内外专家修订了《食盐批发企业管理质量等级划分及技术要求》国家标准，出台了《食盐配送中心建设与管理技术规范》以及《盐业企业物流信息系统架构规范》两部行业标准，用标准来引领行业发展，对更好地推动食盐流通现代化工作起到了促进作用。

近年来，食盐企业通过贯彻实施一系列食盐流通政策法规，全力推进食盐流通现代化工作，在合格碘盐覆盖率提高、食盐分装集中度提升、服务模式与配送功能改善等方面取得了较为显著的成效。推进食盐流通现代化的基本原则中最重要的一条是贯彻《食盐专营办法》，但在食盐专营体制下，全国的食盐流通以行政省区划分，食盐的销售只由政府指定的唯一的经销商来执行，食盐产品的生产商只能把产品按政府确认的价格卖给政府指定的经销商，而不能直接在市场上进行销售。

这种流通模式导致全国不能实现大市场、大物流，食盐配送难以做到全面优化，社会物流成本较高。出现以上问题的主要症结是受到现行行政区划分割的食盐专营体制的制约：

第一，作为地方专营主体，各省级盐业公司是利益的既得者，国家级配送中心是从宏观层面由各地盐业公司协同合作的产物，因此国家级配送中心的建设必然影响到地方盐业的既得利益，其态度决定了建设进度。

第二，在推进流通现代化方面所涉及的组织结构调整、业务流程再造等改革工作，需要地方盐业公司在经济、政策等方面持续投入，而各省盐业管理体制、经济发展状况及区域经营规模存在一定差异。在专营政策保护下，其投入的积极性、投入规模、推进力度也各不相同，即使是投入较大的区域也只是本地流通现代化的尝试，不能也无法影响其他区域。

第三，全国性配送网络体系的建立，要依据食盐产地的产量、位置等多种因素来设计，同时要考虑整个市场需求，而现行体制是以行政区划为界，市场的分裂与计划的保护导致了配送流向不合理，运输资源浪费的结果。

另外，在现有体制下，全国按照行政区划共设有 31 个省级盐业公司，其中有 21 省实行政企合一。从保护自身利益的角度，政企合一的盐业公司较好地履行了盐业行政管理和盐政执法职能，在稳定当地食盐市场、保证碘盐覆盖率等方面起到了积极作用，这种模式下的食盐监管体系相对简单且效率较高。

总的来说，现有专营体制下，食盐流通政策与法规仅适用于批发企业内部，在提高生产企业效率、优化配送路径、提升信息传递速度等方面无法发挥作用，并不能大幅降低食盐流通成本。而政企合一的模式虽能在一定程度上保证市场监管效率和碘盐覆盖率，但是各级盐业公司既承担着保证碘盐供应的政治任务，又承担着资产保值增值、实现利润的经济责任，还承担着市场监管的行政职责，角色定位不清晰，容易出现利用政治或行政职能为经济职能服务的倾向，也容易导致专营范围扩大化。现代企业制度是以市场经济为基础，以企业法人制度为主体，以有限责任制度为核心，以政企分开、产权清晰、权责明确、管理科学为条件的新型企业制度。在政企不分的情况下，会导致政为企服务，以及专营扩大化。食盐经营者作为企业，既当裁判员，又当运动员，官办一体，排斥市场竞争，难以进行公平、公正的市场监管。随着食盐行业的市场化，政企合一的模式必将被淘汰，新体制下的食盐市场监管体系需要重新建立。

二、食盐流通市场化政策、法规和监管需求分析

根据所调研的食盐生产企业和盐业公司对食盐市场化改革的认识与建议，我们发现无论是生产企业还是盐业公司，对食盐市场化改革基本都持有积极配合的态度。在产销一体化方面，专营体制的主要获利者即盐业公司也都表示希望通过政府引导推动产销企业兼并重组。针对调研情况，盐业行业在食盐流通市场化方面主要有以下四个方面的需求。

1. 逐步理顺食盐流通管理体制，提升产业集中度

作为民生必需的食品，食盐价格的稳定和安全尤为重要。正常情况下，绝大多数食品的需求量会随价格的涨跌而出现反向的波动，而食盐的需求量基本是刚性的，在商品供求关系中受价格影响较小，几乎不受其价格波动的影响。因此，在市场经济条件下，食盐价格的波动不会因下游消费者需求量的变化而大幅波动，更可能会受上游企业生产经营状况和市场竞争的影响。食盐的特殊属性要求各类生产经营企业的产业化和规模化，以保障市场安全和产品安全。因此，理顺食盐流通管理体制是加快推进食盐流通现代化工作的必要条件。

全国实行食盐专营政策之初，基本按照行政区划，实行省、地、县三级流通管理模式，近20年的发展实践证明这种模式存在环节多、成本高、效率低的弊端，已经不适应当今社会市场经济发展的要求。产业集中度过低、计划保护等所导致的流通效率低下、资源浪费等问题，要求整个行业尽快理顺流通管理体制，关小治散、扶优限劣，从而提高行业的集中度。通过组建大型集团化公司，以点带面，构建全国盐业大市场、大物流、大品牌的食盐流通体系。

目前，盐业行业在企业兼并重组方面取得了一些进展。其中中盐总公司充分发挥行业龙头作用，以中盐总公司为主体加快推进与各省市盐业公司的整合。近几年来，中盐总公司以无偿上划、出资入股等方式，先后与甘肃、浙江、江西、重庆、宁夏等省区实现资产联合，建立了比较紧密的资产纽带关系。目前，中盐总公司已经联合了20个省的食盐批发企业，全国食盐流通格局初步形成。2013年12月，中国盐业股份有限公司的成立，显示了部分盐业公司在中国食盐流通资源整合、结构调整和转型发展，推

动持续改革和迎接食盐流通市场化的意愿。而其他地区如云南，是全国率先实现产销一体化盐业经营模式的地区，这种模式使其在资源、生产成本、流通成本方面占据了绝对优势。

因此，加快盐业企业兼并重组，逐步提高市场集中度，优化市场结构，是推进食盐流通市场化的首要需求。

2. 提高市场准入门槛，保证食盐市场安全

设计更高的市场准入制度，是提升产业集中度，保证食盐流通市场化安全的重要手段。目前，包括生产在内，进入食盐流通领域需要食盐专营许可证，包括食盐生产许可证、食盐批发许可证和食盐准运证。即使2014年4月，国家发展改革委员会废止了《食盐专营许可证管理办法》，也只是将食盐专营许可证的审批、发放和监督管理工作下放到地方，并不意味着食盐专营的取消。在目前的市场格局下，食盐行业结构松散的特征导致无法立刻应对市场化，需要通过进一步提高食盐产销市场准入门槛，如技术门槛、资本门槛、质量门槛和信用门槛，在外资大量进入食盐市场前，关小治散、扶优限劣，逐步形成具备抗市场化风险的集团性公司，保证食盐流通市场安全。

以广东盐业公司为例，他们希望在推动兼并重组的过程中，应完善产业政策和准入标准，并严格企业生产经营资质管理。通过制定行业的准入标准、设定良好的生产规范及生产许可条件、提出生产加工布局与技术装备更新指导意见，来引导行业加快转型升级，并通过严格执行从业企业生产经营资质管理提高行业内企业的竞争实力。

3. 提升国家级食盐配送中心现代化建设，增强服务市场功能

随着市场经济买方市场的形成，物流业的地位突显，成为指导生产、引导消费、拉动经济增长的手段。盐业专营物流成本高，急待通过改革构建一个高效合理的物流配送网络。为了推进改革，国务院办公厅转发了《关于促进食盐流通现代化的若干意见》，要求通过改革和结构调整，构建食盐物流现代化网络体系，合理设置食盐配送中心。

目前建立的国家级食盐配送中心，一部分依托食盐定点生产企业而建，属食盐调拨配送中心，另一部分均为销区的区域食盐配送中心。食盐调拨配送中心受食盐计划影响，只能定点调拨配送，区域配送中心的辐射范围仅限于本行政区域内。虽然近年来中国盐业总公司积极促进行业联

合，与各地盐业公司合作共同建设国家食盐配送中心，但由于体制原因，国家级食盐配送中心建设存在进度缓慢、辐射范围小等问题。这些配送中心虽然具备了分装、仓储、配送、统计等功能，对于区域内的食盐流通效率提高起到了积极作用，但与全国食盐流通市场需求相比，仍然存在着规划布局不合理、配送能力弱、专业化程度不高、设施装备配套性差、综合服务能力不强、信息沟通不畅等问题。多式联运、信息管理、流程优化、一站式服务等功能亟待完善和提高。

因此，从食盐市场化的角度出发，未来的国家级食盐配送中心应主要具备配送反应速度快、配送功能集成化、配送组织网络化、配送经营市场化四个现代化特点。在配送反应速度方面，能够对上下游配送需求迅速响应，减少前置时间；在配送功能集成化方面，应将物流与食盐供应链的其他环节进行集成，如物流渠道的集成；在配送组织网络化方面，应有完善、健全的物流配送网络体系，物流配送中心、物流结点等网络设施星罗棋布，并运转正常，如可以对现有的食盐配送中心进行整合提升；在配送经营市场化方面，采用市场机制，无论是企业自己组织物流配送还是第三方物流配送，都实行市场化调节，从而降低物流成本。因此，提升国家级食盐配送中心现代化建设是推进食盐流通市场化必不可少的基础性工作。

4. 构建食盐流通信息化平台，提升食盐流通监管效率

食盐流通成本居高不下，一方面，和体制机制有关，层层批发导致流通环节较多，影响流通成本；另一方面，食盐经营企业在食盐流通配送方面还停留在提供运输、仓储服务的初级阶段，没有形成以信息流为主导的现代物流，缺乏运用现代信息技术对物流过程中产生的全部或部分信息进行采集、分类、传递、汇总、识别、跟踪、查询等功能配置，导致食盐流通信息不对称，监管不及时，私盐流入市场，食盐质量安全受影响。

近年来，部分省级盐业公司逐步启动了信息化工作，通过管理流程重组和业务流程再造，在企业信息系统平台建设上逐步投资，构建了区域盐业信息传递的硬件和软件平台，如云南盐化基本建立了集财务、业务、人力资源、决策支持、办公自动化、审批、协作办公于一体的现代信息化系统，为推进云南省食盐流通现代化提供了有力的技术支持，企业核心竞争力实现了质的飞跃。但仍有多数经营企业的管理信息平台无法涵盖采购、生产、销售、配送等各个流通环节，在实时了解地方销售、库存、货款结

算等有关信息方面存在滞后的问题。生产和流通之间的信息传递不透明，传递效率低下严重影响了食盐流通成本和效率。

现有的专营体制下，政企合一的模式在一定程度上保证了行业的安全，减少了政府负担，具有一定的监管效率。而一旦食盐市场化改革，政企合一的模式以及盐业公司垂直经营的唯一局面会被完全打破，不同资本的市场进入和不同主体的生产经营，急需现代化的信息平台监督管理食盐流通市场，利用现代信息技术搭建盐业物流信息管理平台是食盐流通作业与管理现代化的有力支撑，也是实现食盐流通环节全过程质量控制的有力保证。

现代物流信息技术，如仓库管理信息系统、运输管理信息系统、条形码技术、EDI、RFID、GPS、ERP 等供应链管理、物流理论与信息技术，在食盐流通信息化平台建设中的应用，既可以节省企业成本，又可以提高企业服务效率，同时还可以保障全链条的食盐质量控制与监管。

三、完善食盐流通政策法规

1. 改革食盐专营管理制度

指令性计划、政府定价是现行食盐专营管理的核心制度，其是否完善，对食盐专营管理的规范运作影响极大。从食盐专营管理实践看，两者都存在明显缺陷。取消指令性计划和政府定价是食盐流通体制改革的首要步骤。

在生产许可、经营许可上，应建立严格的市场“准入”“退出”条件，统一由国家盐业行政主管部门审查批准。在食盐管理体制改革期间，开发盐资源、开办制盐企业、扩建项目由国家盐业行政主管部门实行从严审查；科学规定食盐生产和经营企业的“准入”“退出”条件。对食盐生产企业，在继续保留现行硬件标准的同时，将其执行生产、销售计划的程度作为两项重要的“准入”条件；对食盐经营企业，在继续保留现行其他标准的同时，按经济布局设立，允许适当竞争，并将其专营实绩、硬件建设和依法经营情况作为其“准入”条件的重要项目。同时，在食盐管理体制改革期间，应明确具体的食盐专营主体“退出”条件，并建立定期检查制度，严格执行“退出”，将不合格的生产企业以及违法经营、专营实绩差的不合格销售企业退出食盐经营市场，以配合集约化食盐经营的经济布局需要。

完善食盐运输许可制度，确立食盐流通物流标准。从制度设计上看，首先，通过发放食盐运输准运证，可以在生产企业调出时，对食盐和其他用盐进行区分，防止非食用盐冲击食盐市场。其次，通过发放准运证，掌握生产企业运量，便于对生产企业和经营企业执行国家指令性计划的情况进行监控。最后，通过发放准运证，使运输部门和执法部门有识别的标志，便于检查，防止非法运输单位、个人和生产企业无计划发运，从源头上控制工业盐、无碘盐从产区向销区倾销。

2. 实行食盐行业行政管理专业化

食盐管理体制改革应从制度上、机制上摆脱行政行为对经营行为的依附，确保执法公正；按照产销合一、集团化经营的思路，设计相应制度，通过减少利益主体、加强行业监管，消除分散经营情况下地方各自为政、政令不统一、行为不规范以及流通环节多、费用高的弊端。

3. 构建食盐产品市场规制的法律体系

食盐管理体制改革应确立操作性较强的盐业市场规章制度，包括食盐产品标准制度、食盐产品质量检测制度、食盐产品标识制度、食盐产品质量追溯制度以及严格的惩罚机制等。

四、建立新型食盐监管体制

实现省、市、县级盐业部门的政企分开，将现有盐业企业（盐务局）对食盐产品的执法监管纳入我国食品安全监管体制中。

第一，以法律形式赋予相关行政部门盐业监管职责。

第二，建立食盐安全保障制度。具体包括：食盐标准化制度、食盐质量认证制度、食盐产品标识管理制度、食盐质量追溯制度等。

第三，确立监管对象，实施重点监控地区、领域。尤其针对碘缺乏地区，执法部门应重点监控，不定期检查各类食堂、餐馆和酒店等非碘盐容易泛滥的场所。

第四，拓展食盐安全监管方式，加强执法力度，构建全民参与的市场监管平台，建立多元化、综合化、联动化的治理机制，保障合格碘盐的安全供给。

五、实行食盐封闭供应链管理

为提高食盐流通现代化并保障食盐流通安全，应实施封闭供应链管理。封闭供应链的概念最早是由南开大学现代物流研究中心提出。[①] 它主要是指对供应链的成员企业实行严格的准入管理制度，具有统一的操作规范和技术标准，可以实时监控和动态跟踪，是有可追溯性的供应链系统。

封闭供应链的提出强调了其目标导向性，以供应链作为承载主体，从获取商业利益和保证产品质量安全两个方面入手进行多目标运行管理。封闭供应链策略的主要目标是，在保证供应链参与主体的经济利益前提下，通过管理模式创新和管理技术应用实现对供应链产品的质量安全控制，将产品质量安全的理念融入现有供应链管理的运行策略框架之中。食盐封闭供应链应具有如下特点：

第一，供应链成员准入门槛的严格性。封闭供应链的建立，首先需要成员企业达到封闭供应链的技术标准，如封闭供应链的技术门槛、资本门槛、质量门槛和信用门槛。只有符合标准要求的企业，才能成为封闭供应链的成员。

第二，供应链运行标准的统一性。对于达到准入门槛要求的成员企业，要想成为封闭供应链系统的一员，还要达到封闭供应链需要的运行标准。供应链涉及供应商、生产商和分销商等上下游多个层次的组织，若没有统一的运行标准，供应链将不断处在动态调整之中，这会导致产品质量安全保障缺失和流通效率低下等问题。建立统一的运行标准还可以实现动态环境中对达不到标准的任何节点有效监测，随时剔除不合格的成员，从而保证封闭供应链的安全性和高效性。

第三，供应链成员企业的协作固定性。封闭供应链的实现要求成员企业具有长期稳定的协作关系。建立稳定的供应链上下游关系是实现封闭供应链运作的前提。缺乏稳定的合作关系，会导致成员企业的随意进出，无法实现食盐产品流通的安全性和快捷性，自然无法提高供应链的整体竞争力。因此，封闭供应链强调成员在一定时间内具有相对稳定性。

第四，供应链成员企业文化的相容性。封闭供应链的建立还要培育统一的企业文化，使之成为食盐供应链成员的共同价值观。如果供应链合作

---

① 焦志伦. 封闭供应链概念及其基本特征研究 [J]. 物流技术，2011，30 (9)：188 – 191.

成员在经营理念、管理模式上的差异大，都会使成员之间的合作出现一系列问题，从而出现合作上的障碍，甚至导致供应链伙伴关系的解体。

第五，供应链信息的共享性。为实现对食盐流通的实时监控和动态跟踪，保证食盐流通质量具有可追溯性，应构筑信息共享、集成统一、业务模式创新的盐业物流信息管理平台。可由中国盐业总公司通过对各省级盐业公司的数据集成，建立中国食盐封闭供应链信息管理平台，负责全国食盐产销的组织实施、物流监控、决策分析等，保证国家食盐的生产、储备和合格碘盐供应任务完成。

第三节 食盐流通与监管信息平台构建

一、食盐流通与监管信息平台设计

流通与监管信息平台由五部分组成，即支撑要素、支撑技术、监管内容、监管对象和食盐安全信息反馈，其相互关系模型如图 5－1 所示。

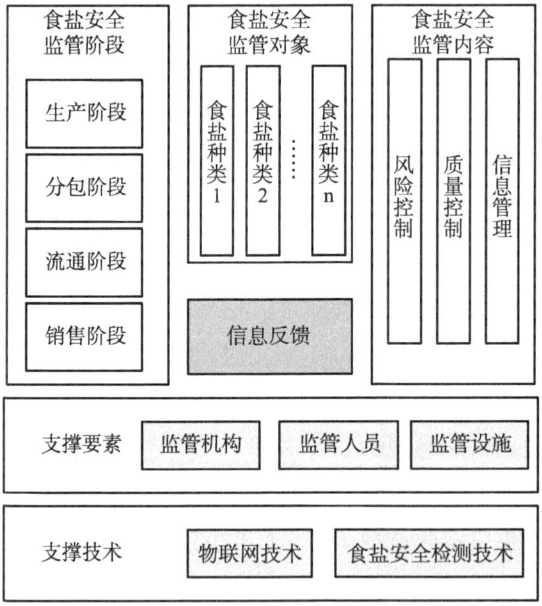

图 5－1 食盐流通与监管信息平台模型

参考模型表明，食盐安全的监管工作建立在监管支撑要素和技术支持的基础上，在监管工作的各阶段结合各项监管内容，对监管对象进行监督和管理，通过食品安全信息反馈以保证食品生产各阶段的安全达到预期的目标，并能够将信息及时地反馈给消费者以及各生产阶段的监管人员。对于生产与流通企业来说，通过对食盐流通环节的监控能够优化业务流程，再造流通，减少中间环节，提高流通效率。

基于物联网技术的食盐流通与监管信息平台网络构架主要包括 EPC 编码（电子产品编码）、电子标签、读写器、对象名解析服务、物理标记语言 5 方面。在整个物联网系统上，以物联网技术作为前端数据采集，系统实时记录食盐全流程监控环节的主要操作信息。设计食盐信息流动的过程：读写器扫描到电子标签后，将读取的电子标签信息通过通信模块传递给服务器，过滤冗余信息后通过 ONS（对象名解析服务）服务器送到 EPC 信息服务器，应用软件可通过 ONS 访问 EPC 信息服务器获取到此食盐的相应信息，也可通过安全认证后访问物联网上其他相关食品的信息。系统还可结合 Internet、移动通信 4G 等多种现代通信网络技术将食盐供应链关键质量点的控制数据信息实时上传到数据中心，如图 5 –2 所示。

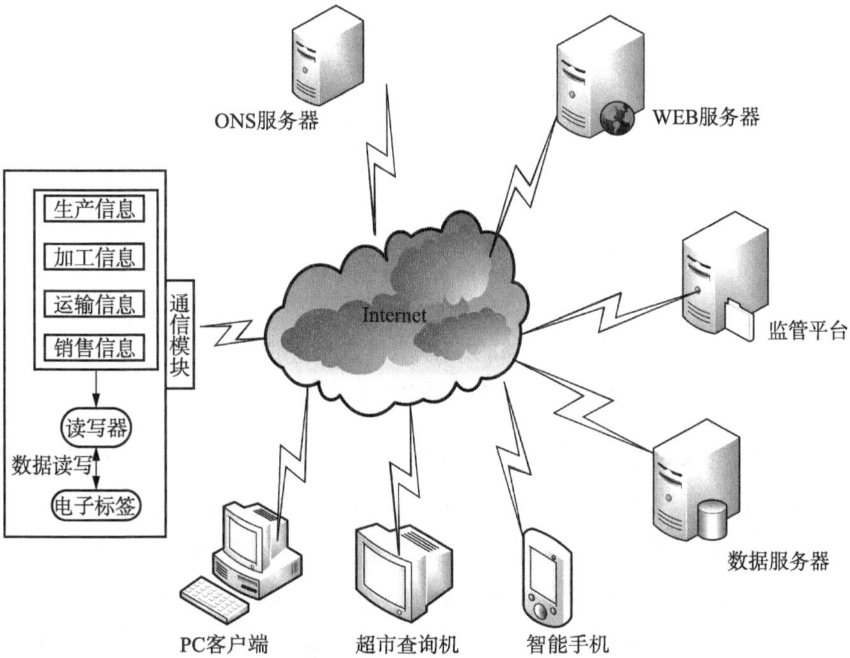

图 5 –2　食盐流通与监管信息平台网络构架

目前食盐流通主要分为生产环节、加工环节、运输环节和销售环节。食盐的属性、参与者、位置等标识是进行食盐安全跟踪的重要信息。由于流通中跨环节之间的联系比较脆弱，建立有效信息的获取、管理与交换机制是成功实施食品安全跟踪与追溯的关键。二维码及电子标签就是标识食品供应链中的每一节点，不仅要求对自己加工成的产品进行标识，而且还采集所加工的原料上已有的标识信息，并将其全部信息标识于加工成的产品上，以备下一个环节使用，从而形成环环相扣的链条。消费者通过信息查询检索工具就可随时了解食品的整个生产、加工、运输与销售情况。监管者只需对数据库内容进行检索与筛查，就能够对流通环节中的食盐进行监控，如图 5－3 所示。

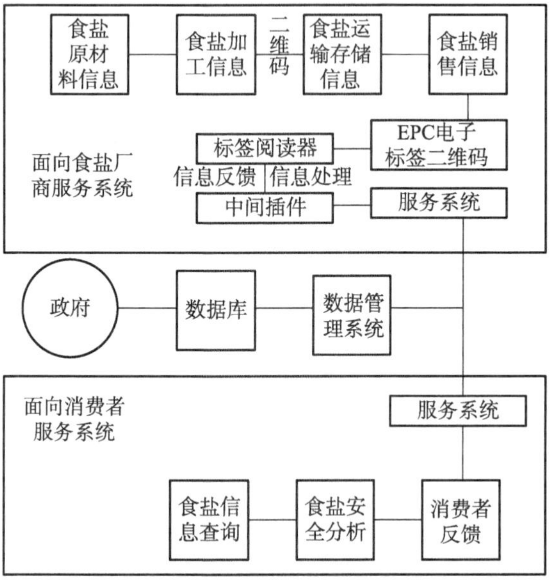

图 5－3　食盐生产流通信息系统组成

这个信息系统通过二维码与电子标签记录了食盐在流通全过程的信息与数据，通过互联网传递给数据中心，完成了食盐跟踪和可追溯性查询监控：(1) 数据采集和分析功能：在食盐流通环节，通过物联网数据采集中间件，支持数据的及时、高效的采集，简化人工操作流程或自动化业务流程，加快物流运作效率。(2) 实现食品安全信息共享：系统可以向政府、食品企业、社会公众、食品行业组织等第三方机构提供各类信息服务，实现各组织结构、消费者之间的信息互动。政府可以通过食盐安全信息平台发布企业食盐监控信息，提供网上的食品安全政务公开服务。消费者可以通过信息平台对流通过程中的食盐进行可视化观察和监控。（3）食盐安全信息可追溯：读写器能够自动记录食品在整个流通过程中的流动记录，信息保留在支持海量存储和维护的物联网数据控制系统中，可以提供一致、高效的数据查询机制，实现对历史监控数据的查询、追溯和分析。

二、食盐仓储中心的管控一体化

1. 食盐仓储面临的主要问题

仓储是物流的中心要素，对整个物流体系来说，既有缓冲、调节的作用，又具有创造价值的功能，在整个供应链中起着至关重要的作用。自动化、智能化、信息化是现代物流仓储业最显著的特征。① 仓储活动广泛存在于各个企业，仓储活动管理对象包括原材料、零部件、半成品以及产成品等，可以说仓储活动贯穿于企业生产全过程。这也同样意味着仓储活动所积压的资金所占比例较高，因此仓储成本是各个企业降低运营成本所应该重点关注的对象。企业要是想更加有效地加快物资流动速度，促进生产顺利进行，控制营运成本，加大对仓储成本的研究控制就成为其达成目标的有效途径。②

食盐仓储管理主要从食盐流通整个过程的购、销、储、运等各个环节的相关关系中，研究食盐存储的收、管、发和与之相关的加工经营活动，以及围绕存储与流通业务所展开的资源管理。③ 针对调研企业，食盐仓储目前主要面临如下问题：

第一，仓储成本高。仓储成本的定义是企业仓储作业过程中而发生的活劳动和物化劳动总和的货币表现，随着仓储作业的实际进行而发生的各种费用。其中，一部分是用于仓储相关设备设施的折旧维修费及商品的自然损耗；一部分是对仓储活动进行综合管理的费用；一部分是用于仓储作业所产生的动力费及人工费；另一部分是物资储存量增加而产生的风险成本和资金成本。仓储难是整个行业存在的普遍现象，严格的土地管理政策

① 刘成华、贺盛瑜．基于 RFID 技术的农产品物流体系研究［J］．农村经济，2012（10）：91－94.

② 白卫东．中小企业物流仓储成本研究［J］．中小企业管理与科技，2014（12）：39－40.

③ 刘光．湖南轻盐集团配送物流系统优化研究［D］．长沙：湖南大学，2011.

加大了仓储企业取得土地的难度。我国物流协会的数据显示，仓储成本占整体物流成本的三分之一。目前仓储成本的逐年上涨给食盐流通带来的压力凸显。

第二，仓库布局不够合理。由于缺乏统一的国家标准和专业的规划设计，各地仓库建设存在很多问题。各企业为满足发展纷纷自建仓库，导致仓库数量众多，布局极不合理。而由于历史原因，目前仓储布局仍以老仓库、小仓库为主，其中有70%是原来的平房仓，占地面积大，储存效率低，造成了部分地区仓库大量剩余和部分地区仓储能力不足的两极分化的局面。同时，仓储管理水平不高，导致物流效率普遍低下。据统计，在我国整个商品生产流通过程中，用于加工制造的时间仅为10%左右，而物流过程占用的时间几乎为90%。这种状况浪费了大量的人力、物力和财力，直接影响了经济效益。

第三，仓储设备和技术发展不平衡。仓储管理是系统性和专业性较强的活动，仓库在设计初期就应该系统考虑仓库保存物品的特点、仓库出入库和仓库保存量的规模，进而确定仓库建设面积和容积大小。这也决定了仓库的空间和面积的利用技术，如高空货架。盲目的建设一方面会造成仓储建设成本的增加，另一方面会导致在日后的作业过程中因为设计不合理，作业活动进行不流畅，货物迂回搬运，货位空闲浪费等不必要成本。① 自动化技术和信息技术的应用已经成为仓储技术的重要支柱，自动货架、自动识别和自动分拣等系统，以及条码技术、RFID（无线射频识别）等技术已经被越来越多的仓储企业采用。我国1.7万多家仓储企业中，只有20%左右的企业拥有成熟的仓储管理系统，1/3的企业仍然没有推广应用先进、规范、适用的仓储管理系统。多数仓库还是以人工为主的原始管理状态，作业效率相对低下，出错率较高，在承接高端业务时无法提供相应的信息接口。从目前来看，整个盐业的仓储技术与装备水平在整个仓储行业中处于较低水平。

第四，仓储方面的人才缺乏。据有关统计数据显示，我国仓储物流方面的人才缺口已超过50万。对于盐业仓储来说，既需要掌握行业相关技术的专业人才，也需要操作型人才，更需要仓储管理型人才，而我国目前这几方面的人才都很匮乏。

---

① 白卫东．中小企业物流仓储成本研究［J］．中小企业管理与科技，2014（12）：39－40.

以上问题中，仓储设备与仓储信息技术的改进已成为食盐市场化改革中食盐生产经营企业改革发展的重要技术手段。仓储信息技术的应用，主要指现代计算机技术、通信技术和传感技术的应用。仓储将服务作为标准化产品。通过智能及自动化的仓储物流管理，可有效地降低物流成本，实现仓储物流作业的可视化、透明化管理，提高仓储物流服务水平，最终实现智能化、网络化、一体化的管理模式，如图5-4所示。

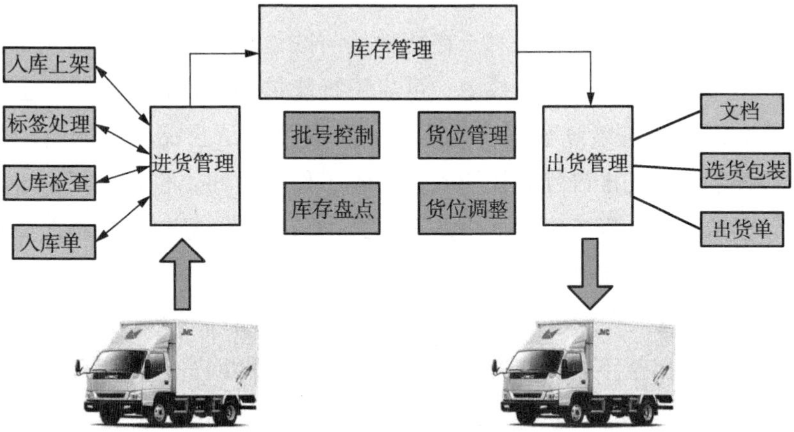

图5-4　食盐仓储信息系统框图

2. 食盐仓储信息系统构建

具体而言，将物联网技术应用于食盐仓储物流业务中，构建食盐仓储信息系统，可实现仓储物流管理中的货物自动分拣、智能化出/入库管理、货物自动盘点及“虚拟仓库”管理，从而形成自动仓储业务：

第一，自动分拣业务。基于物联网感知技术的库存管理解决方案可通过快速自动识别来提高操作的节拍以及工作效率，通过提供库存的实时与准确信息，实现快速供货并最大幅度地降低库存成本。在仓储管理应用中，将供应链计划系统制订的采购计划、销售计划、物流装运计划等存取货物的业务与物联网感知技术相结合，可在实现自动化存货与取货等操作的基础上，高效地完成各种相关业务操作，如指定堆放区域、上架取货与补货等业务。同时，企业能够实时掌握商品的库存信息，从中了解商品的需求模式并及时进行补货，结合自动补货系统及供应商管理库存解决方案，提高库存管理能力，降低库存水平。

第二，智能化出/入库管理业务。在配送库存管理中心的接货口处设置RFID读写设备，当粘贴有RFID标签的货物或托盘通过门口时，由RFID读写器自动采集相关货物信息并与相关订单进行自动匹配，完成货物信息的RFID配确认后，将该信息的RFID存入主机系统的数据库。也可以在配送中心出口处设置RFID读写设备，当粘贴有RFID标签的货物或托盘通过门口时，由RFID读写器自动采集相关货物信息并与销售订单进行自动匹配，完成货物信息的扫描匹配确认后，将出库信息存入主机系统的数据库。

第三，自动盘点业务。对于存货种类与数量较多的仓库，为减少人工盘点的记录时间，提高盘点效率，可应用智能传感器扫描每一货架上的电子标签数据，并与系统数据自动比对，从而增加了物品盘点的自动化过程，增强了作业的准确性和快捷性，节省了作业时间，也降低了由于人工输入错误造成库存管理中数据信息不一致的可能性。通过对货物、库位及操作人员的编码，实现数字化的库存管理体系。

第四，“虚拟仓库”管理业务。仓储的商品在地理上不是集中的，而是分散的，将属于不同商品所有者的商品通过互联网进行储存和保管，并进行远程控制，同时把需要送达的目标商品、完成的物流任务和流通环节实现暂时性存储与管理。简单来说，虚拟仓库将不同时空和流通形态的商品集中起来，并完成其物流流程。另外，这些商品可以不是同一个业主商品所有者。虚拟仓库这种模型从仓储信息管理者分析，仓库与商品是真实存在的，并解决了商品的仓储管理。① 传统的物流配送企业需要置备大面积的仓库，而电子商务系统可将散置在各地分属不同所有者的仓库通过网络系统连接起来，使之成为“虚拟仓库”，并进行统一管理和调配使用，从而拓展了服务范围，加大了货物集散空间。

3. 仓储管理信息系统与仓储监控系统集成

在提升盐业仓储技术与装备水平的基础上，进一步提升仓储管理水平，形成一体化系统，是将仓储管理信息系统与仓储监控系统集成为一个整体，在信息充分共享的基础上实现作业管理、设备自动控制和安全监控的一体化管理为保障协调、高效、安全的仓储作业。② 从功能角度看，它通常包括三大子系统，即仓储作业管理信息系统、仓储设备自动控制系统

① 钟永萍．虚拟仓库在管理和应用中的利弊分析［J］．电子制作，2016（18）：57.

② 刘军．物流管控一体化技术与系统［J］．清华大学出版社，2013.

和仓储运行安全监控系统，如图 5－5 所示。

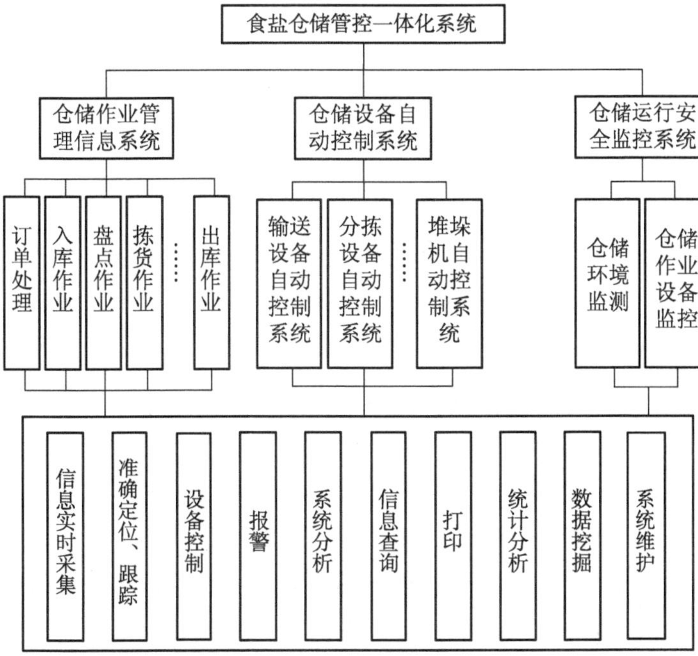

图 5－5　食盐仓储管控一体化系统

第一，仓储作业管理信息系统。仓储作业管理信息系统对仓储作业过程中发生的入出库货物的品种、数量、时间、频率以及库中结存等各种数据进行详细记录，并能利用这些信息对各作业环节进行有效控制。通过对这些信息的分析处理，制定合理的操作策略，从而确保必要的库存水平及仓库中货物的移动，保证进货、订单拣选、发货等作业环节衔接通畅。

第二，仓储设备自动控制系统。仓储设备自动控制系统可以看成是仓储机械设备、信息采集与信息识别设备、执行设备以及计算机（智能）控制设备等的有机集成。从设备控制的视角看，仓储设备自动控制系统按大类可以划分为输送设备自动控制系统、搬运设备自动控制系统、分拣设备自动控制系统、堆垛机自动控制系统等。

第三，仓储运行安全监控系统。仓储运行安全监控系统通常包括仓储环境监测和仓储作业设备监控两大部分。仓储环境监测就是要利用各种先进的检测手段对表征仓储环境状况的参数，诸如温度、湿度、光照度等进行实时测量、记录、计算、报警等，以达到监控仓储运行环境和为将来改善仓储作业环境提供历史分析数据的目的。仓储作业设备监控就是运用先进的监控设备和技术手段对仓库关键作业设备实施实时监测和安全处理，其目的是确保仓储作业安全和高效率。

4. 仓储管控一体化系统的优势

现代物流系统需要大力发展基于信息技术与自动化设备的物流管理与控制系统，而仓储作为物流的重要作业环节更是迫切需要实现高水平的管控一体化，即在信息充分共享的基础上将原本各自独立运行的管理信息系统和仓储设备自动控制系统整合为一体进行综合管理，进而提升物流系统的整体运作效率和安全性。相对于传统仓储管理系统，仓储管控一体化系统的优势有以下几点：

第一，集多功能于一体。仓储系统的运行需要完成一系列仓储作业活动，这些活动的实施离不开各种作业设备对仓储作业信息的采集、处理、传输、存储，甚至信息深加工，传统的仓储作业管理信息系统就能够完成这些基本的信息处理任务。我们将设备自动控制系统、运行安全监控系统等系统纳入仓储管控一体化系统中，会使各种类型的设备对复杂仓储信息的采集、传输和处理变得更为协调、可靠、高效。因为设备自动控制系统与运行安全监控系统一般情况下需对仓储信息进行实时的处理，所以仓储管控一体化系统中必须要有实时性能高的信息采集与处理设备；同时，采集到的信息必须实时地进行传送，这样才能保证整个系统的实时性能，这就对信息传输率和整个网络的实时性提出了更高的要求。

第二，管理简单化。系统具有友好的用户界面和良好的系统维护功能，是运行在网络环境下的多用户系统，并具有多级权限设置和管理功能。用户只要通过简单的操作就能根据全方位的信息进行有效调节，控制仓储设备，改变仓库温度、湿度、光照度等。

第三，信息分层处理。信息的分层分散处理和集中管理使用，可以提高整个管控一体化系统的信息处理效率。

食盐仓储管控一体化系统以管理简单、信息实时、多功能、面向服务、采集的数据翔实准确等优势，能够加快实现食盐行业仓储管理系统智能化，企业物流系统信息化、自动化的脚步，提高仓储自动化水平，降低仓储运行成本。

第四节 食盐流通与监管关键技术

一、条码标识与应用技术

在物流作业流程中常常需要将货物的信息输入到计算机中进行处理。传统的方式是通过工作人员将票物核对，然后将票上数据再输入到计算机中去，输入数据的过程会造成错误数据的存在，影响计算机管理系统的可靠性。为解决这一问题就必须减少人为的干预，采用一定的技术手段和技术设备使这一工作以简单、快速、不易出错的方式来实现。条码的应用是实现这一工作的有效途径。

条码是按照一定的规则，由不同宽度和高度及具有较强反差的浅色和深色的部分，通常是条形或块状所组成的集合。条码按照所表示的符号方式，能够表示的信息以及发展过程，可以分为一维条码和二维条码。一维条码及二维条码的基本形状和特征如表 5－2 所示。

表 5－2 一维条码和二维条码的比较

项目	一维条形码	二维条形码
基本形状	0 21234 56789 3	
显示内容	可直接显示英文、数字和简单符号	可直接显示英文、中文、数字、符号和图形
储存数据	存储数据不多，主要依靠计算机中的关联数据库	存储数据量大，可存放 1KB 字符，可用扫描仪直接读取，无须另接数据库
保密性	保密性较低	保密性高
损污后可读性	损污后可读性差	安全级别最高时，损污 50% 仍可读取完整信息

一维条码存在信息容量小的不足，如商品条码仅能描述出商品的代码，更多的商品信息只能依赖数据库的支持，离开了预先建立的数据库，条码的应用范围就受到了一定的限制。

相较于一维条码，二维条码具有信息容量大、可靠性高、保密和防伪性强、易于制作、成本低等优点，二维条码是用特定的几何图形按一定规律在平面（二维方向）上分布的黑白相间的图形。二维条码信息容量大，可以储存包裹、货物的详细信息，并且二维条码容易打印，可以采用原来的标签打印机打印，同时可以根据需要进行加密，防止数据的非法篡改。此外，由于二维条码具有很强的自动纠错能力，因此在实际的包裹运输中，即使条码标签受到一定的污损，二维条码依然可以被正确地识读。

现如今对我国居民而言，二维条码并不陌生，因为二维条码已广泛应用于现代商业活动中，如产品防伪/溯源、广告推送、网站链接、数据下载、商品交易、定位/导航、电子凭证、车辆管理、信息传递、名片交流、Wi－Fi 共享等。如今智能手机扫一扫功能的应用使二维码更加普遍。

总的来讲，二维条码技术在物流管理中的应用如图 5－6 所示。

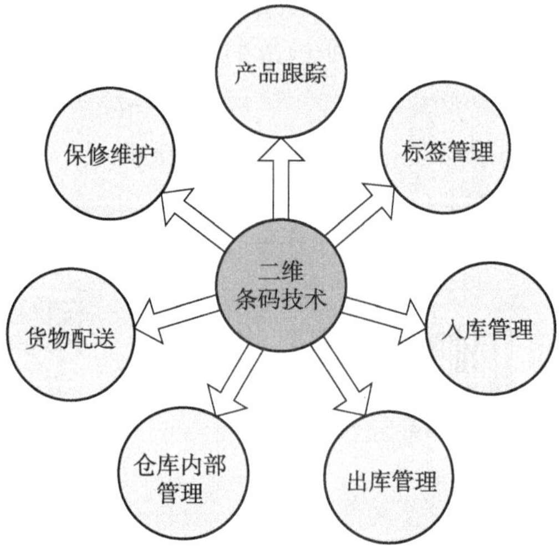

图 5－6　二维条码技术在物流管理中的应用

1. 生产线上的产品跟踪

在日常生产中，对产品的生产过程进行跟踪。首先，由管理中心下达生产任务单，任务单跟随相应的产品进行流动。其次，每一生产环节开始时，用生产线终端扫描任务单上的条码，更改数据库中的产品状态。最后，产品下线包装时，打印并粘贴产品的客户信息条码。

2. 产品标签管理

在产品下线时，产品标签由制造商打印并粘贴在产品包装的明显位置。产品标签将成为跟踪产品流转的重要标志。

若产品制造商未提供条码标签或标签损坏，可利用系统提供的产品标签管理模块，重新生成所需的标签。

3. 产品入库管理

入库时识读商品上的二维条码标签，同时录入商品的存放信息，将商品的特性信息及存放信息一同存入数据库，存储时进行检查，看是否是重复录入。通过二维条码传递信息，有效地避免了人工录入的失误，实现了数据的无损传递和快速录入，将商品的管理推进到更深的层次——个体管理。

4. 产品出库管理

根据商务中心产生的提货单或配送单选择相应的产品出库。为出库备货方便，可根据产品的特征进行组合查询，可打印查询结果或生成可用于移动终端的数据文件。产品出库时，要扫描商品上的二维条码，对出库商品的信息进行确认，同时更改其库存状态。

5. 仓库内部管理

在库存管理中，一方面二维条码可用于存货盘点，通过手持无线终端收集盘点商品信息，然后将收集到的信息由计算机进行集中处理，从而形成盘点报告；另一方面二维条码可用于出库备货。

6. 货物配送

二维条码在配送管理中具有重要的意义。配送前将配送商品资料和客户订单资料下载到移动终端中，到达配送客户后，打开移动终端，调出客户相应的订单，然后根据订单情况挑选货物并验证其条码标签，确认配送完一个客户的货物后，移动终端会自动校验配送情况，并做出相应的提示。

7. 保修维护

维修人员使用二维条码识读器识读客户信息条码信息标签，确认商品的资料。维修结束后，录入维修情况及相关信息。

二维条码这些突出的特点，使得它被广泛应用在各个国家的邮局、铁路、机场、码头等的包裹和货物运输上，实现了货物运输的全过程跟踪，消除了数据的重复录入，加快了货物运输的数据处理速度，降低了对计算机网络的依赖程度，从而实现了物流管理和信息流管理的完美结合。因此美国陆路运输部、新西兰陆路运输部、法国邮局、南非航空货运公司、英国快运公司巴西的快运公司等世界各地的物流机构纷纷采用。

由于二维条码具有物流信息加密功能，美、英等国国防部已经把二维条码作为军备物资管理的标准；微软产品的发行、跟踪管理也采用了二维条码技术。在国内，上海大众汽车公司在销售过程中的物流管理或汽车的单件管理、海尔集团在企业物流管理过程中也都采用二维条码。

二、无线射频识别（RFID）技术

射频识别即 RFID（Radio Frequency Identification）技术，又称无线射频识别，是一种通信技术，可通过无线电信号识别特定目标并读写相关数据，而无须识别系统与特定目标之间建立机械或光学接触。

最基本的 RFID 系统由标签、阅读器与天线三部分组成。标签（Tag）由耦合元件及芯片组成，每个标签具有唯一的电子编码，附着在物体上标识目标对象。阅读器是用来读取（有时还可以写入）标签信息的设备。天线在标签和阅读器之间传递射频信号。

RFID 的基本工作方法是将标签安装在被识别的物体上，当被标识的物体进入阅读器的阅读范围时，标签和阅读器之间进行非接触式的信息通信，标签向阅读器发送自身信息（如 ID 号等），阅读器接收这些信息并进行编码，传输给后台处理计算机，完成整个信息处理过程。

RFID 技术具有免接触、环境适应性强、抗干扰能力强的优点。从表 5－3 中可以看出，RFID 技术相较于其他识别技术，具有信息量大、传输距离远、保密性好、寿命长的优点，RFID 技术是有效解决供应链上各项业务运作数据的输入/输出、业务过程的控制与跟踪的有效手段。

表 5－3　常见识别技术比较

识别技术	信息载体	信息量	读写性	读取距离	环境适应能力	寿命	标准	成本
条码	纸	小	只读	很近	差	较短	有	最低
磁卡	磁性物质	较小	读写	直接接触	较差	短	有	低
IC 卡	EEPROM	大	读写	直接接触	好	长	有	较高
RFID	EEPROM	大	读写	远	最好	最长	不统一	较高

RFID 技术在物流管理中的应用如图 5－7 所示。

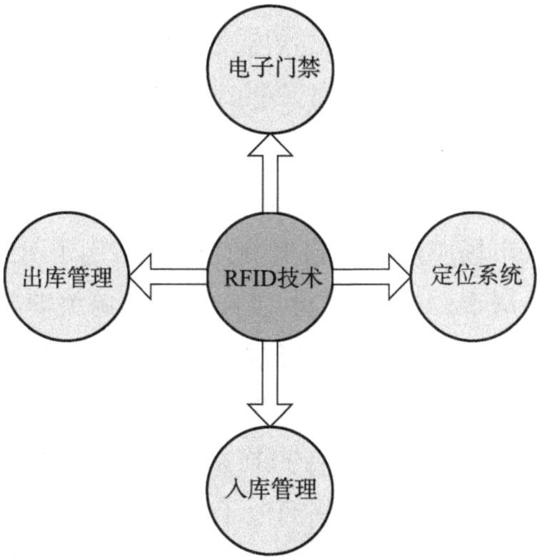

图 5－7　RFID 技术在物流管理中的应用

1. 入库、出库管理

通过 RFID 标签，仓库管理员可直接用阅读器掌握物品的入库、出库情况，大大减少货物搜寻时间，提高工作效率。

2. 电子门禁系统

采用 RFID 技术的电子门禁系统能够很好地保护仓库、货场、商场的商品安全，减少了商品丢失和被盗的可能。

3. 定位系统

定位系统在物流中对货物跟踪至关重要，无论货物是在订购中、运输途中，还是在仓库某个区位、货架上都一清二楚，大大提高了物流管理水平。我国的高速公路收费站、铁路记录货车车厢编号都开始使用定位系统。

如香港的车辆自动识别系统——驾易通，采用的主要技术就是射频技术。目前香港已经有约 8 万辆汽车装上了 RFID 电子标签，装有 RFID 电子标签的车辆通过装有射频扫描仪的专用隧道、停车场或高速公路路口时，无须停车缴费，大大提高了行车速度，提高了效率。射频技术也在其他物品的识别及自动化管理方面得到了较广泛的应用。例如，2008 年北京奥运会便将 RFID 技术应用于门票防伪和奥运食品安全追踪。

目前，RFID 技术已被越来越多地应用于生鲜果蔬食品质量控制及追溯环节，在对肉类食品来源识别的解决方案中，可以应用RFID芯片来记载每个动物的兽医史，在养殖场对每个动物建立电子身份，并将所有信息存入计算机系统，直到它们被屠宰。然后，所有数据被存储在出售肉类食品的RFID标签中，随食品一起送到下游的销售环节。这样，通过在零售环节的超市、餐馆等对食品标签的识别，人们在购买时就能清楚地知道食品的来源、时间、中间处理过程的情况等信息，就能放心地购买。

如成都市投入市场应用的生猪追溯体系就采用了RFID技术，通过建立覆盖生猪进厂、屠宰、检疫、检验及肉品出厂等关键环节的全程信息管理，以生猪产地检疫证明为生猪来源依据，以肉品交易凭证和绑定在猪腿上的RFID电子标签为流向依据，实现来源信息与流向信息的对接；在猪肉入场时市场监管方通过手持设备扫描猪腿上的RFID电子标签，核对其进货来源信息；在销售环节通过溯源电子秤向消费者打印带有追溯码的溯源小票。通过这样的流程，生猪肉就有了“身份证”。在成都市食品质量安全溯源监管公共服务平台上，消费者只要在对应栏目中输入追溯码，生猪肉的“身世”就得以清晰地呈现产自什么地方，质检结果如何，什么时候被送到市场，零售时间，经营者姓名等。

再如采用RFID技术的“条码蔬菜”已经在家乐福深圳的7家门店全面上市，深圳市有关部门从2006年开始着手引进全球通行的欧盟EAN条码管理制度。EAN条码背后的信息库详细记录了产品名称、种植企业名称、认证信息、产地或加工地、药物使用、检疫检测等信息，这些信息通过网络实现向市民开放。这些条码就像蔬菜的“身份证”一样，消费者可以凭条码在深圳市农检站网页上查询有关信息，政府监督部门则可以利用掌上电脑在市场上随时抽检产品。另外，一旦发生突发性食品安全事件，通过这标识就可进行追溯，迅速召回相关产品，追查产生质量问题的成因并追究责任。

RFID技术在我国2008年奥运会中也得到了应用，在2007年8月8日，在北京奥运倒计时一周年之际，预包装食品、果蔬食品、畜禽产品这三大类的奥运食品用上了新的身份证，即采用RFID技术的标签。将RFID技术用于奥运会食品的安全保障，是奥运史上的突破。它能通过相应的后台信息系统，动态收集和分析奥运食品的生产、加工、运输等各环节中的因素，完成食品从源头到最终的监控，强化食品安全管理。

美国的水果和蔬菜生产商，采用RFID系统追踪农产品从采摘到运送给分销商和零销商的过程。RFID 系统为该生产商提供农场管理和食品安全的数据。

三、物联网技术——EPC 电子产品编码系统

1999 年美国麻省理工学院成立了 Auto - ID 中心，在美国统一代码委员会（UUC）的支持下，将 RFID 技术与 Internet 相结合，提出了产品电子代码 EPC（Electronic Product Code）的概念。国际物品编码协会与美国统一代码委员会将全球统一标识编码体系植入 EPC 概念当中，从而使 EPC 纳入全球统一标识系统。

2003 年 11 月 1 日，国际物品编码协会（EAN/UCC）正式接管了 EPC 在全球的推广应用工作，成立了 EPCglobal，负责管理和实施全球的 EPC 工作。EPCglobal 旨在改变整个世界，搭建一个可以自动识别任何地方、任何事物的开放性的全球网络，即 EPC 系统，它被形象地称为“物联网”。

具体来说，物联网（The Internet of Things）是指在互联网的基础上，通过射频识别（RFID）设备、无线数据通信、红外感应装置、全球定位系统、激光扫描仪等技术手段，按约定的协议，把所有需要管理的物品与互联网连接起来，进行信息交换和通信，以实现智能化识别、定位、跟踪和监控的一种网络。①

物联网的实质——EPC 系统，是一个先进的、综合的、复杂的系统，其最终目标是为每一单品建立全球的、开放的标识标准并进行单品管理。它由 EPC 编码标准、EPC 标签、识读器、Savant 网络、对象名解析服务（ONS）以及 PML 服务器 6 方面组成，② 如图 5 - 13 所示。

EPC 码的识读流程：解读器读取一个 EPC 码，将信息传送给 Savant 系统③，并通过对象名解析服务系统（ONS）获取当前所需文件的 PML 服务

① 施卫东．浅析物联网在现代物流中的应用［J］．消费电子，2013，(16)．

② 王静．EPC 网络关键技术及其标准的研究与制定［D］．北京工业大学，2006.

③ Savant 是一种分布式网络软件负责管理和传送产品电子码相关数据的分布式网络软件，是处在解读器和 Internet 之间的中间件。解读器把从传感器和电子标签上的信息读取出来，送到 Savant，Savant 具有数据平滑、数据校验以及数据暂存等功能。数据经过 Savant 处理后，传送到 Internet。

器[1]的地址，此后 Savant 向远程的 PML 服务器发送读取 PML 数据的请求，PML 服务器返回给 Savant 所请求的 PML 数据，再由 Savant 进行处理，其识读流程如图 5－8 所示。

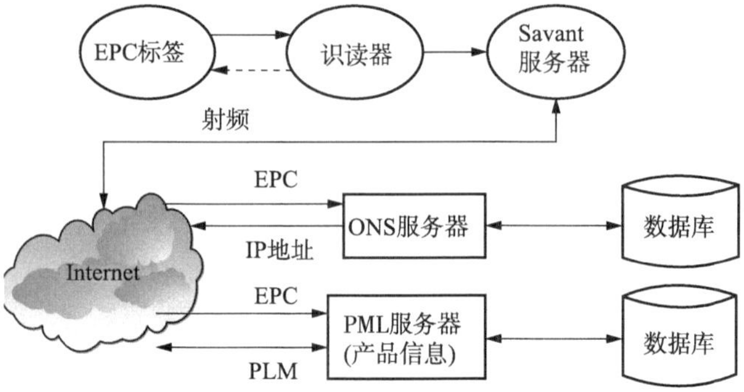

图 5－8　EPC 识读流程

EPC 系统的推广和应用离不开物联网技术，只有物联网技术的普及和应用走向成熟和全面，才能推动 EPC 系统在全球的普及。物联网技术在物流管理中的应用如图 5－9 所示。

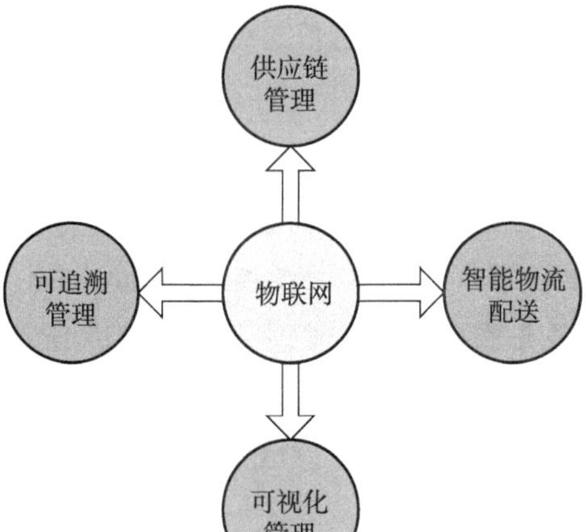

图 5－9　物联网在物流管理中的应用

① PML 系统是一种用于描述物理对象、过程和环境的通用语言，其主要目的是提供通用的标准化词汇表，来描绘和分配 Auto－ID 激活的物体的相关信息。PML 核心提供通用的标准词汇表来分配直接由 Auto－ID 的基础结构获得的信息，如位置、组成以及其他遥感勘测的信息。

1. 供应链管理

目前，越来越多的企业将供应链管理作为提高自己经济效益的一个重要部分，而鉴于物联网强大的信息采集和共享的特性，物联网将减缓供应链的“牛鞭效应”①。

供应链管理中，通过 RFID、红外视频等感知技术可以实时获取物品当前的状态，然后通过物联网的网络层将信息传达给销售商、生产商以及原料供应商，使供应链上的各个环节具备信息快速获取的能力，增加其可供处理的时间。这种供应链的智能物流信息化管理会提高客户需求预测的准确度，促使供应链上下游企业的密切合作，实现整体效益的提高，而不是利润的简单转移。

2. 智能物流配送

配送中心可以利用物联网中的 RFID 等技术，根据需要将电子标签贴在货物、托盘或者周转箱上面，通过物品信息的实时记录、处理，再结合物联网的智能处理系统，实现货物出入库、盘点、配送的一体化管理。

例如，贴有 RFID 标签的货物通过入库口时，阅读器将自动读取货物信息，并将信息通过网络传送到数据库与订单进行对比，清点无误便可入库，系统的信息库随之更新。在配送过程中，智能软件系统根据客户需求自动安排货物出库计划，出库过程与入库相似。在平时的盘点过程中，可以用固定或者手持阅读器进行自动扫描，大大提高工作效率。

当然，可以将物联网中的智能终端设备，如智能码垛机器人、无人搬运小车等与操作软件相结合，进一步提高智能物流中心的智能化程度。

3. 可视化管理

目前，物联网的 GPS（Global Positioning System，全球定位系统）/GIS（Geographic Information Systems，地理信息系统）技术、RFID 技术、传感器网络技术在智能物流中已展开初步应用，以便实时了解关注对象的位置与状态，力图建立可视化的智能系统。

例如，现在的智能物流运输系统积极应用物联网技术，已经在某种程

① 指供应链上的一种需求变异放大现象、是信息流从最终客户端向原始供应商端传递时，无法有效地实现信息共享，信息扭曲而逐级放大，导致了需求信息出现越来越大的波动，此信息扭曲的放大作用在图形上很像一个甩起的牛鞭，因此被形象地称为“牛鞭效应”。

度上实现可视化。通过在运输路线上布置一些网络节点，当装有相应标签或传感器等设备的货车经过时，便可获知其运输的路线、时间、货物等相关信息，使后台管理者实现可视化管理。

当然，也可将这种技术落实在企业内部的生产线、汽车食品温度实时监控等场合，以增强整个智能物流过程的透明度。入库时识读商品上的二维条码标签，同时录入商品的存放信息，将商品的特性信息及存放信息一同存入数据库，存储时进行检查，看是否是重复录入。通过二维条码传递信息，有效地避免了人工录入的失误，实现了数据的无损传递和快速录入，将商品的管理推进到更深的层次——个体管理。

4. 可追溯管理

应用物联网建立可追溯的智能系统，主要是为了实现在智能物流过程中的质量管理和责任追究的功能。例如，将物联网中的视频技术镶嵌在生产系统中，不仅能够实时监控产品的制造过程，而且可以事后进行查询。目前，主要是在食品安全、药品安全等领域运用物联网实施可追溯管理。通过产品追溯体系可以实现产品质量、效率等方面的智能物流保障。

上海浦东国际机场已在其机场防入侵系统中应用物联网传感器产品。系统铺设了3万多个传感节点，覆盖了地面、栅栏和低空探测，可以防止人员的翻越、偷渡、恐怖袭击等攻击性入侵。

在苏州，物联网已经被应用于高铁购票中。高铁物联网作为物联网产业中投资规模最大、市场前景最好的产业之一，正在改变人类的生产和生活方式。据高铁物联网技术应用中心工作人员介绍，以往购票、检票的单调方式，将在这里升级为人性化、多样化的新体验。刷卡购票、手机购票、电话购票等新技术的集成使用，让旅客可以摆脱拥挤的车站购票；与地铁类似的检票方式，则可实现持有不同票据旅客的快速通行。

2011年1月3日，国家电网首座220千伏智能变电站——无锡市惠山区西泾变电站投入运行，并通过物联网技术建立传感测控网络，实现了真正意义上的“无人值守和巡检”。西泾变电站利用物联网技术，建立传感测控网络，将传统意义上的变电设备“活化”，实现自我感知、判别和决策，从而完成自动控制。

物联网将是下一个推动世界高速发展的“重要生产力”。物联网拥有业界最完整的专业物联产品系列，覆盖从传感器、控制器到云计算的各种应用。产品服务智能家居、交通物流、环境保护、公共安全、智能消防、工业监测、个人健康等各种领域。物联网产业是当今世界经济和科技发展的战略制高点之一。据了解，2011 年，全国物联网产业规模超过了 2500 亿元；2014 年全国物联网产业规模达到了 6000 亿元，同比增长 22.6%；2015 年产业规模达到 7500 亿元，同比增长 29.3%。预测到 2020 年，中国物联网的整体规模将超过 1.8 万亿元。

第六章

食盐产品市场定位研究

第一节 食盐市场容量研究

食盐市场容量是指在不考虑食盐价格或供应商的策略的前提下，市场在一定时期内能够吸纳食盐的数量。因此，食盐市场容量可以简单地理解为食盐的需求量。有货币需求的市场容量是由食盐需求总量和消费者可支配货币总量两个因素构成的。由于食盐商品是生活必需品，需求缺乏弹性，因此，需求总量的变动仅与人口数量相关。食盐消费支出占生活支出的比重也微乎其微。2001 年，全国人均消费在食盐上的费用约为 7 元，占人均可支配收入的 0.1%；2005 年约为 9 元，占人均可支配收入的 0.086%；2012 年约为 13 元，每月 1 元多，不及一瓶矿泉水的价钱，占人均可支配收入的 0.0266% ~0.0355%，[①] 人均食盐消费占居民收入比重呈下降趋势。吃盐成本在百姓日常消费中所占比重微不足道。因此，消费者食盐消费支出能力基本上无须考虑。所以，在食盐市场容量的考量中，主要考虑人均食盐消费量及人口数量变动情况。目标市场除传统的内蒙古自治区市场外，还有京津冀、黑吉辽、山西等地区。

一、全国食盐市场容量预测

影响食盐市场容量的因素有两个：一是人均食盐消费量，二是人口总量。由于饮食习惯在短时间内不会发生大的变化，因此，人均食盐消费量相对来说比较稳定。影响食盐市场容量变化的主要因素是人口总量的变化。

---

① 周洪福．人均吃盐成本那点儿事［J］．中国盐业，2014（14）：51－52.

1. 全国人均食盐消费量

以目前掌握的2013年、2015年数据为基础，2013年全国食盐销售量为937.4万吨，人口为136072万人，则2013年人均食盐消费量为6.889千克；2015年全国食盐销售量为944.69万吨，人口为137462万人，则2015年人均食盐消费量为6.872千克。取两年人均食盐消费量的中值6.881千克为全国人均食盐消费量，这当中包括腌制品所用食盐等，不完全是入口食盐摄入量。

2. 减盐策略与行动对食盐消费的影响

2006年世界卫生组织（World Health Organization，WHO）减盐专家会议建议，每个国家都应该建立自己的减盐策略。中国根据国情制定了中国减盐行动策略。以北京为例，2007年北京市政府在国内率先通过社区和食盐销售体系免费向居民发放限盐勺；按照《健康北京人——全民健康促进十年行动规划（2009—2018）》① 的要求，2010年北京市政府进一步在市场所售小包装食盐中配送限盐勺。调查发现，北京市城区近2/3的家庭拥有限盐勺，但限盐勺的使用率不足1/2，正确使用率更低于1/5。结果提示：北京市城区居民家庭限盐勺的普及率达到一定规模，但是“获得限盐勺”与“正确使用限盐勺”之间还存在障碍。② 从中可以预见未来几年，减盐策略与行动对食盐消费的影响不会发生太大的变化。

3. 未来全国人口预测

据国家统计局公布的最新数据，2015年末中国大陆总人口为137462万人，比上年末增加680万人。全年新出生人口1655万人，人口出生率为12.07‰；死亡人口975万人，人口死亡率为7.11‰；人口自然增长率为4.96‰，比上年下降0.25个千分点。

联合国发布的《世界人口展望：2012年修订版》预测，中国人口将在

---

① 《健康北京人——全民健康促进十年行动规划（2009—2018年）》的基本原则是：坚持“预防为主、防治结合，政府主导、部门合作，市民参与、人人行动”的原则，广泛开展各种健康促进活动，干预控制影响人群健康的危险因素，规范公共卫生行为，倡导文明健康生活方式；针对不同性别、不同年龄、不同身体状况人群，采取不同的干预对策，促进其建立健康生活方式；对高危人群实行“早发现、早诊断、早治疗”，促进康复、减少痛苦，延长健康寿命。按照该规划，人均每日食盐量下降到10克以下，现为日均13.4克。

② 董文兰，等. 2011年北京市城区居民家庭限盐勺的使用现况［J］. 中华预防医学杂志，2011（10）：952－953.

2030年达到顶峰，然后逐渐下滑，到2050年，中国人口将达到13.85亿人，与现在相近。

国务院发展研究中心农村经济研究部秦中春（2013）利用2010年全国人口普查数据和1990年以来的相关历史统计数据，对未来中国人口总量和结构的变化趋势进行分析预测。结果显示，如果保持现行人口政策不变，预测未来中国总人口峰值约为14.2亿人，峰值出现的时间为2027年左右，随后总人口将下降，2030年约为14.15亿人，2050年约为12.59亿人。① 其根据年龄模型预测出2015—2050年中国人口总数见表6－1。

表6－1　2015—2050年中国人口预测

年份	总人口/万人	年份	总人口/万人
2015	137991	2035	139366
2020	140590	2040	135879
2025（人口高峰）	141792	2045	131338
2030	141476	2050	125942

数据来源：秦中春．中国未来人口变化的三大转折点预测——基于年龄移算人口预测模型的分析［J］．区域经济评论，2013（5）：10.

根据秦中春的预测，2015—2050年中国人口变化趋势如图6－1所示。

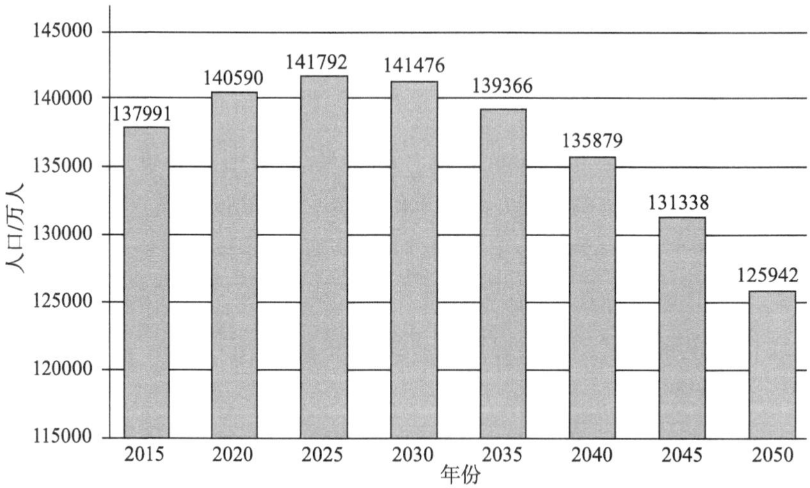

图6－1　2015—2050年中国人口趋势

① 秦中春．中国未来人口变化的三大转折点预测——基于年龄移算人口预测模型的分析［J］．区域经济评论，2013（5）：5－14.

国家统计局公布的2015年总人口为137462万人的数量比秦中春之前用早先的数据预测出的137991万人还要少，说明秦中春的预测并不比实际悲观。更有学者认为中国人口将早在2025年就出现负增长。

4. 二孩政策对中国人口数量的影响

2014年1月至6月，全国各地陆续实施了单独二孩政策。此前，国家卫生计生委及部分专家曾预测，单独二孩可能使得年出生人口增加200万左右。实际上2014年出生人口仅比上年增加了47万人。而2015年的出生人口数据不升反降。2015年12月27日下午，全国人大常委会表决通过了人口与计划生育法修正案，全面二孩政策于2016年1月1日正式实施。①

南京大学社会学院陈友华（2016年）认为："单独二孩"遇冷等预示着即便实施全面二孩政策，如果没有与此相对应的配套政策的跟进，很难达到预期的效果，由"单独二孩"遇冷到"全面二孩"遇冷是完全可以预期的。中国的低生育机制已经形成，中国人口发展趋势不会因全面二孩政策的实施而改变。②

中国社会科学院人口与劳动经济所杨舸（2016年）认为：城乡全面放开二孩政策并不会带来出生率的猛增和人口数量的剧烈反弹；从其他国家的人口发展经验看，生育率的下降趋势似乎不可避免。③ 其以《2015年国民经济和社会发展统计公报》人口数据为基础，采用队列要素法，考虑生育和死亡两大要素，对我国实行全面二孩政策后总人口进行预测，见表6－2。

表6－2　全面二孩政策后对2016—2020年总人口预测

年份	2016	2017	2018	2019	2020
总人口/亿人	13.84	13.94	14.04	14.12	14.18

数据来源：杨舸．"全面二孩"后的人口预期与政策展望［J］．北京工业大学学报（社会科学版），2016，16（4）：29.

① 国家统计局发布的2014年国民经济和社会发展统计公报数据显示，2014年末我国60周岁及以上人口数为21242万人，占总人口比重为15.5%；65周岁及以上人口数为13755万人，占比10.1%，首次突破10%。当一个国家或地区60岁以上老年人口占人口总数的10%，或65岁以上老年人口占人口总数的7%，即意味着这个国家或地区的人口处于老龄化社会。国家统计局：中国65岁以上人口占比首超10%．http：//politics.people.com.cn/n/2015/0226/c70731－26599930.html.

② 陈友华．全面二孩政策与中国人口趋势［J］．学海，2016（01）：62－66.

③ 杨舸．"全面二孩"后的人口预期与政策展望［J］．北京工业大学学报（社会科学版），2016，16（4）：25－33.

可见，全面二孩政策对人口总量变化趋势的影响有限，即使人口出生率在未来几年有所提高，但由于婴幼儿食盐消费量较小，在未来5~10年内不会对食盐市场容量产生大的影响。国内外学者认为，我国人口拐点出现的年份为2025—2030年，人口最高峰时总量约为14.2亿人。

5. 对未来几年全国食盐市场容量的预测

以人年均食盐消费量6.881千克为基础，以最高峰时人口14.2亿计，2025年至2030年人口最高峰时，我国食盐消费总量最高可达977.1万吨。2015年全国食盐总销量为944.69万吨，还有30多万吨的总增长量。根据杨舸对未来5年中国人口的预测（见表6-2），计算得出食盐消费总量每年也会有少量增长，2016—2020年全国人口及食盐消费量预测见表6-3。

表6-3　2016—2020年全国人口及食盐消费量预测

年份	人口/亿人	食盐消费/万吨
2016	13.84	952.33
2017	13.94	959.21
2018	14.04	966.09
2019	14.12	971.60
2020	14.18	975.76

二、目标市场的食盐市场容量预测

因目前仅有2013年、2015年食盐销售数据，因此，取这两年平均销售量作为基础数据。目标市场2013年、2015年食盐销售量及两年人均销售量见表6-4。

表6-4　2013年、2015年目标市场食盐销售量、人口及人均消费量情况

地区	2013年总销量/万吨	2013年人口/万人	2013年人均消费/千克	2015年总销量/万吨	2015年总人口/万人	2015年人均消费/千克	2013年、2015年人均消费中值/千克
全国	937.4	136072	6.889	944.69	137462	6.872	6.881
内蒙古	15.76	2498	6.309	14.75	2511	5.874	6.092
北京	15.76	2115	7.452	10.83	2171	4.990	6.221
天津	18.38	1472	10.550	11.65	1547	7.530	9.040
河北	35.14	7337	4.790	33.10	7425	4.460	4.625

续表

地区	2013 年总销量/万吨	2013 年人口/万人	2013 年人均消费/千克	2015 年总销量/万吨	2015 年总人口/万人	2015 年人均消费/千克	2013 年、2015 年人均消费中值/千克
黑龙江	17.48	3835	4.558	12.97	3812	3.402	3.980
吉林	13.81	2751	5.020	14.46	2753	5.252	5.136
辽宁	33.14	4390	7.549	24.72	4382	5.641	6.595
山西	13.88	2630	5.278	13.65	3664	3.725	4.502

数据来源：食盐销售总量数据来源于中国盐业总公司；人口数据来源于国家统计局及各省、自治区统计局；人均食盐销售量及两年中值计算而得。

2013 年、2015 年人均消费中值差别较大，这是由于各地饮食习惯等差别所致。例如，天津市人均年食盐消费量为 9.04 千克，远高于全国平均水平。一方面，天津市居民饮食中食盐摄入量很高，据《中国居民营养与慢性病状况报告（2015 年）》显示，天津调查人群平均每人每天食盐摄入量为 16.82 克，是世界卫生组织推荐的“每人每日摄盐 6 克”建议量的 2.8 倍多，天津市 6 岁及以上调查人群高血压患病率高达 39.5%；另一方面，天津市有较多的水产品加工厂，也消耗了大量食盐。黑龙江省人均年消费量为 3.98 千克，远低于全国平均水平。一方面，黑龙江省当地居民饮食习惯中食盐摄入量较少；另一方面，由于气候原因，黑龙江省相当一部分老年人常年在外地养老，导致在本省食盐消费量减少。

因此，在对不同目标市场进行市场容量预测时，人均食盐消费量不直接采用全国人均食盐消费量，而是采用各省、自治区的人均食盐消费量。下面就各目标市场的市场容量进行分析和预测。

1. 内蒙古自治区食盐市场容量预测

2013 年内蒙古自治区食盐消费总量为 15.76 万吨，人口为 2498 万，人均年食盐消费 6.31 千克；2015 年内蒙古自治区食盐消费总量为 14.75 万吨，常住人口为 2511 万人，人均食盐消费量为 5.87 千克。取两年人均消费量的中值 6.09 千克作为内蒙古自治区人均年食盐消费量。内蒙古自治区近 10 年的人口数量见表 6－5。

表 6－5　2016—2020 年内蒙古自治区人口情况表

年份（Y）	2006	2007	2008	2009	2010	2011	2012	2013	2014	2015
人口（P）/万人	2415	2429	2444	2458	2472	2482	2490	2498	2505	2511

数据来源：内蒙古自治区统计局。

由于人口随着年份逐年增加，人口 P 与年份 Y 之间可建立对数函数关系（借助 SPSS19.0 软件实现）：P = 2380.96 + 56.37In（Y - 2005），则可得内蒙古自治区在未来 5 年内人口变化，并计算得出食盐消费量见表 6 - 6。

表 6 - 6　2016—2020 年内蒙古自治区人口及食盐消费量预测

年份	人口/万人	食盐消费/万吨
2016	2516	15.32
2017	2521	15.35
2018	2526	15.38
2019	2530	15.41
2020	2534	15.43

2. 京津冀地区食盐市场容量预测

（1）北京市食盐市场容量预测

北京市 2013 年常住人口 2114.8 万人，食盐消费量为 15.76 万吨，人均消费量为 7.452 千克；2015 年北京市常住人口 2170.5 万人，食盐消费总量 10.83 万吨，人均食盐消费量 4.990 千克。这两年的人均食盐消费量中值为 6.221 千克。

北京市常住人口除了受出生率、死亡率等因素的影响，更主要的是受政策调控的影响。根据京津冀协同发展规划纲要，到 2020 年，北京市常住人口要控制在 2300 万人以内。

北京市近几年人口调控的力度越来越大，每年新增人口已经控制在 20 万人以下，因此乐观估计，未来几年北京市常住人口年均增长 20 万人左右，从而使北京市食盐消费容量年均增加约 1200 吨。北京市在未来 5 年内人口变化及食盐消费量见表 6 - 7。

表 6 - 7　2016—2020 年北京市人口及食盐消费量预测

年份	人口/万人	食盐消费/万吨
2016	2190	13.62
2017	2210	13.75
2018	2230	13.87
2019	2250	14.00
2020	2270	14.12

（2）天津市食盐市场容量预测

2013 年天津市食盐消费量为 18.38 万吨，2013 年天津市常住人口 1472.21 万人，人均年食盐消费量 10.55 千克；2015 年天津市食盐消费总量为 11.65 万吨，常住人口 1547 万人，人均年食盐消费量 7.53 千克。取两年人均食盐消费量中值，则天津市人均年食盐消费量为 9.04 千克。天津市 2006—2015 年人口情况见表 6－8。

表 6－8　2006—2015 年天津市人口情况表

年份（Y）	2006	2007	2008	2009	2010	2011	2012	2013	2014	2015
人口（P）/万人	1075	1115	1176	1228	1299	1355	1413	1472	1517	1547

数据来源：天津市统计局。

由于人口随着年份逐年增加，人口 P 与年份 Y 之间可建立二次函数对应关系（借助 SPSS19.0 软件实现）：$P=998.68+63.43(Y-2005)-0.72(Y-2005)2$，则可得天津市在未来 5 年内人口变化，并计算得到食盐消费量见表 6－9。

表 6－9　2016—2020 年天津市人口及食盐消费量预测

年份	人口/万人	食盐消费/万吨
2016	1609	14.55
2017	1656	14.97
2018	1701	15.38
2019	1774	16.04
2020	1787	16.15

（3）河北省食盐市场容量预测

2013 年河北省食盐销售量 35.14 万吨，2013 年末常住人口 7337 万人，人均年食盐消费 4.79 千克；2015 年河北省食盐消费总量为 33.1 万吨，年末常住人口为 7425 万人，人均食盐消费量为 4.46 千克。取两年人均食盐消费量的中值，则河北省人均食盐消费量为 4.63 千克。河北省 2006—2015 年人口变化见表 6－10。

表 6－10　2006—2015 年河北省人口情况

年份（Y）	2006	2007	2008	2009	2010	2011	2012	2013	2014	2015
人口（P）/万人	6898	6943	6989	7034	7194	7241	7288	7333	7384	7425

数据来源：河北省统计局。

河北省人口随年份增加，人口 P 与年份 Y 之间可建立二次函数对应关系（借助 SPSS19.0 软件实现）：P = 6948.43 + 50.3（Y − 2005） − 0.25（Y − 2005）2，则可得河北省在未来 5 年内人口变化，并计算得出食盐消费量见表 6 − 11。

表 6 − 11　2016—2020 年河北省人口及食盐消费量预测

年份	人口/万人	食盐消费/万吨
2016	7471	34.59
2017	7516	34.80
2018	7560	35.00
2019	7614	35.25
2020	7647	35.40

3. 黑吉辽地区食盐市场容量预测

2015 年黑吉辽三省的食盐消费量分别为 12.97 万吨、14.46 万吨、28.93 万吨。

（1）黑龙江省食盐市场容量预测

黑龙江省 2013 年食盐消费量为 17.48 万吨，人口为 3835 万人，人均食盐消费量为 4.558 千克；2015 年黑龙江省食盐消费量为 12.97 万吨，人口为 3812 万人，人均食盐消费 3.402 千克，因此这两年人均食盐消费量的中值为 3.98 千克。

黑龙江省由于气候寒冷以及经济不景气等原因，人口持续外流，导致近几年人口持续下降。黑龙江省 2006—2015 年人口情况见表 6 − 12。

表 6 − 12　2006—2015 年黑龙江省人口情况

年份（Y）	2006	2007	2008	2009	2010	2011	2012	2013	2014	2015
人口（P）/万人	3823	3824	3825	3826	3833	3834	3834	3835	3833	3812

数据来源：黑龙江省统计局。

人口 P 与年份 Y 之间可建立二次函数对应关系（借助 SPSS19.0 软件实现）：P = 3811.27 + 7.09（Y − 2005） − 0.697（Y − 2005）2，则可得黑龙江省在未来 5 年内人口变化，并计算得出食盐消费量见表 6 − 13。

表 6 – 13　2016—2020 年黑龙江省人口及食盐消费量预测

年份	人口/万人	食盐消费/万吨
2016	3805	15.14
2017	3796	15.11
2018	3786	15.07
2019	3774	15.02
2020	3761	14.97

（2）吉林省食盐市场容量预测

吉林省 2013 年食盐消费量为 13.81 万吨，人口为 2751 万人，人均食盐消费量为 5.02 千克；2015 年吉林省食盐消费量为 14.46 万吨，人口为 2753 万人，人均食盐消费 5.252 千克，因此这两年人均食盐消费量的中值为 5.136 千克。

吉林省近几年人口较为稳定。2015 年末，全省总人口为 2753.3 万人，比上年末净增加 0.94 万人，自然增长率为 0.34‰。吉林省 2006—2015 年人口情况见表 6 – 14。

表 6 – 14　2006—2015 年吉林省人口情况

年份（Y）	2006	2007	2008	2009	2010	2011	2012	2013	2014	2015
人口（P）/万人	2723	2730	2734	2740	2747	2749	2750	2751	2752	2753

数据来源：吉林省统计局。

吉林省近几年维持每年 1 万人的人口增长，预计未来 5 年内这样的人口增长速度还将继续保持。吉林省未来 5 年人口及食盐消费量预测见表 6 – 15。

表 6 – 15　2016—2020 年吉林省人口及食盐消费量预测

年份	人口/万人	食盐消费/万吨
2016	2754	14.14
2017	2755	14.15
2018	2756	14.15
2019	2757	14.16
2020	2758	14.17

（3）辽宁省食盐市场容量预测

辽宁省 2013 年食盐消费量为 33.14 万吨，人口为 4390 人，人均食盐消费量为7.549千克；2015年辽宁省食盐消费量为24.72万吨，人口为4382万人，人均食盐消费5.641千克，因此这两年人均食盐消费量的中值为6.595千克。

根据辽宁省统计局调查推算，2015年末全省常住人口4382.4万人，人口自然增长率为-0.42‰。辽宁省2006—2015年人口情况见表6-16。

表6-16 2006—2015年辽宁省人口情况表

年份（Y）	2006	2007	2008	2009	2010	2011	2012	2013	2014	2015
人口（P）/万人	4271	4298	4315	4341	4375	4383	4389	4390	4391	4382

数据来源：辽宁省统计局。

人口P与年份Y之间可建立二次函数对应关系（借助SPSS19.0软件实现）：P=4228.35+39.49（Y-2005）-2.39（Y-2005）2，则可得辽宁省在未来5年内人口变化，并计算得出食盐消费量见表6-17。

表6-17 2016—2020年辽宁省人口及食盐消费量预测

年份	人口/万人	食盐消费/万吨
2016	4374	28.85
2017	4358	28.74
2018	4337	28.60
2019	4313	28.44
2020	4283	28.25

4. 山西省食盐市场容量预测

山西省2013年食盐销售量为13.88万吨，2013年总人口为3630万人，人均食盐消费量为3.82千克。2015年山西省食盐销售量为13.65万吨，2015年总人口为3664万人，人均食盐消费量为3.73千克。取两年人均消费量的中值3.78千克作为山西省人均年食盐消费量。山西省近10年的人口情况见表6-18。

表6-18 2006—2015年山西省人口情况表

年份（Y）	2006	2007	2008	2009	2010	2011	2012	2013	2014	2015
人口（P）/万人	3375	3393	3411	3427	3574	3593	3611	3630	3648	3664

数据来源：山西省统计局。

由于人口随着年份逐年增加，增加幅度逐渐变小，人口P与年份Y之间可建立二次函数对应关系（借助SPSS19.0软件实现）：P=3469.86+

22.13（Y－2005）－0.268（Y－2005）2，则可得山西省在未来5年内人口变化，并计算得出食盐消费量见表6－19。

表6－19　2016—2020年山西省人口及食盐消费量预测

年份	人口/万人	食盐消费/万吨
2016	3681	13.91
2017	3697	13.97
2018	3712	14.03
2019	3738	14.13
2020	3742	14.14

三、目标市场的食盐总容量

综合以上对各目标市场的分析，2016—2020年各目标市场食盐市场容量见表6－20。

表6－20　2016—2020年各目标市场食盐市场容量　　单位：万吨

地区	2016年	2017年	2018年	2019年	2020年
全国	952.33	959.21	966.09	971.60	975.76
内蒙古	15.31	15.35	15.38	15.41	15.43
北京	13.62	13.75	13.87	14.00	14.12
天津	14.44	14.97	15.38	16.04	16.15
河北	34.59	34.80	35.00	35.25	35.40
京津冀合计	63.52	63.90	64.25	64.66	64.95
黑龙江	15.14	15.11	15.07	15.02	14.97
吉林	14.14	14.15	14.15	14.16	14.17
辽宁	28.25	28.74	28.60	28.44	28.25
黑吉辽合计	57.53	58.00	57.82	57.62	57.39
山西	13.91	13.97	14.03	14.13	14.14
目标市场合计	149.4	150.84	151.48	152.45	152.63

由表6－20中数据可以看出，目标市场食盐市场容量在未来5年内将保持在150万吨左右，市场容量基本上较为稳定，并且在全国市场总容量中稳定占15.7%左右。

京津冀地区未来5年其市场容量在64万吨左右。目标市场中天津、河北、北京由于城市规模的扩大、人口的增加，食盐消费量会有一定的增长。黑吉辽地区未来5年市场容量在57万吨左右。这其中吉林市场容量会稳定在14万吨左右，黑龙江、辽宁由于人口的下降食盐消费量会有一定的减少。山西未来5年市场容量会稳定在14万吨左右，比较稳定。内蒙古未来5年的市场容量在15.4万吨，每年会有少量增长。

第二节　食盐市场需求研究

为了能够了解国内，特别是京津冀、黑吉辽和内蒙古地区食盐市场需求状况，课题组基于消费者视角对食盐市场需求情况进行了调查。从被调查对象的基本情况、对食盐产品的认知与需求、购买意愿、影响消费需求的因素等方面设计问卷。问卷分为五个部分：第一部分是被调查者个人情况，第二部分是被调查者对食盐产品的认知，第三部分是被调查者的食盐需求特征，第四部分是影响被调查者购买食盐的因素，第五部分是被调查者认为在食盐生产与销售过程中应注意的问题。该调查依托问卷星网络平台，采取随机调查方式，让消费者在网上进行问卷填答，得到有效问卷702份。其中，京津冀、黑吉辽和内蒙古地区有效问卷为535份，占76.21%。因此，调查问卷分析结果主要是反映的京津冀、黑吉辽和内蒙古地区食盐市场需求状况。

被调查者的基本样本资料特征见表6-21。

表6-21　被调查者的基本样本资料特征

特征	分类指标	人数	比例（%）
地区	北京	250	35.61
	河北	101	14.39
	天津	59	8.40
	黑龙江	42	5.98
	辽宁	33	4.70
	内蒙古	26	3.70
	吉林	24	3.42
	其他地区	167	23.74
性别	男	282	40.17
	女	420	59.83

续表

特征	分类指标	人数	比例（%）
年龄	18 岁以下	1	0.14
	18 ~ 25 岁	84	11.97
	26 ~ 35 岁	199	28.35
	36 ~ 50 岁	328	46.72
	51 ~ 65 岁	72	10.26
	66 岁及以上	18	2.56
受教育程度	初中及以下	18	2.56
	高中/中专	34	4.84
	大学/大专	307	43.73
	研究生及以上	343	48.86
职业	管理人员	148	21.08
	专业技术人员	265	37.75
	一般工作人员	106	15.10
	服务业人员	23	3.28
	操作层面人员	2	0.28
	军人	1	0.14
	学生	60	8.55
	赋闲在家	31	4.42
	其他	66	9.40
在家就餐的频率	每天	366	52.14
	经常	215	30.63
	偶尔	62	8.83
	很少	59	8.40
个人的平均月收入/家庭成员的平均月收入	3000 元及以下	117/89	16.67/12.68
	3001 ~ 7000 元	286/257	40.74/36.61
	7001 ~ 10000 元	140/136	19.94/19.37
	10001 ~ 15000 元	71/107	10.11/15.24
	15001 ~ 20000 元	48/58	6.84/8.26
	20000 元以上	40/55	5.70/7.83
家庭孩子情况	没有小孩	185	26.35
	小孩不足 3 岁	70	9.97
	小孩 3 ~ 5 岁	64	9.12
	小孩 6 ~ 10 岁	118	16.81
	小孩 11 ~ 18 岁	128	18.23
	小孩 18 岁以上	137	19.52

续表

特征	分类指标	人数	比例（%）
家庭成员总体健康状况	很好	273	38.89
	较好	349	49.72
	一般	77	10.97
	较差	3	0.43
家庭用于食品支出所占比例	小于 10%	182	25.93
	10% ~30%	388	55.27
	31% ~50%	104	14.81
	50% 以上	28	3.99

一、被调查者对食盐产品的认知

1. 被调查者对食盐产品标识的关注

调查结果见表 6－22，在生产经营者、品牌、原产地、组成成分、是否有绿色产品/无公害产品/有机产品标识、生产日期和其他信息 7 项食盐产品标识要素中，被调查者最为关注的是食盐产品品牌，平均综合得分为 4.24；其次关注食盐产品是否有绿色产品/无公害产品/有机产品标识、组成成分和生产日期，平均综合得分分别为 3.81、3.39 和 3.36；而对食盐产品的生产经营者、原产地和其他信息不太关注，平均综合得分分别只有 2.36、1.81 和 0.59。

表 6－22　被调查者对食盐产品标识的关注要素排序

关注要素	品牌	否有绿色产品/无公害产品/有机产品标识	组成成分	生产日期	生产经营者	原产地	其他信息
平均综合得分	4.24	3.81	3.39	3.36	2.36	1.81	0.59

2. 被调查者对食盐产品品牌的认知

如表 6－23 所示，在我国食盐十大品牌当中，被调查者（占 84.9%）最熟悉的食盐品牌是“中盐”，这与中国盐业总公司是中国盐行业龙头企业、唯一中央企业和唯一全国性企业，在全国各地直接控股或参股食盐生产与销售企业有直接的关系。其他的九个品牌依次为“芦花”（9.83%）、“淮牌”（8.97%）、“白象”（8.55%）、“鲁晶”（7.12%）、“自流井”

(5.84%)、“云鹤”(5.70%)、“雪天”(5.56%)、“粤盐”(5.27%)和“迎客松”(2.99%)。此外，也有被调查者熟悉十大品牌之外的其他食盐品牌，如“大青盐”“海花”等。

表6-23　被调查者对食盐品牌的认知

品牌	中盐	淮牌	自流井	雪天	粤盐	迎客松	鲁晶	云鹤	白象	芦花	其他
样本数	596	63	41	39	37	21	50	40	60	69	97
比例(%)	84.90	8.97	5.84	5.56	5.27	2.99	7.12	5.70	8.55	9.83	13.82

3. 被调查者对食盐产品质量的认知

如表6-24所示，有近一半的被调查者(占48.57%)不同意或不太同意“食盐产品价格越高质量越好”这种说法，其比例分别为32.76%、15.81%。只有不到四分之一的被调查者(占22.79%)非常同意或比较同意“食盐产品价格越高质量越好”这种说法，其比例分别为10.11%、12.68%。此外，有不到三分之一的被调查者(占28.63%)对这种说法持“一般同意”态度。这一调查结果表明，价格高低只是判断食盐产品质量好坏的一个信号。在消费者看来，价格高也不代表质量好、营养价值更高。

表6-24　被调查者对食盐产品质量的认知

对“食盐产品价格越高质量越好”的同意程度	样本数	比例(%)
非常同意	71	10.11
比较同意	89	12.68
一般同意	201	28.63
不太同意	111	15.81
不同意	230	32.76

4. 被调查者对食盐产品包装的偏好

如表6-25所示，在列举的五种食盐产品包装形式中，有72.65%的被调查者喜欢便携式塑料包装，而喜欢罐装、玻璃制品包装和体现个性化的包装形式的被调查者比例分别为31.2%、28.92%和16.38%。此外，只有5.56%的被调查者喜欢其他(如纸包装)形式。这一调查结果表明，便携式塑料包装是消费者最为喜欢的食盐产品包装形式。

表 6－25　被调查者对食盐产品包装的认知

食盐产品包装形式	样本数	比例（%）
便携式塑料包装	510	72.65
罐装	219	31.2
玻璃制品包装	203	28.92
体现个性化的包装	115	16.38
其他（如纸包装）	39	5.56

5. 被调查者对食盐产品促销方式的偏好

如表 6－26 所示，在列举的六种食盐产品的促销方式中，绝大多数的被调查者（占 84.76%）最喜欢“直接降价”这一促销方式；有 30.06% 的被调查者也最喜欢“礼品赠送”促销方式；而最喜欢“满额减价”“捆绑销售”“返券”和“其他”促销方式的被调查者的比例分别为 19.94%、10.68%、7.41% 和 9.26%。这一调查结果表明，对食盐产品促销最好的方式就是“直接降价”。

表 6－26　被调查者对食盐产品促销方式的认知

促销方式	样本数	比例（%）
直接降价	595	84.76
满额减价	140	19.94
返券	52	7.41
捆绑销售	75	10.68
礼品赠送	211	30.06
其他	65	9.26

二、被调查者的食盐市场需求特征

1. 品牌选择

如表 6－27 所示，在我国食盐十大品牌当中，目前被调查者选择最多的是“中盐”，比例为 77.49%；而未来选择最多的仍然是“中盐”，但比例下降到 68.66%。这说明：虽然“中盐”品牌在消费者心目中具有不可撼动的地位，但随着区域开发，可选择品牌的增多，未来有些消费者会选择其他品牌。

目前选择十大品牌当中其他品牌的被调查者比例很低，都不超过 3%，而未来选择其他品牌的被调查者比例会明显增加，如目前选择“淮牌”的只占2.56%，而未来选择“淮牌”的会增加到7.55%。此外，未来选择十大品牌之外的其他品牌食盐比例也会由现在的13.11%增加到19.09%，说明十大品牌之外的食盐也有潜在市场需求。

表6－27　被调查者食盐品牌选择

品牌		中盐	淮牌	自流井	雪天	粤盐	迎客松	鲁晶	云鹤	白象	芦花	其他
目前选择	样本数	544	18	12	15	14	10	13	15	18	13	92
	比例（%）	77.49	2.56	1.71	2.14	1.99	1.42	1.85	2.14	2.56	1.85	13.11
未来选择	样本数	482	53	41	41	29	19	26	29	25	38	134
	比例（%）	68.66	7.55	5.84	5.84	4.13	2.71	3.70	4.13	3.56	5.41	19.09

2. 消费量

如表6－28所示，23.65%的家庭“1个月以内”会消费一包400克或320克的食盐，33.05%的家庭“1到2个月以内”会消费一包400克或320克的食盐，有26.63%的家庭消费一包400克或320克的食盐要用2个月以上。按每个家庭平均三口人计算，每个人每天在家庭用盐最多为3.55～4.44克。而据中国营养学会的调查，我国北方居民每人每天大约摄入食盐15～18克，南方居民约为10～12克。这说明我国食盐消费量的2/3属于非家庭消费。①

表6－28　被调查者家庭食盐消费量情况

一包400克或320克的食盐家庭使用时间	样本数	比例（%）
1个月以内	166	23.65
1～2个月以内	232	33.05
2～3个月以内	107	15.24
3～4个月以内	29	4.13
4～5个月以内	8	1.14
5～6个月以内	21	2.99
半年以上	22	3.13
不清楚	117	16.67

① 在欧洲和北美国家，钠摄入主要来自加工食品中加入的盐。然而，在中国，钠摄入主要来自家庭烹饪中加的盐或酱油，占总摄入量的80%。同时，钠摄入量也有地区特异性，例如，中国北方居民，特别是农村地区的居民，在冬季由于可食用蔬菜的减少，更多的可能食用咸菜，在中国进行减盐可能比高收入国家复杂。中国减盐策略．http：//endo.dxy.cn/article/71546.

3. 购买频率

如表 6－29 所示，59.12% 的家庭“平均每个月购买食盐 1 次以下”，这与绝大多数家庭一袋食盐要使用 1 个月以上是一致的。因此，食盐促销要坚持少而精，通过促销确实能够吸引消费者购买。

表 6－29　被调查者家庭食盐采购次数情况

家庭食盐采购次数	样本数	比例（%）
平均每个月 1 次以下	415	59.12
平均每个月 2～4 次	86	12.25
平均每个月 4 次以上	33	4.7
不清楚	168	23.93

4. 购买地点

如表 6－30 所示，目前，相当多的家庭从大型超市购买食盐产品，比例高达 78.63%；也有不少家庭在中小超市或社区超市购买，比例达到 44.02%，这说明超市是家庭购买食盐最主要的地点。当然，街边店或便利店也是不容忽视的地点，因为有 18.23% 的家庭会在这些地点购买食盐产品。而目前从网上或电子商务平台购买食盐产品的家庭还很少，只有 3.56%，不过随着人们购买习惯的改变，这一比例会有很大提升。

表 6－30　被调查者家庭食盐购买地点情况

家庭食盐购买地点	样本数	比例（%）
网上/电子商务平台	25	3.56
大型超市	552	78.63
中小超市/社区超市	309	44.02
街边店/便利店	128	18.23
其他	14	1.99

5. 购买金额

如表 6－31 所示，被调查者家庭每月在食盐产品上的支出 5 元以下的占多一半，达到 55.70%。家庭每月在食盐产品上的支出 5～10 元的占 21.51%。

表 6－31　被调查者家庭每月购买食盐产品金额情况

家庭每月购买食盐产品金额	样本数	比例（%）
5 元以下	391	55.70
5～10 元	151	21.51
10～15 元	27	3.85
15 元以上	3	0.43
不清楚	130	18.52

6. 消费心理

如表 6－32 所示，有 62.25% 的被调查者在购买食盐产品时持有的是绿色消费心理，这说明大多数消费者很重视健康安全和环境保护问题；有 61.82% 的被调查者持有的是求实消费心理，这说明大多数消费者也很重视食盐本身的功能和性价比；有近 1/5 的被调查者持有的是求名消费心理（追求名牌），这提示食盐经营企业要为市场提供适当名牌食盐产品；只有 11.4% 的被调查者持有的是求利消费心理（追求大降价），这说明降价促销的效果不会太好；10.83% 的体验消费心理、6.13% 的求新消费心理和 2.99% 的求异消费心理，说明食盐生产经营企业开发销售食盐新产品，并不会顺利，需要消费者有一个认知过程。

表 6－32　被调查者在购买食盐产品时所持有的消费心理

选项	样本数	比例（%）
求新消费心理	43	6.13
求实消费心理	434	61.82
求利消费心理（追求大降价）	80	11.4
求名消费心理（追求名牌）	137	19.52
从众消费心理	147	20.94
求异消费心理（追求个性化）	21	2.99
绿色消费心理（追求环保）	437	62.25
体验消费心理	76	10.83
其他	30	4.27

7. 附带消费

如表 6－33 所示，有 67.66% 的被调查者家庭在使用食盐的同时还经常食用其他增味剂，如酱油、蚝油、味精、鸡精等；只有 1% 的被调查者家庭不食用其他增味剂。这提示食盐经营企业应该与其他增味剂经营企业开展全方位合作。

表 6－33　被调查者家庭食用其他增味剂情况

选项	样本数	比例（%）
经常	475	67.66
偶尔	151	21.51
很少	69	9.83
没有	7	1

三、影响被调查者购买食盐的相关因素

1. 决定被调查者购买食盐产品的主要因素

消费者购买食盐产品时会考虑多种因素，如表 6－34 所示。决定被调查者购买食盐产品的前三位主要因素为产品品牌、成分配料和包装好坏，占比分别达到 60.54%、56.84% 和 32.34%；第四至六位的主要因素为价格、生产厂家和质量一致性，占比分别达到 30.91%、30.77% 和 26.35%。此外，特殊用途、口感、实体店的摆放位置和其他也构成决定被调查者购买食盐产品的主要因素，但占比都在 20% 以下，分别占 18.23%、16.24%、11.25% 和 3.42%。

表 6－34　决定被调查者购买食盐产品的主要因素情况

决定购买食盐产品的主要因素	样本数	比例（%）
产品品牌	425	60.54
包装好坏	227	32.34
成分配料	399	56.84
价格	217	30.91
生产厂家	216	30.77
实体店的摆放位置	79	11.25
口感	114	16.24
特殊用途	128	18.23
质量一致性	185	26.35
其他	24	3.42

2. 价格影响被调查者购买食盐产品的程度

如表 6－35 所示，有 55.69% 的被调查者认为价格对其购买食盐产品没有影响或影响程度较小，只有 17.94% 的被调查者认为价格对其购买食盐产品的影响程度很大或较大。这进一步说明了价格不是决定大多数被调查者购买食盐产品的主要因素。

表 6－35 价格影响被调查者购买食盐产品的程度

价格对购买食盐产品的影响程度	样本数	比例（%）
很大	67	9.54
较大	59	8.4
一般	185	26.35
较小	136	19.37
没有	255	36.32

3. 广告宣传影响被调查者购买食盐产品的程度

如表 6－36 所示，有 22.94% 的被调查者认为广告宣传会很大或较大程度影响其购买某企业食盐产品，有 41.17% 的被调查者认为广告宣传较小或没有影响其购买某企业食盐产品。这说明，一方面食盐生产经营企业要注意广告宣传，另一方面也要增强广告宣传的针对性。

表 6－36 广告宣传影响被调查者购买食盐产品的程度

广告对购买食盐产品的影响程度	样本数	比例（%）
很大	69	9.83
较大	92	13.11
一般	252	35.9
较小	144	20.51
没有	145	20.66

4. 本地企业生产对购买食盐产品的影响

如表 6－37 所示，有 28.92% 的被调查者认为由于是本地企业生产而会购买该食盐产品，有 25.78% 的被调查者认为由于是本地企业生产而有时候会购买该食盐产品，这说明被调查者对本地企业生产的食盐产品还是比较偏爱的。因此，当地食盐生产经营企业要在满足本地消费者食盐产品需求上下大力气，争取更多市场份额。

表 6－37　本地企业生产对购买食盐产品的影响

本地企业生产是否会影响购买	样本数	比例（%）
会	203	28.92
有时候会	181	25.78
不确定	193	27.49
不会	125	17.81

5. 独特包装对购买食盐产品的影响

如表 6－38 所示，总体来讲，独特包装对被调查者购买食盐产品的影响不大，因为独特包装会影响和不会影响被调查者购买食盐产品的比例基本相等，只是有 37.75% 的被调查者认为独特包装有时候会影响购买。结合包装好坏是决定被调查者购买食盐产品的第三主要因素，建议食盐生产经营企业不要在独特包装上做太多文章，而应在确保包装质量上下功夫。

表 6－38　独特包装对购买食盐产品的影响

独特包装是否影响购买	样本数	比例（%）
会	144	20.51
有时候会	265	37.75
不确定	146	20.8
不会	147	20.94

6. 质量安全承诺及品牌体验对购买意愿的影响

如表 6－39 所示，当企业有质量安全承诺时，有 47.01% 的被调查者非常确定更倾向于购买此企业食盐产品，而有可能更倾向于购买此企业食盐产品的被调查者比例达到 35.47%。这一调查结果表明，质量安全承诺对购买意愿的影响是比较大的，食盐生产经营企业应尽可能承诺其产品质量安全。只有 4.99% 的被调查者认为，即使有质量安全承诺也不太可能或不会更倾向于购买此企业食盐产品，这可能是因为在他们心里食盐生产经营企业本来就应该对其食盐产品进行质量安全承诺。

此外，有一半的被调查者认为，如果用过此品牌且感觉质量好时，会非常确定认准该品牌持续购买；有 36.18% 的被调查者认为，如果用过此品牌且感觉质量好时，有可能会认准该品牌持续购买。这一调查结果表明，打造好的品牌是获得稳定市场份额的重要基础，食盐生产经营企业要持续改进产品品质，维护好产品品牌。

表 6－39　质量安全承诺及品质体验对购买意愿的影响

		非常确定	有可能	不确定	不太可能	不会
有质量安全承诺时，更倾向于购买此企业食盐产品	样本数	330	249	88	15	20
	比例（%）	47.01	35.47	12.54	2.14	2.85
用过此品牌且感觉质量好时，会认准该品牌持续购买	样本数	355	254	66	13	14
	比例（%）	50.57	36.18	9.4	1.85	1.99

7. 相关人群对购买意向的影响

如表 6－40 所示，朋友、销售人员和网上评价人员等相关人群的观点和看法对被调查者购买食盐产品的意向会有一定影响，但不同人群的影响程度不一样。其中，经朋友推荐而特意购买某食盐产品的比例最大，达到 28.06%；相信某一食盐产品的网上评价而购买某食盐产品的比例居中，达到 12.39%；而由于接受销售人员的推销购买某食盐产品的比例最小，只有 8.55%。这一调查结果表明，“朋友推荐”在推广新食盐产品和开拓市场中具有重要作用，食盐生产经营企业要积极利用“朋友推荐”这一渠道。

表 6－40　相关人群对购买意向的影响

		会	有时候会	不确定	不会
经朋友推荐而特意购买某食盐产品	样本数	197	270	123	112
	比例（%）	28.06	38.46	17.52	15.95
接受销售人员的推销而购买某食盐产品	样本数	60	239	201	202
	比例（%）	8.55	34.05	28.63	28.77
相信某一食盐产品的网上评价而购买某食盐产品	样本数	87	229	225	161
	比例（%）	12.39	32.62	32.05	22.93

四、食盐生产与销售过程中需要着重注意的问题

调查结果显示，有 75.93% 的被调查者认为在食盐生产与销售过程中需要着重注意食盐产品的成分配料，这是最应注意的问题，而成分配料也是决定被调查者是否购买食盐产品的第二主要因素；有超过一半的被调查者（占 52.71%）认为在食盐生产与销售过程中需要着重注意食盐产品品

牌，而品牌也是决定被调查者是否购买食盐产品的首要因素；有34.76%和33.33%的被调查者认为在食盐生产与销售过程中需要着重注意食盐产品口感和生产厂商；有24.64%、22.22%和19.52%的被调查者认为在食盐生产与销售过程中需要着重注意食盐产品外包装、高附加值和增加中高端品牌；只有12.39%和9.12%的被调查者认为在食盐生产与销售过程中需要着重注意食盐产品实体店的摆放位置和广告宣传。这一结果与我们预想的有较大出入，可能与目前食盐产品品牌比较少、可选择余地比较小有很大关系。此外，还有很少的被调查者（占3.56%）认为，在食盐生产与销售过程中需要着重注意的还有消费者认知、购买习惯等其他方面。具体调查结果见表6－41。

表6－41　食盐生产与销售过程中需要着重注意的问题排序

需要着重注意的问题	样本数	比例（%）
成分配料	533	75.93
产品品牌	370	52.71
口感	244	34.76
生产厂商	234	33.33
外包装	173	24.64
高附加值	156	22.22
增加中高端品牌	137	19.52
实体店的摆放位置	87	12.39
广告宣传	64	9.12
其他	25	3.56

第三节　食盐消费群体研究

一、样本资料来源与基本特性

本项目样本资料为利用调研问卷——《食盐消费者行为特性调查问卷》获得的调研资料。2016年7月29日—8月31日，借助“问卷星”共获取1029份有效问卷。本项目调研的样本单位为单个消费者，被调研者的基本样本资料特征见表6－42。

表 6－42　被调研者的基本样本资料特征

类别	基本特征	样本数	比例
性别	男	372	36.15%
	女	657	63.85%
年龄	18 岁以下	5	0.49%
	18～25 岁	322	31.29%
	26～35 岁	227	22.06%
	36～50 岁	412	40.04%
	51～65 岁	58	5.64%
	66 岁以上	5	0.49%
受教育程度	初中及以下	58	5.64%
	高中/中专	148	14.38%
	大学/大专	642	62.39%
	研究生及以上	181	17.59%
职业	学生	205	19.92%
	普通职员	286	27.79%
	一般管理人员	97	9.43%
	高级管理人员（经理及以上）	40	3.89%
	企业老板	20	1.94%
	专业技术人员	224	21.77%
	家庭主妇	45	4.37%
	其他	112	10.88%
月平均收入	3000 元以下	470	45.68%
	3000～7000 元	387	37.61%
	7001～10000 元	79	7.68%
	10001～15000 元	45	4.37%
	15001～20000 元	22	2.14%
	20000 元以上	26	2.53%
家庭经常购物者	是	713	69.29%
	否	316	30.71%
经常就餐形式	在家自己做饭	674	65.5%
	餐馆或食堂	355	34.5%

1. 被调研消费者中，男性消费者比例为 36.15%，女性消费者比例为 63.85%，参与调研的女性消费者居多。

2. 被调研消费者的年龄以 18 ~ 50 岁的消费者居多。其中，36 ~ 50 岁的消费者所占比例最大，占被调研消费者总数的 40. 04%；26 ~ 35 岁的消费者占被调研消费者总数的 22. 06%；18 ~ 25 岁的消费者占被调研消费者总数的 31. 29%；51 ~ 65 岁的消费者占被调研消费者总数的 5. 64%。另外，参与调研的年龄 18 岁以下的消费者和 66 岁以上的消费者占被总数的 0. 98%。

3. 被调研消费者的受教育程度以大学/大专学历为主，占被调研消费者总数的 62. 39%；具有研究生及以上学历的消费者占 17. 59%；具有研究生及以上学历的消费者占 14. 38%。本次调研中，初中及以下学历的消费者占 5. 64%。

4. 被调研消费者的职业以普通职员和专业技术人员为主，分别占被调研消费者总数的 27. 79% 和 21. 77%。另外，参与调研的学生占 19. 92%，一般管理人员占 9. 43%，家庭主妇占 4. 37%，高级管理人员（经理及以上）占 3. 89%，企业老板占 1. 94%。

5. 被调研消费者的月平均收入以中低收入为主。其中，月平均收入 3000 元以下的消费者，占被调研消费者总数的 45. 68%；3000 ~ 7000 元的消费者，占被调研消费者总数的 37. 61%；7001 ~ 10000 元的消费者，占被调研消费者总数的 7. 68%；10001 ~ 15000 元的消费者，占被调研消费者总数的 4. 37%；15001 ~ 20000 元的消费者，占被调研消费者总数的 2. 14%；20000 元以上的消费者，占被调研消费者总数的 2. 53%。

6. 被调研的消费者，有 69. 29% 为家庭经常购物者，30. 71% 为非经常购物者。

7. 被调研的消费者，经常在家自己做饭的消费者比例为 65. 5%，经常在餐馆或食堂用餐的消费者比例为 34. 5%。

二、消费者对食盐的消费习惯、品牌认知度

1. 消费者购买食盐时的选择习惯

调研结果显示，45. 38% 的消费者在购买食盐时的选择习惯是“很随意”。但是，“目标明确”“比较后购买”的消费者占了 54. 62%，其中，28. 96% 的消费者在购买食盐时的选择习惯是“目标明确”，25. 66% 的消费者在购买食盐时的选择习惯是“比较后购买”（见表 6 – 43）。

表 6－43　消费者购买食盐时的选择习惯

选项	样本数	比例（%）
很随意	467	45.38
目标明确	298	28.96
比较后购买	264	25.66
合计	1029	100

选择“目标明确”“比较后购买”的消费群体的基本特征是：女性消费者为主，主要集中在 36～50 岁年龄段，具有大学/大专学历，收入在 3000～7000 元，绝大多数是家庭经常购物者，自己在家做饭（见表 6－44）。

表 6－44　目标明确、比较后购买消费群体的特征

选项	女	36～50 岁	大学/大专	3000～7000 元	经常购物	在家做饭
目标明确	209 （70.13%）	140 （46.98%）	172 （57.72%）	109 （36.58%）	223 （74.83%）	217 （72.82%）
比较后购买	180 （68.18%）	120 （45.45%）	168 （63.64%）	116 （43.94%）	195 （73.86%）	180 （68.18%）

2. 消费者对不同品种食盐区别的认知

有 56.95% 的消费者认为不同品种的食盐有区别，认为区别不大的消费者占 34.21%，还有 8.84% 的消费者认为不同品种的食盐没有区别（见表6－45）。调研结果说明，绝大多数消费者认为不同品种的食盐有区别，这就使消费者很可能在食盐消费上，因不同品种的食盐产生多样化的需求，也使额吉淖尔大青盐进入其他市场存在消费需求基础。

表 6－45　消费者对不同品种食盐区别的认知

选项	样本数	比例（%）
有区别	586	56.95
没有区别	91	8.84
区别不大	352	34.21
合计	1029	100

认为不同品种食盐有区别的消费群体特征主要是：性别上，男性和女性消费者大多数都认为不同品种食盐有区别，男性消费者高于女性消费

者；年龄上，以36～50岁消费者为主，年龄高于50岁的消费者绝大多数也认为不同品种食盐有区别；学历上，具有大学/大专、研究生及以上学历的消费者更多认为不同品种食盐有区别；职业上，以专业技术人员、高级管理人员（经理及以上）、企业老板为主；收入上，3000～7000元月收入的消费者为主，收入20000元以上的群体比例也很高；家庭经常购物者、经常在家自己做饭以及目标明确、比较后购买的消费群体的消费者群体，也普遍认为不同品种食盐有区别（见表6－46）。

表6－46　认为不同品种食盐有区别的消费群体特征

选项	有区别	区别不大	样本数
男	219（58.87%）	119（31.99%）	372
女	367（55.86%）	233（35.46%）	657
36～50岁	245（59.47%）	132（32.04%）	412
51～65岁	33（56.90%）	18（31.03%）	58
66岁以上	4（80.00%）	1（20.00%）	5
高中/中专	83（56.08%）	46（31.08%）	148
大学/大专	370（57.63%）	222（34.58%）	642
研究生及以上	104（57.46%）	61（33.70%）	181
高级管理人员（经理及以上）	24（60.00%）	12（30.00%）	40
企业老板	12（60.00%）	6（30.00%）	20
专业技术人员	132（58.93%）	78（34.82%）	224
3000元以下	261（55.53%）	167（35.53%）	470
3000～7000元	234（60.47%）	123（31.78%）	387
20000以上	19（73.08%）	7（26.92%）	26
家庭经常购物者	433（60.73%）	229（32.12%）	713
家庭非经常购物者	153（48.42%）	123（38.92%）	316
在家自己做饭	390（57.86%）	223（33.09%）	674
餐馆或食堂就餐	196（55.21%）	129（36.34%）	355
购买食盐很随意	183（39.19%）	213（45.61%）	467
购买食盐目标明确	218（73.15%）	67（22.48%）	298
比较后购买食盐	185（70.08%）	72（27.27%）	264

3. 消费者对不同种类食盐的认知

调研结果显示，消费者对海盐的认知度最高，79.98%的消费者表示知道海盐。其次是湖盐，比例为38.58%，比海盐低41.40%。知道井矿盐的消费者占32.65%，还有17.49%的消费者表示都不知道（见表6－47）。

表6－47　消费者对不同种类食盐的认知

选项	样本数	比例（%）
井矿盐	336	32.65
海盐	823	79.98
湖盐	397	38.58
都不知道	180	17.49
合计	1029	100

高学历、高收入的群体，对湖盐认知度较高（见表6－48）。

表6－48　对湖盐认知度较高的消费者群体特征

选项	井矿盐	海盐	湖盐	都不知道	样本数
大学/大专/15001～20000元	7（53.85%）	12（92.31%）	10（76.92%）	1（7.69%）	13
研究生及以上/7001～10000元	16（55.17%）	24（82.76%）	16（55.17%）	5（17.24%）	29
研究生及以上/10001～15000元	17（62.96%）	24（88.89%）	17（62.96%）	3（11.11%）	27
研究生及以上/15001～20000元	4（57.14%）	7（100.00%）	4（57.14%）	0（0.00%）	7
研究生及以上/20000以上	4（44.44%）	5（55.56%）	5（55.56%）	3（33.33%）	9

重点调研地区消费者对湖盐的认知度相对较低，均与消费者对海盐的认知度相差很多，与井矿盐比较接近（见表6－49）。

表6－49　重点调研地区消费者对湖盐的认知度

选项	井矿盐	海盐	湖盐	都不知道	样本数
北京	79（50.64%）	129（82.69%）	77（49.36%）	19（12.18%）	156
河北	70（23.89%）	223（76.11%）	93（31.74%）	65（22.18%）	293
黑龙江	6（46.15%）	12（92.31%）	5（38.46%）	1（7.69%）	13
吉林	54（26.73%）	155（76.73%）	59（29.21%）	43（21.29%）	202

续表

选项	井矿盐	海盐	湖盐	都不知道	样本数
辽宁	22（30.14%）	61（83.56%）	24（32.88%）	11（15.07%）	73
内蒙古	22（31.88%）	61（88.41%）	41（59.42%）	7（10.14%）	69
天津	10（47.62%）	16（76.19%）	9（42.86%）	2（9.52%）	21

4. 消费者通常购买食盐的场所

大型超市和便利店是消费者购买食盐的主要场所，有77.75%和60.74%的消费者在大型超市和便利店购买食盐，通过其他渠道购买过食盐的消费者占3.11%，网上购买食盐的消费者还很少，只有2.43%的消费者在网上购买过食盐（见表6－50）。

表6－50　消费者通常购买食盐的场所

选项	样本数	比例（%）
大型超市	800	77.75
便利店	625	60.74
网上购买	25	2.43
其他	32	3.11
合计	1029	100

5. 消费者购买食盐优先考虑的因素

在给出的因素选项中，选择“品质质量”的消费者有70.85%；其次是“认证标志”，44.90%；价格因素排在了第三，为39.36%。其他依次是：商家信誉，30.22%；产品品牌，29.93%；外观（包括包装），22.64%；购买环境，20.6%；广告宣传，5.44%（见表6－51）。

表6－51　消费者购买食盐优先考虑的因素

排序	选项	样本数	比例（%）
1	品质质量	729	70.85
2	认证标志	462	44.9
3	价格	405	39.36
4	商家信誉	311	30.22
5	产品品牌	308	29.93

续表

排序	选项	样本数	比例（%）
6	外观（包括包装）	233	22.64
7	购买环境	212	20.6
8	广告宣传	56	5.44

按照选择不同因素的消费者对湖盐的认知程度，排序如下：选择“认证标志”的消费群体，对湖盐的认知度最高，为49.57%。其他依次是：商家信誉、品质质量、产品品牌、广告宣传、外观（包括包装）、购买环境、价格（见表6－52）。

表6－52　选择不同因素的消费者对湖盐的认知程度

选项	湖盐	样本数
认证标志	229（49.57%）	462
商家信誉	138（44.37%）	311
品质质量	312（42.80%）	729
产品品牌	128（41.56%）	308
广告宣传	23（41.07%）	56
外观（包括包装）	89（38.20%）	233
购买环境	79（37.26%）	212
价格	148（36.54%）	405

6. 消费者对不同食盐品牌的了解情况和购买情况

食盐的十大品牌，知道“中盐”的消费者占绝大多数，比例为66.28%。为了对比，我们把“母亲湖”和“大青盐”作为选项同时做了调研，有4.08%的消费者知道“母亲湖”牌食盐，有18.08%的消费者知道“大青盐”。

消费者目前购买的食盐也以“中盐”为主，比例为59.28%。目前购买“母亲湖”牌食盐的消费者占1.65%，购买“大青盐”的消费者占8.65%（见表6－53）。

表6－53　消费者对不同食盐品牌的了解情况和购买情况

选项	是否知道	目前购买
中盐	682（66.28%）	610（59.28%）
淮牌	110（10.69%）	67（6.51%）

续表

选项	是否知道	目前购买
鲁晶	135（13.12%）	87（8.45%）
自流井	65（6.32%）	28（2.72%）
雪天	78（7.58%）	41（3.98%）
粤盐	59（5.73%）	36（3.5%）
迎客松	63（6.12%）	38（3.69%）
晶心	145（14.09%）	82（7.97%）
白象	83（8.07%）	46（4.47%）
芦花	79（7.68%）	39（3.79%）
母亲湖	42（4.08%）	17（1.65%）
大青盐	186（18.08%）	89（8.65%）
其他	208（20.21%）	198（19.24%）

7. 取消食盐产销区域限制后，消费者购买其他品牌食盐的意愿

取消食盐产销区域限制后，85.03%的消费者表示愿意购买其他品牌的食盐（见表6－54）。

表6－54　消费者是否愿意购买尝试其他品牌的食盐的情况

选项	样本数	比例（%）
愿意	875	85.03
不愿意	154	14.97
合计	1029	

能够促使消费者购买其他品牌食盐的因素，消费者最为看重“商家信誉”，其比例为44.22%。其他因素依次为：购买便利，36.35%；亲身体验，33.82%；朋友推荐，33.72%；价格便宜，31.1%；除非原来品牌出现质量问题，否则不更换，18.08%；广告宣传，17.59%；包装新颖，15.94%；其他原因，6.9%（见表6－55）。

表6－55　能够促使消费者购买其他品牌食盐的原因

选项	样本数	比例（%）
商家信誉	455	44.22
购买便利	374	36.35
亲身体验	348	33.82

续表

选项	样本数	比例（%）
朋友推荐	347	33.72
价格便宜	320	31.1
除非原来品牌出现质量问题，否则不更换	186	18.08
广告宣传	181	17.59
包装新颖	164	15.94
其他原因	71	6.9
合计	1029	

三、额吉淖尔大青盐（母亲湖牌）消费者购买意愿研究

在问卷中，我们选择额吉淖尔大青盐（母亲湖牌）产品做了客观简要介绍，具体描述如下：

内蒙古锡林郭勒盟“额吉淖尔大青盐”是最早获得“中国地理标志”认证的食用盐。额吉淖尔盐湖地处草原腹地，周边几百千米内无任何工厂，只是一望无际的草原和湛蓝清澈的盐湖，保证了额吉淖尔大青盐不会受到任何污染，保证了大青盐的纯天然品质。

“额吉淖尔大青盐”绿色原生态，色美味醇，富含钙、镁、铜、铁、锌、硒等多种微量元素，是不可多得的享誉国内外珍贵盐品。大青盐早在《五十二病方》中已供药用，历史悠久，是唯一被《中华人民共和国药典》2010年版收载的食用盐。

1. 消费者对额吉淖尔大青盐（母亲湖牌）的认知

听说过额吉淖尔大青盐的消费者只有18.27%，如果仅考虑内蒙古之外的省份，有15.83%的消费者听说过额吉淖尔大青盐。在食盐产销区域限制背景下，这一比例也不算低。另外，81.73%的消费者表示没有听说过（见表6－56）。

表6－56　消费者是否听说过额吉淖尔大青盐（母亲湖牌）

选项	样本数	比例（%）
是	188	18.27
否	841	81.73
合计	1029	

听说过额吉淖尔大青盐的消费者中，内蒙古占的比例最高，有52.17%的消费者表示听说过额吉淖尔大青盐。但是，在内蒙古仍有47.83%的消费者没有听说过额吉淖尔大青盐，这一比例有些过高。

我们重点关注的京津冀、黑吉辽地区的情况是：听说过额吉淖尔大青盐的消费者，北京12.18%，天津23.81%，河北18.43%，黑龙江7.69%，吉林16.34%，辽宁15.07%（见表6－57）。

表6－57　重点调研地区消费者是否听说过额吉淖尔大青盐（母亲湖牌）

选项	是	否	样本数
内蒙古	36（52.17%）	33（47.83%）	69
天津	5（23.81%）	16（76.19%）	21
河北	54（18.43%）	239（81.57%）	293
吉林	33（16.34%）	169（83.66%）	202
辽宁	11（15.07%）	62（84.93%）	73
北京	19（12.18%）	137（87.82%）	156
黑龙江	1（7.69%）	12（92.31%）	13
山东	10（25.64%）	29（74.36%）	39

2. 消费者对额吉淖尔大青盐的感受

根据调研，消费者对额吉淖尔大青盐的感受偏向良好，只有18.76%的消费者选择了“说不清”。选择“从不知道还有这么好的盐”的消费者占6.71%，选择“挺好”的消费者占36.25%，选择“还可以”的消费者占38.29%（见表6－58）。

表6－58　消费者对额吉淖尔大青盐的感受

选项	样本数	比例（%）
挺好	373	36.25
还可以	394	38.29
说不清	193	18.76
从不知道还有这么好的盐	69	6.71
合计	1029	

京津冀、黑吉辽地区的消费者，消费者对额吉淖尔大青盐的感受偏向良好，京津冀三地的比例较为接近（见表6－59）。

表 6－59　京津冀、黑吉辽地区消费者对额吉淖尔大青盐的感受

选项	挺好	从不知道还有这么好的盐	合计（%）
北京	62（39.74%）	11（7.05%）	46.79
天津	9（42.86%）	0（0.00%）	42.86
河北	107（36.52%）	25（8.53%）	45.05
黑龙江	6（46.15%）	0（0.00%）	46.15
吉林	62（30.69%）	12（5.94%）	36.63
辽宁	36（49.32%）	6（8.22%）	57.54

3. 消费者对购买额吉淖尔大青盐的态度

表示愿意购买额吉淖尔大青盐的消费者比例很高，为 87.17%（见表 6－60）。京津冀、黑吉辽地区的消费者，也均有超过 80% 愿意购买额吉淖尔大青盐（见表 6－61）。

表 6－60　消费者是否愿意购买额吉淖尔大青盐

选项	样本数	比例（%）
愿意	897	87.17
不愿意	132	12.83

表 6－61　京津冀、黑吉辽地区消费者是否愿意购买额吉淖尔大青盐

选项	愿意	不愿意	样本数
北京	129（82.69%）	27（17.31%）	156
天津	18（85.71%）	3（14.29%）	21
河北	259（88.40%）	34（11.60%）	293
黑龙江	12（92.31%）	1（7.69%）	13
吉林	169（83.66%）	33（16.34%）	202
辽宁	66（90.41%）	7（9.59%）	73

四、消费者对额吉淖尔大青盐（普通食盐）的意愿支付价格

多数消费者认为目前市场上普通食盐的价格（每袋 2.5 元/400 克）一般，这部分消费者占 64.33%。13.80% 消费者认为目前市场上普通食盐的价格（每袋 2.5 元/400 克）比较便宜和很便宜，21.87% 消费者认为目前市场上普通食盐的价格（每袋 2.5 元/400 克）比较贵和很贵（见表 6－62）。

表 6-62　消费者对目前市场上普通食盐的价格（每袋 2.5 元/400 克）的接受程度

选项	样本数	比例（%）
很贵	40	3.89
比较贵	185	17.98
一般	662	64.33
比较便宜	112	10.88
很便宜	30	2.92
合计	1029	

对于额吉淖尔大青盐（普通食盐），74.93% 的消费者选择了 3 元以下，选择 3 元以上的消费者只有 25.07%（见表 6-63）。

如果以每个价格区间的最高价作为基数，最高不超过 10 元进行加权计算，额吉淖尔大青盐（普通食盐）的最高价格为 3.37 元。即如果目前额吉淖尔大青盐（普通食盐）2.5 元/400 克，在市场上最多还有 34.8% 的提价空间。

同样，我们测算了京津冀、黑吉辽和内蒙古地区的额吉淖尔大青盐消费者意愿支付最高价格，天津最高，为 3.85 元，提价空间为 54%；河北最低，为 3.18 元，提价空间为 27.2%（见表 6-64）。

我们对不同特性的消费者群体购买额吉淖尔大青盐的意愿支付最高价格也做了测算，结果如下：

1. 不同收入的消费者购买额吉淖尔大青盐的意愿支付最高价格。总体来看，收入越高，意愿支付价格越高。收入 7000 元以上的消费者群体，意愿支付最高价格均超过了基础价格的 50% 以上。收入 15001～20000 元的消费者群体，意愿支付价格为 4.81 元，提价空间为 92.4%（见表 6-65）。

2. 购买食盐时优先考虑产品品牌的消费者，购买额吉淖尔大青盐的意愿支付价格为 3.66 元，提价空间为 46.4%。其次为优先考虑商家信誉的消费者，购买额吉淖尔大青盐的意愿支付价格为 3.53 元，提价空间为 41.2%。选择优先考虑广告宣传的消费者，购买额吉淖尔大青盐的意愿支付价格也较高，为 3.53 元，提价空间为 40.4%（见表 6-66）。

表 6－63　消费者购买额吉淖尔大青盐愿意接受的最高价格区间

价格区间	2.5 元以下	2.5～3 元	3～4 元	4～5 元	5～6 元	6～7 元	7～8 元	8～9 元	9 元以上
样本数	326	445	123	66	33	13	7	7	9
比例（%）	31.68	43.25	11.95	6.41	3.21	1.26	0.68	0.68	0.87

表 6－64　重点调研地区消费者购买额吉淖尔大青盐的意愿支付最高价格

选项	2.5 元以下	2.5～3 元	3～4 元	4～5 元	5～6 元	6～7 元	7～8 元	8～9 元	9 元以上	最高意愿价格（元）	提价比例（%）
北京	34（21.79%）	68（43.59%）	26（16.67%）	13（8.33%）	3（1.92%）	2（1.28%）	6（3.85%）	2（1.28%）	2（1.28%）	3.69	47.6
河北	116（39.59%）	123（41.98%）	24（8.19%）	16（5.46%）	10（3.41%）	0（0.00%）	0（0.00%）	1（0.34%）	3（1.02%）	3.18	27.2
黑龙江	3（23.08%）	4（30.77%）	3（23.08%）	1（7.69%）	2（15.38%）	0（0.00%）	0（0.00%）	0（0.00%）	0（0.00%）	3.73	49.2
吉林	63（31.19%）	94（46.53%）	22（10.89%）	9（4.46%）	7（3.47%）	4（1.98%）	0（0.00%）	2（0.99%）	1（0.50%）	3.32	32.8
辽宁	28（38.36%）	30（41.10%）	6（8.22%）	4（5.48%）	4（5.48%）	0（0.00%）	0（0.00%）	0（0.00%）	1（1.37%）	3.26	30.4
内蒙古	20（28.99%）	34（49.28%）	7（10.14%）	3（4.35%）	1（1.45%）	3（4.35%）	0（0.00%）	0（0.00%）	1（1.45%）	3.36	34.4
天津	6（28.57%）	7（33.33%）	1（4.76%）	4（19.05%）	0（0.00%）	3（14.29%）	0（0.00%）	0（0.00%）	0（0.00%）	3.85	54

表 6－65　不同收入的消费者购买额吉淖尔大青盐的意愿支付最高价格

选项	2.5 元以下	2.5～3 元	3～4 元	4～5 元	5～6 元	6～7 元	7～8 元	8～9 元	9 元以上	最高意愿价格（元）	提价比例（%）
3000 元以下	182（38.72%）	206（43.83%）	46（9.79%）	18（3.83%）	11（2.34%）	4（0.85%）	0（0.00%）	2（0.43%）	1（0.21%）	3.13	25.2
3000～7000 元	113（29.20%）	176（45.48%）	48（12.40%）	28（7.24%）	11（2.84%）	6（1.55%）	1（0.26%）	2（0.52%）	2（0.52%）	3.35	34.0
7001～10000 元	18（22.78%）	28（35.44%）	15（18.99%）	8（10.13%）	4（5.06%）	1（1.27%）	3（3.80%）	0（0.00%）	2（2.53%）	3.84	53.6
10001～15000 元	8（17.78%）	18（40.00%）	7（15.56%）	6（13.33%）	3（6.67%）	0（0.00%）	1（2.22%）	2（4.44%）	0（0.00%）	3.91	56.4
15001～20000 元	2（9.09%）	7（31.82%）	5（22.73%）	1（4.55%）	2（9.09%）	1（4.55%）	2（9.09%）	0（0.00%）	2（9.09%）	4.81	92.4
20000 元以上	3（11.54%）	10（38.46%）	2（7.69%）	5（19.23%）	2（7.69%）	1（3.85%）	0（0.00%）	1（3.85%）	2（7.69%）	4.55	82.0

表 6-66 购买食盐时优先考虑不同因素的消费者购买额吉淖尔大青盐的意愿支付最高价格

选项	2.5 元以下	2.5~3 元	3~4 元	4~5 元	5~6 元	6~7 元	7~8 元	8~9 元	9 元以上	最高意愿价格（元）	提价比例（%）
价格	162（40.00%）	169（41.73%）	39（9.63%）	18（4.44%）	9（2.22%）	5（1.23%）	2（0.49%）	0（0.00%）	1（0.25%）	3.14	25.6
外观（包括包装）	80（34.33%）	95（40.77%）	18（7.73%）	21（9.01%）	9（3.86%）	3（1.29%）	3（1.29%）	3（1.29%）	1（0.43%）	3.42	36.8
品质质量	216（29.63%）	322（44.17%）	92（12.62%）	50（6.86%）	23（3.16%）	7（0.96%）	6（0.82%）	6（0.82%）	7（0.96%）	3.40	36.0
认证标志	141（30.52%）	206（44.59%）	51（11.04%）	30（6.49%）	14（3.03%）	5（1.08%）	7（1.52%）	4（0.87%）	4（0.87%）	3.41	36.4
购买环境	62（29.25%）	92（43.40%）	25（11.79%）	14（6.60%）	10（4.72%）	2（0.94%）	3（1.42%）	3（1.42%）	1（0.47%）	3.47	38.8
商家信誉	86（27.65%）	140（45.02%）	36（11.58%）	21（6.75%）	9（2.89%）	5（1.61%）	6（1.93%）	3（0.96%）	5（1.61%）	3.53	41.2
广告宣传	14（25.00%）	27（48.21%）	2（3.57%）	5（8.93%）	8（14.29%）	0（0.00%）	0（0.00%）	0（0.00%）	0（0.00%）	3.51	40.4
产品品牌	67（21.75%）	134（43.51%）	47（15.26%）	30（9.74%）	14（4.55%）	4（1.30%）	3（0.97%）	5（1.62%）	4（1.30%）	3.66	46.4

3. 不同选择习惯的消费者，以“比较后购买”这一群体的意愿支付价格为最高，购买额吉淖尔大青盐的最高意愿支付价格为3.55元，提价空间为42%；选择食盐“目标明确”的消费群体，购买额吉淖尔大青盐的最高意愿支付价格为3.35元，提价空间为34%；选择食盐“很随意”的消费群体，购买额吉淖尔大青盐的最高意愿支付价格为3.28元，提价空间为31.2%（见表6－67）。

4. 受不同因素影响的消费者购买额吉淖尔大青盐的意愿支付最高价格，以“广告宣传”“亲身体验”“包装新颖”三者为最高，最高意愿支付价格超过了4元，提交空间超过了40%。另外，看重“商家信誉”和“朋友推荐”这两个因素的消费群体的意愿支付价格也很高，提价空间达到38.4%（见表6－68）。

表6－67　不同选择习惯的消费者购买额吉淖尔大青盐的意愿支付最高价格

选项	很随意	目标明确	比较后购买
2.5元以下	169（36.19%）	85（28.52%）	72（27.27%）
2.5～3元	194（41.54%）	145（48.66%）	106（40.15%）
3～4元	50（10.71%）	35（11.74%）	38（14.39%）
4～5元	25（5.35%）	14（4.70%）	27（10.23%）
5～6元	15（3.21%）	8（2.68%）	10（3.79%）
6～7元	6（1.28%）	4（1.34%）	3（1.14%）
7～8元	2（0.43%）	2（0.67%）	3（1.14%）
8～9元	3（0.64%）	0（0.00%）	4（1.52%）
9元以上	3（0.64%）	5（1.68%）	1（0.38%）
最高意愿价格（元）	3.28	3.35	3.55
提价比例（%）	31.2	34.0	42.0

表 6-68　受不同因素影响的消费者购买额吉淖尔大青盐的意愿支付最高价格

选项	2.5 元以下	2.5~3 元	3~4 元	4~5 元	5~6 元	6~7 元	7~8 元	8~9 元	9 元以上	最高意愿价格（元）	提价比例（%）
价格便宜	144（45.00%）	127（39.69%）	28（8.75%）	12（3.75%）	4（1.25%）	4（1.25%）	0（0.00%）	0（0.00%）	1（0.31%）	3.04	21.6
包装新颖	56（34.15%）	70（42.68%）	9（5.49%）	9（5.49%）	7（4.27%）	4（2.44%）	6（3.66%）	3（1.83%）	0（0.00%）	3.51	40.4
广告宣传	41（22.65%）	79（43.65%）	26（14.36%）	18（9.94%）	8（4.42%）	4（2.21%）	2（1.10%）	2（1.10%）	1（0.55%）	3.61	44.4
购买便利	122（32.62%）	166（44.39%）	48（12.83%）	16（4.28%）	9（2.41%）	4（1.07%）	3（0.80%）	4（1.07%）	2（0.53%）	3.31	32.4
商家信誉	124（27.25%）	211（46.37%）	53（11.65%）	33（7.25%）	12（2.64%）	7（1.54%）	6（1.32%）	4（0.88%）	5（1.10%）	3.46	38.4
亲身体验	91（26.15%）	155（44.54%）	43（12.36%）	23（6.61%）	15（4.31%）	6（1.72%）	7（2.01%）	5（1.44%）	3（0.86%）	3.57	42.8
朋友推荐	85（24.50%）	166（47.84%）	45（12.97%）	26（7.49%）	11（3.17%）	5（1.44%）	3（0.86%）	5（1.44%）	1（0.29%）	3.46	38.4
除非原来品牌出现质量问题，否则不更换	70（37.63%）	77（41.40%）	16（8.60%）	10（5.38%）	5（2.69%）	5（2.69%）	0（0.00%）	0（0.00%）	3（1.61%）	3.31	32.4
其他原因	20（28.17%）	32（45.07%）	7（9.86%）	8（11.27%）	3（4.23%）	0（0.00%）	0（0.00%）	1（1.41%）	0（0.00%）	3.39	35.6

第四节　食盐产品优势研究（以额吉淖尔大青盐为例）

一、额吉淖尔大青盐的外部环境优势

1. 草原盐湖与其他企业资源比较差异性明显

目前，我国现已取得食盐定点生产许可证的企业共有99家，其中海盐定点生产企业34家，湖盐定点生产企业19家，井矿盐定点生产企业46家。湖盐定点生产企业较少。

从目前食盐市场销售的食盐来看，井矿盐和海盐较多，湖盐较少。海盐以海水（含沿海地下卤水）为原料晒制成的盐，海水中的总盐度为3.5%，浓度为3.5波美度左右，海盐生产一般采用日晒法。井矿盐资源分为埋藏在地下的固体石盐和液体卤水，目前国内外开采岩盐矿床比较普遍采用对流法。湖盐是第四纪以来可溶盐分聚于成盐盆地，矿化水经过浓缩，盐类矿物逐渐沉积而形成的矿床，湖盐分为原生盐和再生盐，主要采用采掘法或滩晒法生产。因此，从原盐本身的形成、所处的生态环境和采取的生产方法来看，相对来说湖盐所受的可能性污染源较少。

在19家湖盐定点生产企业中，仅有额吉淖尔盐湖居于草原深处，在2000多年前，我国汉书地理史上便有过盐湖的记载，在辽代时期已经被人类开发利用，当时称大盐泺（广济湖），以盛产晶莹透彻、色美味厚的大青盐而驰名中外。

综上所述，额吉淖尔大青盐与井矿盐、海盐和其他湖盐相比较，具有无可比拟的特色优势，差异性比较明显。

2. 市场对认证产品比较认可

地理标志产品通常指产自特定地域，所具有的质量、声誉或其他特性本质上取决于该产地的自然因素和人文因素，经审核批准以地理名称进行命名的产品。我国从2005年7月15日开始实行《地理标志产品保护规定》，申请地理标志保护的产品应当符合安全、卫生、环保的要求，对环境、生态、资源可能产生危害的产品，不予受理和保护。

2015年，额吉淖尔大青盐获批“中国地理标志产品”，获得地理标志产品专用标志的使用权，更加突出了额吉淖尔大青盐的独特性以及在安

全、卫生、环保方面的优势。目前，我国食盐产品获得“中国地理标志产品”认证的极少，消费者对获得认证的产品也极其认可。

3. 绿色消费心理占绝对比重

绿色消费以有益健康和保护生态环境为基本内涵，是符合人的健康和环境保护标准的各种消费行为和消费方式的统称。绿色消费是当今社会的一大热点话题，是一种具有生态意识的、高层次的理性消费行为。2016 年国家发展改革委员会、中宣部、科技部等十部门出台了《关于促进绿色消费的指导意见》，鼓励绿色产品消费。

从调研来看，消费者在食盐产品的标识信息中，对“是否有绿色产品/无公害产品/有机产品标识”尤其关注，平均综合得分为 3. 81，说明消费者在食盐消费中同样非常关注产品品质、健康和标准等因素。在消费者对食盐产品的消费心理调研中，有 62. 25% 的被调查者在购买食盐产品时持有的是绿色消费心理，进一步说明大多数消费者很重视健康安全和环境保护问题。额吉淖尔大青盐天然、绿色、无污染的品质，迎合了当前绿色消费趋势。

4. 重点调研地区对湖盐的认知度高于井矿盐

在所有被调研者中，消费者对湖盐的认知度高于井矿盐，38. 58% 的消费者表示知道湖盐，知道井矿盐的消费者占 32. 65%（但和海盐相比还有很大差距，79. 98% 的消费者表示知道海盐）。

在重点调研地区，河北、吉林、内蒙古、辽宁的消费者对湖盐的认知度高于井矿盐，北京、天津的消费者对湖盐的认知度略低于井矿盐。北京、天津和内蒙古等地知道湖盐的消费者超过了 40%。

5. 绝大多数消费者愿意购买大青盐

在所有被调研者中，目前购买的食盐也以“中盐”为主，比例为 59. 28%。目前购买“母亲湖”牌食盐的消费者占 1. 65%，购买“大青盐”的消费者占 8. 65%。听说过额吉淖尔大青盐的消费者只有 18. 27%，如果仅考虑内蒙古之外的省份，有 15. 83% 的消费者听说过额吉淖尔大青盐。

当我们把额吉淖尔大青盐的有关产品特征向消费者介绍之后，消费者对额吉淖尔大青盐的感受偏向良好，表示愿意购买额吉淖尔大青盐的消费者比例很高，为 87. 17%。京津冀、黑吉辽地区的消费者，也均有超过

80%的消费者愿意购买额吉淖尔大青盐。

二、额吉淖尔大青盐的内部环境优势

1. 老品牌积淀了一定的知名度和美誉

额吉淖尔盐湖，汉代的《汉书·地理志》中已有记载，称其为青盐泽。金代以后称达布苏池，蒙语意为“盐池”，辽代称为广济湖。

额吉淖尔的湖盐开采始于隋唐，以盛产色青味醇的大青盐而闻名于世。额吉淖尔盐场始建于1946年，70年来一直精心致力于盐产品的开采与研发，公司所持有的“母亲湖”牌商标为自治区著名商标、诚信品牌，“母亲湖”牌大青盐是获得“中国地理标志产品”认证的产品，被内蒙古及周边地区广大消费者接受并喜爱。因此，“母亲湖”牌前期积淀的品牌知名度和美誉度为额吉淖尔大青盐打下了良好的基础。额吉淖尔盐湖，与阿拉善盟的吉兰泰盐湖、布赖盐湖，并称内蒙古三大（湖）盐场，但其规模小于后两者。

2. 最早取得“中国地理标志产品”认证

随着我国经济迅猛发展、人民生活水平不断提高，人们的饮食消费逐渐对质量和品牌提出了更高的要求，个性化以及多样化方面的期望也不断得到增强。“中国地理标志产品”认证可迅速提升产品的市场竞争力，促进特色产业及产品良性健康发展。

额吉淖尔大青盐是最早获得“中国地理标志产品”认证的产品，其独特的气候条件、地貌特征以及悠久的采盐历史等特点，为额吉淖尔大青盐的生产提供了得天独厚的环境条件和社会条件。目前，“生态”“有机”“绿色”内涵及标准的市场认证需求日趋突出，资源的可持续利用和环保理念等逐渐成为一种新的消费理念，从产品品牌中领略、体味文化成为消费者的明显追求。因此，额吉淖尔大青盐从品牌或产品认证的角度来看，已经占据先机。

3. 厚德载物、健康安全是企业的核心价值观

国有企业作为全面建设中国特色社会主义的重要支柱，要实现可持续健康发展，不断提高综合竞争能力，必须要在注重硬实力的同时也要注重软实力的建设，要勇于承担起国有企业的经济责任、政治责任和社会责任，发挥示范和表率作用。根据课题组对9家生产企业和8家流通企业的

调查数据显示，食盐经营主体由于社会责任意识强，履行社会责任成绩突出，在地区公众心目中具有良好的品牌口碑和企业形象。

额吉淖尔盐场秉承“厚德载物、健康安全”的企业核心价值观，重视企业责任，坚持合作共赢，要像草原一样容养万物，容纳百川。额吉淖尔盐场崇尚人与自然和谐共生，确保食盐质量安全和供应安全，力求让母亲湖的恩泽惠及人们的健康生活。这些充分体现了在食盐流通市场放开后，额吉淖尔盐场在加强软实力建设和提高综合竞争能力上做了充分准备。

4. 大青盐绿色健康品质

“绿色大草原，健康大青盐”，来自草原深处的绿色健康大青盐，拥有其他盐品无可比拟的卓越品质。食盐的基本属性是食品，其不可或缺性和不可替代性决定了食盐产品具有一定的垄断性。在食盐市场化改革过程中，额吉淖尔大青盐独特的卓越品质，只会使这一垄断性加强，而不是减弱。

面对到来的市场化改革，要转变观念，推进食盐经营专业化和盐业发展多元化。额吉淖尔大青盐作为独特的盐品供应商，对食盐及其关联产品的品种、价格、渠道、销量等市场情况较为熟悉，在食盐市场化改革过程中既要坚持转型不转行，牢牢把握最为熟悉的食盐产品及其关联产品，又要结合自身实力、地域特点等，在转型过程中做好绿色、健康这篇大文章，不断开发新的利润增长点。

5. 差异化产品结构初步形成

经过近 30 年的发展建设，额吉淖尔盐场的产品涵盖了食用盐、畜牧盐和工业盐三大系列，30 多个品种。总体来看，额吉淖尔大青盐具备了基本的产品结构，在进一步凸显额吉淖尔大青盐绿色健康品质的高附加值和体现核心竞争优势的产品方面，企业具有了良好的基础。

第七章

食盐产品市场营销策略
——对额吉淖尔大青盐的个案研究

第一节　食盐产品策略

基于企业实际、目标市场需求以及市场竞争情况，突出额吉淖尔大青盐绿色健康品质，对产品结构现状、产品组合设计、新产品开发和品牌策略等进行研究。

一、额吉淖尔大青盐产品结构现状

经过近30年的发展建设，额吉淖尔盐场的产品涵盖了食用盐、畜牧盐和工业盐三大系列，30多个品种。通过对企业现有产品结构的梳理（见表7－1）可以发现，目前企业产品结构方面有进一步拓展的空间，并以此作为优化企业产品组合设计的基础。

表7－1　“母亲湖”牌大青盐产品结构

现有产品系列				
食用盐		家用盐产品	畜牧盐	工业盐
普通食用盐	多样化营养盐			
优选大清盐	拌菜大青盐	果蔬洗涤盐	牧业专用精制盐	
天然湖盐	炖肉大青盐		矿物质饲料盐粉	
湖水晶盐			矿物质饲料舔块	
低钠盐				

总体来看，额吉淖尔大青盐具备了基本的产品结构。但是，同国内其他盐业企业相比较，产品结构还比较简单，产品种类较少。在进一步凸显

额吉淖尔大青盐绿色健康品质的高附加值和体现核心竞争优势的产品方面，企业发展的空间还很大。

企业目前产品结构中，低端的普通食用盐产品占据了较高的比例。考虑到普通的食盐消费者在需求方面具有较强的同质化特征，企业提供1～2种能满足消费者基础调味需求的普通食用盐产品是十分必要的，这部分产品面向大众食盐消费市场，不考虑消费者的个性化和差异化的需求问题，满足的是中低端市场对食盐产品的基础性需求。

通过对企业目前主要的销售区域（蒙、黑、吉、辽、京、津、冀等地区）的市场调查情况来看，不同地区消费者对食盐产品的需求是存在一定差异的，对“母亲湖”牌大青盐的需求及认知方面也存在不同，企业产品结构及优化设计必须考虑地区的差异及食盐市场的总体发展趋势。

鉴于本研究主要是为解决企业消费者市场的竞争和发展问题，所以后续的相关策略设计也主要针对与个人和家庭用户需求有关的食盐产品展开，暂不考虑工业盐部分。

二、额吉淖尔大青盐产品的优化组合设计

基于上述对企业产品的梳理和分析，提出如下产品优化思路：以额吉淖尔盐场现有产品为基础，丰富食用盐和家用盐产品系列，适时扩展经营范围，推出保健美容系列产品和旅游产品，丰富产品结构，形成多元化的产品布局。在此基础上，提出如下产品优化组合的设计方案，具体见表7－2。

表7－2 额吉淖尔盐场优化产品组合结构示意表

产品系列						
食用盐（母亲湖牌）		家用盐产品（母亲牌或额吉牌）	畜牧盐（额吉淖尔牌）	保健美容盐（母亲牌或额吉牌）	母亲湖旅游产品	工业盐
普通食用盐	营养盐					
优选大清盐	儿童成长多营养盐	果蔬洗涤盐	牧业专用精制盐	大青盐足浴盐	体验店	
天然湖盐	中老年保健盐	家庭软化水用盐	矿物质饲料盐粉	大青盐沐浴盐	大青盐礼盒	
湖水晶盐	复合维生素盐		矿物质饲料舔块	大青盐洗面奶	娱乐项目	
低钠盐	孕妇专用盐			大青盐面膜	餐饮	

续表

产品系列						
食用盐（母亲湖牌）		家用盐产品（母亲牌或额吉牌）	畜牧盐（额吉淖尔牌）	保健美容盐（母亲牌或额吉牌）	母亲湖旅游产品	工业盐
普通食用盐	营养盐					
	核黄素盐			大青盐牙膏	住宿	
	拌菜盐（五香辣味、麻辣盐、芝麻盐、虾味盐、蒜味盐等）			大青盐漱口水		
	五行吉祥盐					

三、额吉淖尔大青盐新产品开发

1. 营养盐产品

正常情况下，人体所需的各种营养元素可以从日常食物中摄取，但由于地域、饮食习惯等方面原因，一部分人缺乏维生素及钙、铁、锌等微量元素，有必要进行强化补充。

以食用盐为载体补充营养元素，不仅科学有效，而且经济实用，这也是国内外营养专家称道的“食盐补给”方法。未来必然会对普通食盐市场造成一定的冲击，是普通食盐市场不容忽视的替代市场。但是，这类产品本质功能并未发生改变，无法从整体上扩大市场的需求总量，且目前企业间在这类产品上的竞争十分激烈。基于以上情况，建议本企业在开发此类产品时，要立足于目标市场的消费行为和消费模式开展相关设计。营养盐开发创意见表 7－3。

表 7－3　营养盐开发创意

目标群体	满足的需求	产品差异化重点	差异化具体内容	产品名称	开发时间
拥有 12 岁以下儿童的家庭	补充儿童成长所需微量元素	营养成分	锌、钙等元素	母亲湖牌儿童成长多营养盐	优先开发
讲究健康生活的中老年家庭	补充中老年所需微量元素		低钠、葡萄糖酸锌、铁化合物、硒、钙等	母亲湖牌中老年保健盐	优先开发
维生素缺乏人群	补充维生素		复合维生素	母亲湖牌复合维生素盐	备选

续表

目标群体	满足的需求	产品差异化重点	差异化具体内容	产品名称	开发时间
孕妇家庭	补充孕妇所需特殊营养	营养成分	低钠、烟酸、葡萄糖酸锌等	母亲湖牌孕妇专用盐	备选
经常患口腔溃疡的人	口腔溃疡防止和治疗		维生素 B2	母亲湖牌核黄素盐	备选
有拌菜需求的家庭	拌菜只需一勺盐，不用添加其他调味品。	一拌完成、美化菜品味道	在精盐中加入芝麻、辣椒、五香面、虾米粉、花椒面、大蒜粉等不同香料	母亲湖牌拌菜盐（五香辣味、麻辣盐、芝麻盐、虾味盐、蒜味盐等）	优先开发
年轻无子女的白领家庭	追求个性和生活情调	包装和使用场合差异化	开发金、木、水、火、土五行吉祥盐	母亲湖牌五行吉祥盐	作为旅游产品配套礼品开发
餐饮企业	腌制食品炖汤、炖菜调制各种面食等	大包装	成本低廉、抗结块且易于贮存	母亲湖牌大青盐	备选

2. 家庭日用盐产品

家庭日用盐产品属于需求差异性较大的商品，产品附加值高，市场空间大。企业可考虑在确保企业食用盐产品市场份额稳定的前提下，利用自身的优势资源，进一步开发家庭日用盐产品，以满足日益增长的多样性市场需求。

3. 保健美容系列产品

随着我国人民生活水平的提高及消费者行为模式的变化，美容保健类多品种盐市场成为发展迅速的新兴市场。结合本企业大青盐独特的药用特性、健康品质，加大大青盐产品保健价值的开发力度，推出美容保健系列产品可作为企业多元化经营、扩大市场、打造品牌影响力的策略选择。可考虑的创意方案见表 7 – 4。

表 7 – 4 保健美容系列产品创意

目标群体	满足的需求	产品差异化重点	产品名称
中等收入爱美人群	保健	绿色纯天然保健品	“母亲牌”大青盐足浴盐
	保健 + 美肤	绿色纯天然保健品	“母亲牌”大青盐沐浴盐
	洁面 + 去黑头	去黑头 + 消炎	“母亲牌”大青盐洗面奶
	营养 + 消炎	具有消炎功效	“母亲牌”大青盐面膜
	回归天然 + 洁齿	古老的洁齿方式	“母亲牌”大青盐牙膏

4. 旅游系列产品开发

随着我国人民生活水平的提高及消费者行为模式的变化，旅游市场已经成为我国发展最为迅猛的新兴市场。额吉淖尔盐场凭借其天然的地理位置优势和独特的风景，可以较低的成本开发相关旅游产品，如表7-5所示，为企业打造品牌影响力做出贡献。

表7-5 额吉淖尔旅游系列产品创意

产品名称	满足的需求	特点
一日游	娱乐、休闲需求	以大青盐及其历史和文化为出发点，开展相关设计
体验店		
旅游纪念品		
娱乐		
餐饮		
住宿		

四、额吉淖尔大青盐品牌策略

1. 企业品牌诊断

额吉淖尔盐场目前拥有“母亲湖”牌产品商标和“额吉淖尔大青盐”地理标志认证标识。品牌涵盖产品具有鲜明的特色、悠久的历史背景和丰富的文化内涵。结合企业战略设计、未来业务发展的需要分析及市场调查情况，以下方面有待改进：

第一，品牌名称和结构单一。为了更好地适应企业未来多元化发展的需要，有待进一步优化完善。

第二，品牌形象容易混淆。为了凸显“草原圣物、大青盐品”的独特资源内涵，需要对品牌进行系统化设计和管理。

第三，作为地方品牌，企业在原有市场和新市场的品牌知名度都还有待提升。

随着盐业专营政策的开放及消费需求和结构的变化，盐业市场的竞争将更加激烈。当前，盐业企业之间的竞争不仅是产品质量、价格、服务、宣传的竞争，更是企业形象和品牌的竞争。基于上述实际，需要进行品牌体系的重构。

2. 品牌体系的重构

基于额吉淖尔盐场战略发展的构想，结合企业产品定位、性质和市场竞争等各因素的影响，建议额吉淖尔盐场采用主副品牌结合的策略来构建企业的品牌体系。所谓主副品牌策略是指在一段经营期内，企业采用统一的品牌名称和标志用于树立品牌整体形象，同时兼顾采用副品牌对不同产品进行区分。企业品牌体系框架结构如图 7－1 所示。

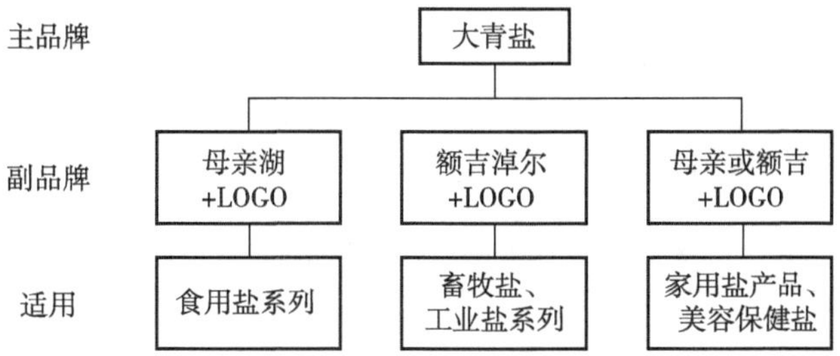

图 7－1　企业品牌体系框架结构图

(1) 品牌名称的设计

上述企业品牌体系框架结构设计强调在“大青盐”这一地理区域品牌和地理标志认证的基础上，结合产品系列的特点和定位，给企业的每个产品系列单独取名。

第一，食用盐类产品。采用“母亲湖”商标，能确保食用盐产品属性、功效、定位与“母亲湖”品牌内涵的一致性。

第二，畜牧盐和工业盐产品。不宜与食用盐类产品采用相同商标，以防止这类产品影响食用盐类产品中高档定位的形象，同时防止这类产品对消费者认知的负面影响，避免产生不必要的误解。考虑到畜牧盐主要的销售对象是草原地区和牧民，该类产品可采用“额吉淖尔”作为其产品品牌。

第三，生活类和美容保健类盐产品。一方面，需要在一定程度上与食盐类产品进行区分，防止品牌形象和内涵方面的冲突；另一方面，还需要确保企业形象的统一性要求。因此，考虑选择与原品牌相近的品牌名称，如“母亲”或“额吉”牌。该品牌符合生活和美容类产品的属性和内涵，不会与原品牌形象发生冲突，还与原品牌具有一定的相似性，有助于企业品牌形象的统一性。

第四，未来的旅游类产品。直接采用“母亲湖”品牌，充分利用现有品牌的影响力方便业务扩展。

（2）品牌标志（LOGO）的设计

品牌标志建议采用统一的地理标志商标，以便统一企业产品的一致性。

（3）品牌的定位设计

品牌的定位设计是企业统一品牌形象，解决品牌形象不统一、容易混淆问题的基础保障。企业品牌的定位必须符合额吉淖尔盐场战略整体设计。定位不但要考虑品牌整体形象，还需要考虑各产品系列形象方面的差异。具体的品牌定位情况见表7－6。

表7－6　企业各产品系列品牌定位设计

产品系列名称	服务对象	定位描述
“母亲湖”普通食用盐	原有市场和新市场的普通消费者	绿色天然优质盐
“母亲湖”营养盐	原有市场和新市场的中高端消费者	健康品质的绿色产品
“母亲牌”家用盐产品	新市场的中高端消费者	提升生活质量的绿色产品
“母亲牌”保健美容盐	新市场的中高端消费者	绿色天然保健美容品
“母亲湖”旅游产品	新市场的中高端消费者	大自然的馈赠
“额吉淖尔”畜牧盐	原有市场和新市场的特定消费群	高质低价绿色产品
企业的整体形象	绿色、母亲湖、草原	
企业整体形象诉求	展现额吉淖尔大青盐绿色健康品质，推广健康生活方式	

上述定位设计的主要依据是：

从内部资源情况看，额吉淖尔大青盐具有独特的地理和文化背景、药用功效。

外部环境方面，联合国有关部门统计显示，带有绿色标志产品日益受到消费者的青睐，人们普遍认为企业的环保形象会影响产品的销路。以环境保护为主题的绿色浪潮声势日高，绿色产品、绿色消费等席卷全球。

从企业市场调查情况分析，消费者对绿色产品的关注度评分达到3.81分（总分为5分），有71.37%的被调查者愿意为标有“高品质认证信息”（相对于没有认证信息）的食盐产品支付更高的价格。

4. 产品品牌管理

目前，在额吉淖尔盐场大青盐的产品包装以及相关展示中，“额吉淖尔大青盐”“母亲湖”字样及其标识的选择和安排感觉还没有统一规划，品牌名称和标识的字体、字号、色彩等方面的选择和运用比较随意，这会对企业统一的品牌形象造成不利的影响。另外，消费者对“额吉淖尔大青盐”“母亲湖”的认知度还不高，应通过各种方式加强对企业品牌的宣传，例如，在企业网站设计、新闻报道中增加企业产品的品牌名称、标志的使用。

我们建议，第一，由专人负责品牌建设和宣传工作；第二，对企业形象和产品品牌进行专业化系统设计，围绕品牌定位，从理念识别（Mind Identity，MI）、行为识别（Behavior Identity，BI）和视觉识别（Visual Identity，VI）三方面进行总体规划；第三，加强品牌的注册和保护工作，为企业发展做好铺垫。企业品牌管理工作要以企业发展战略为基础，为企业业务扩展做好铺垫。从额吉淖尔盐场当前的战略规划看，业务范围的扩展是企业的必然选择，为此，可考虑提前注册未来业务涉及的相关品牌，提前做好品牌保护工作。基于前述的品牌规划，建议企业提前注册“母亲湖”相关品牌，如“母亲”和“额吉淖尔”等商标，为企业未来业务发展做好铺垫。

同时，我们建议对现有产品名称和标志进行改进。第一，利用统一的印刷背景、色彩以及企业的 LOGO，突出本企业产品与竞争对手的差别。第二，利用各产品系列品牌名称以及成分标注，对不同产品进行区分。

食用盐产品：突出“大青盐”地域商标标示、产品的具体用途和成分（如炖肉、低钠加碘等）字样，同时在显要位置显示“母亲湖”的LOGO。

家用盐产品和保健美容类盐产品：选用新品牌（如母亲牌），用于与食用盐产品进行区分。该类产品的品牌名称和标志设计同上。

畜牧盐：可适当强调“大青盐”字样，以企业的 LOGO 进行产品市场的区分。弱化“母亲湖”字样，强化产品的成分内容。畜牧盐产品的品牌设计可以适当简化，可以在一定程度上降低相关成本，提高品牌识别度。

第二节　食盐价格策略

价格是营销体系中重要的环节，是唯一直接形成收入的营销手段。尽管非价格因素在现代市场营销过程中的作用日益突出，价格仍是营销成功与否的决定因素之一。

在《盐业体制改革方案》实施以前，食盐价格主要由内蒙古自治区盐业公司制定食盐的出厂价格，分销给各盐业批发企业，各批发企业再以批发价格分销给零售企业，零售企业按国家制定的零售价格销售给消费者。2017 年 1 月 1 日《盐业体制改革方案》实施后，盐场会有更多的定价自主权，食盐的销售渠道会延长并增加经销环节（自营批发、零售等），盐场第一次可以以独立经营主体的身份出现在市场上，所制定的不仅仅是食盐的出厂价格，还会有批发价格和零售价格。食盐的价格策略总体来说是指直接面对最终消费者的零售价格策略，具体有初始价格策略、调整价格策略及善后策略。

一、额吉淖尔大青盐初始价格策略

也称为新产品定价策略。即新开发的食盐产品在投放市场之前，所要确定的价格策略。一般来说主要包括高价策略、低价策略和中价策略三种。总体来说，新开发的食盐产品如果是特种食盐采取高价策略，普通品种食盐则采取低价策略。

1. 特种盐采取高价策略

随着市场竞争加剧，不断开发食盐新品种将是必然。企业今后开发食盐新品种，主要是特种盐，规格档次相对较高，即在食盐种类中属于“高质量”品种食盐。特种盐采取高价策略主要考虑几方面原因：

第一，销售量小，销售范围扩大，运输成本高。特种盐如果在本区销售，由于受市场规模和收入水平等方面的限制，与普通食盐相比，其销售量在总销售量中的比重为 10% 左右，目标消费者是中高等收入的消费者。如果扩大销售量，就需要扩大市场范围，即考虑在京津冀及广东、上海等地销售，甚至到国际市场销售，这就涉及运输成本问题。如果通过公路大批量运输，现在公路汽车货运价格费率是每吨公里 0.30 元左右，如果一吨盐运输 1000 千米，运输成本就是 300 元/吨；如果是零星快递，以锡林郭勒盟到周边主要城市物流报价为例（见表 7 - 7），通过快递公司运送食盐到顾客手中，每千克 0.7 ~ 2.18 元，一吨就是 700 ~ 2180 元的运输成本。

表 7-7 锡林郭勒盟到周边主要城市物流报价 单位：元/千克

主要城市	哈尔滨	呼伦贝尔	长春	通辽	赤峰	乌兰察布	呼和浩特	包头	鄂尔多斯
物流公司	上海安能	中铁物流	中铁物流	广通速递	上海安能	德邦物流	广通速递	德邦物流	广通速递
最优报价	1.47	2.18	1.31	0.70	0.75	0.70	0.70	0.70	0.70

第二，“以质论价”能够为消费者较普遍接受。中高档商品消费者有一个很重要的认知就是“以质论价”，即质量越好，价格越高。从目前锡林浩特市各种类盐品批发价格可以清晰地看到（见表 7-8），本地盐批发价格为 4781 ~ 25500 元/吨，而美国莫顿盐批发价格为 17633 ~ 74433 元/吨，价格是本地盐的 3 倍左右。在北京地区的零售价格更高，达到 96774 元/吨。

表 7-8 锡林浩特市各种类盐品批发价格 单位：元/吨

品名	规格/克	批发价	品名	规格/克	批发价
天然盐湖	320	4781.25	低钠菌菇盐（无碘）	280	36071.43
大青盐加碘	320	6718.75	澳洲珍品海盐	300	22666.67
大青盐优选无碘盐	320	8125.00	纯精竹盐	225	21511.11
大青盐加碘低钠盐	320	10625.00	果蔬洗涤盐	400	5625.00
臻品大青盐	320	11968.75	果蔬洗涤盐	800	16875.00
大青盐优选加碘盐	320	8125.00	美鲜富竹盐	225	21511.11
湖水晶盐	600	15666.67	榆林家庭软水盐	10000	1380.00
炖肉盐	600	25500.00	榆林工业软水盐	25000	1200.00
大青盐制盐	400	5325.00	莫顿牌细海盐	500	66080.00
大青盐湖水晶	800	6375.00	莫顿牌无碘盐	737	17633.35
大青盐果蔬洗涤盐	400	5825.00	莫顿牌细海盐	397	74433.63
调味菇盐	320	12375.00	莫顿牌多用途天然海盐	737	33033.35
低钠菇盐	320	17875.00	倍盐鲜	320	6625.00

第三，特种盐高价，可体现“草原圣物，大青盐品”的优势特色，实际上是采取声望定价策略。额吉淖尔湖盐的开采已有上千年历史，于 1946 年建场，产品有食用盐、畜牧盐、工业盐三大系列 30 多个品种销往国内外。大青盐早在历史上就已供药用，是唯一被《中华人民共和国药典》收载的食盐。近年来，额吉淖尔盐场以精心打造原生态、纯天然、无污染，绿

色盐业为目标，在顾客中有了一定声誉，顾客对它们也产生了信任感，所以即使价格定得比一般商品高一些，顾客也是能够接受的。这种定价策略特别适合质量不易鉴别的商品。食盐经营放开前，盐的品质靠国家信用背书，消费者对盐的品牌认知度很低，放开后食盐品牌的营销作用将大大增强。

第四，新产品以高价进入市场，给人一种“隆重推出”的感觉，能为商品建立“优质优价”的形象。提高商品身价，可以在一定程度上吸引消费者，刺激需求。一般情况下，购买高价商品的消费者，收入较高，他们更关心商品的质量。对于这个阶层的人来说，只要质量好价高也乐于购买。价格低，反而会引起消费者对质量的怀疑。

2. 普通食盐采取低价策略

在普通食盐上针对消费者追求“物美价廉”的心理动机，有意识地把商品价格定低，以尽快打开销路，从而谋求长时期的总利润增大和扩大市场占有率的一种定价策略。

制盐企业允许跨区域经营后，在充分的市场竞争下，食盐产品的竞争会越来越激烈，在短期内普通食盐的零售价格下降已成定局。通过市场调查得知，80%的被调查者认为“直接降价”是最有效的促销方式。因此，这种定价策略更适合大青盐品种中的普通食盐定价。

在取消区域销售限制后，生产企业具备采取低价策略的条件。在单一食盐销售主体——盐业经销公司体制下，食盐的出厂价格、批发价格和零售价格均属于国家定价，3 个环节的价格是彼此分离的，出厂价格与零售价格之间相关性较低，出厂价格低并不意味着零售价格就便宜，特别是普通盐的零售价格更是如此。从表 7 -9 可以看出，食盐的出厂价格仅为 400 元/吨，零售价格高达 3250 元/吨，中间的差价是出厂价格的 7 倍。巨大的差价除了流通费用，还有盐政执法费用，对老、少、边地区的“抽肥补瘦”价格补贴政策和保持核定库存政策需要销区盐业公司增加政策性费用支出等。

表 7 -9　2013 年某地区主流小包装食盐价格构成表

项目	元/吨	说明
一、出厂环节		
1. 成本	259	仅制造成本
2. 资源税	12	

续表

项目	元/吨	说明
3. 增值税	69	13 %税率
4. 税前利润	60	
小计：出厂价（含税）	400	
二、产区港站环节		
1. 产区费用	85	销售费用、管理费用、财务费用合计
2. 增值税		
小计：产区批发价格	485	
三、销售环节		
1. 产区到销区运费	115	火车运费、短途运费
2. 分装费用	531.38	
其中：小包装袋	307.5	2500 个 * 0.123 元/个含标
包装箱	103.5	50 个 * 2.07 元/个
分装加工费	120.38	自动化机械包装
3. 经营管理费等	57.18	
4. 应缴增值税	163.75	
5. 税前利润	1246.28	含盐政执法费用等
6. 转批优待	151.41	
小计：批发价格	2750	
四、零售环节		
加：批零差价	500	
零售价格	3250	

《盐业体制改革方案》实施后，过去一些企业所承担的政府职能回归给政府，除了维持合理的库存外，其他费用将不再由企业承担。更重要的是，食盐生产企业可以直接到市场零售，过去以出厂价格卖给食盐经销企业的，现在可以直接以批发或零售价格出售。以表 7－9 为例，生产企业的出厂价格是 400 元/吨，包括税前利润 60 元（占出厂价格的 15%），如果由生产企业直接进行市场批发，而假设其他费用不变，只是按成本利润率 15% 计算生产企业的利润，则批发价格应为 1952 元（1443 ÷ 0.85 × 1.15），加之如果生产企业自己分装，分装费用、产区费用及经营管理费等会进一步降低，形成企业的利润。即使每吨 1952 元的批发价格，也比原来的每吨 2750 元的价格低近 800 元。因此，生产企业与经销企业相比，采取低价策

略有很大的空间。

二、额吉淖尔大青盐调整价格策略

为了在竞争中立于不败之地，需要根据各地大青盐销售状况适时调整价格。不论是普通盐产品还是特种盐产品，在一个初始价格策略实施后，要根据具体情况对具体品种盐的价格进行调整。

1. 主动调整价格策略

在下列情况下，可以考虑在原来价格的基础上把价格下调：

（1）产销矛盾增大。某食盐产品经过一段时间的发展，生产经营能力逐渐增大，市场竞争日趋激烈，造成该食盐商品的积压，影响了正常的生产经营活动。为了夺回失去的市场或争取占有更大的市场，在采取非价格竞争手段无效的情况下，可以把价格调低。

（2）大批量销售可以降低成本。某食盐商品按原价销售虽然可以获得较多利润，但销售量不大，总利润不能达到最大，而且该产品的生产经营成本会随着销售量的增加而降低，在这种情况下，可以采取主动降价策略。

（3）由于某些失误，企业不得不采取调低价格策略。如某食盐商品的出货时间错过了销售旺季，或在商品包装、式样等方面与同类的低价食盐商品差别不大，但价格明显较高；在定价时由于盲目乐观或不十分了解竞争者的价格情况下而把价格定得偏高等。

在下列情况下，可以考虑在原来价格基础上把价格上调：

（1）由于通货膨胀，物价上涨，企业生产该食盐商品的成本费用上升，而技术进步、生产效率的提高又跟不上生产成本的提高幅度，在这种情况下，就迫使企业提价，采取调高价格策略。但是，如果是生产管理上的原因造成的生产经营成本提高，只有在独家生产该食盐商品的情况下才能采取提价策略。

（2）企业生产经营的该种食盐商品供不应求，采取提价策略既能促进生产经营规模的扩大，又能限制消费，促进商品的供求平衡。

如果掌握好时机，采取调高价格策略能明显地增加企业利润。但价格由低调高往往不易被消费者接受，弄不好会适得其反，遭到各方的抵制，销售量下降导致利润总额下降。因此，调高价格必须限制提价幅度，并及时向顾客说明提价原因等。

2. 被动调整价格策略

当竞争对手率先调整了商品价格，其也随之采取的价格策略就是被动调整价格的策略。被动调整价格，企业也有多种选择，为了保证本企业的利益，需要研究分析比较竞争对手和本企业的具体情况，做到“知彼知己”。

当可能面临需要被动调整价格时，应首先加强对竞争者的研究，主要包括：竞争者调整价格的原因是什么？成本发生了什么变化？经营管理有何变化？调价的目的是什么？竞争者调价是暂时的还是长期的？率先调价的竞争者经济实力如何？

同时，要对自己企业情况进行分析，主要包括：本企业的经济实力；消费者对该商品的价格敏感度；如果对竞争者的价格变动采取以静制动的办法时，本企业商品市场占有率及利润变化情况如何？跟随调价后，会对企业的生产经营产生什么影响？

我们建议，对于其他食盐产品调高价格，我们跟随提价即可。而对于其他食盐产品降价，我们应该慎重从事，要根据降价幅度，分别做出相应的决策。如果降价幅度较小时，可以置之不理；如果降价幅度较大时，也可以保持原价，或运用非价格竞争手段反攻。诸如增加销售服务项目、增加折扣和提高商品质量（如更换高档次的包装）等方法，这样既不损害企业商品声誉，又可以保持市场占有率。

三、额吉淖尔大青盐价格竞争的善后策略

1. 取胜后的善后策略

当在竞争中取胜，可以考虑如下措施：

第一，适当提价。因为这时竞争者少，商品的垄断性强，提价可以增加利润额，但是注意提价幅度要适当，以免吸引新的企业加入竞争，使利润得而复失。

第二，提高商品市场供应的厚度。竞争取胜后，商品适当提价，资金较充裕，可以发展商品的系列品种，增加档次，拉开系列商品不同档次的差价，增加占领市场的“厚度”，满足不同消费者的需要。

第三，利用竞争者的长处。在实际经济生活中，尽管竞争方在竞争中从总体上看没有赢得胜利，但在生产经营方面做过努力，某一方面或几方面有其长处。这就要考虑利用别人的长处，以弥补企业的不足。如果自己企业有

条件，可以参照改进；如果条件不具备，可考虑与其联合，搞配套生产经营。这样，一方面会降低自己生产经营商品的成本；另一方面变竞争为联合，发挥各自的优势，减少了竞争者的损失，也为自己减少了潜在竞争对手。

2. 失利后的善后策略

一旦我们的某种盐产品在竞争中失利，可以考虑如下措施：

第一，全面分析失利的原因，有计划地把资金、原料、设备、人力、销售等转移到生产经营新商品上，生产经营与原商品相近，但规格、质量档次、外观等方面有一定差别的新商品，变价格竞争为质量竞争、商品竞争。

第二，充分利用自己的剩余生产经营能力。竞争获胜者由于占领了大部分或全部市场，生产经营能力有可能紧张，这时企业利用自己的有关设备为其加工一定数量的该商品，或利用自己的销售渠道为其销售部分该商品等，就可以利用原商品的剩余生产经营能力获得一定的收入。

第三节　食盐广告策略

理论和大量的实践都显示，企业要想在市场竞争中生存和发展，离不开产品和宣传两方面的配合。随着盐业《盐业体制改革方案》的实施，市场竞争的加剧，盐业企业进入“酒好也怕巷子深”的时代。盐业企业与消费者之间的沟通变得越来越重要。广告作为企业与市场沟通的四大手段之一，在企业面向消费者的沟通中起到的作用尤为显著。

鉴于额吉淖尔盐场的实际情况，其广告策略围绕食用盐和畜牧盐产品展开，重点考虑企业的目标市场情况以及产品定位等相关因素的影响，见表 7－10。

表 7－10　广告目标、主题及广告语设计

<table>
<tr><th rowspan="2">广告设计内容</th><th rowspan="2">产品</th><th colspan="2">市场</th></tr>
<tr><th>原有市场</th><th>新进入市场</th></tr>
<tr><td rowspan="2">广告目标</td><td>普通盐产品</td><td rowspan="2">强化品牌形象，保持并提高市场占有率</td><td rowspan="2">提高品牌认知度，吸引消费者使用</td></tr>
<tr><td>多样化营养盐</td></tr>
<tr><td rowspan="3">广告主题</td><td>普通盐产品</td><td>大青盐，熟悉的味道</td><td rowspan="2">母亲湖的大青盐，绿色天然食补盐</td></tr>
<tr><td>多样化营养盐</td><td>母亲湖的大青盐，绿色天然食补盐</td></tr>
<tr><td>畜牧盐</td><td>熟悉的大青盐，大自然的馈赠</td><td>大自然的馈赠</td></tr>
</table>

续表

广告设计内容	产品	市场	
		原有市场	新进入市场
广告语	普通盐产品	母亲湖，熟悉的味道；母亲湖，盐一勺，众口不再难调	大自然母亲的馈赠，天然调味（食补）佳品
	多样化营养盐	母亲湖的馈赠，如玉营养盐	
	畜牧盐	绿草配青盐，牛羊营养全	

一、广告目标

消费者购买行为的相关研究显示，消费者的购买决策过程一般需要经过认知—情感—行为三个过程。根据目标市场和产品定位不同，广告的目标必然存在差异，为此设定以下两个目标。

第一，对于成熟产品和原有市场：以强化品牌形象，强化顾客忠诚，保持并提高市场占有率为目标，广告重点在于突出品牌形象，提升消费者对品牌的情感依赖，因而适合采用竞争性广告和提示性广告。

第二，对于新产品和新市场：以宣传企业产品及其独特性为重点，目的在于建立消费者对企业产品和品牌的认知，以吸引消费者试用为初始目标，为形成消费者最终的情感依赖和忠诚购买做铺垫，因而适合采用开拓性广告。

二、广告主题

目前，额吉淖尔盐场产品包括三大系列：食用盐、畜牧盐和工业盐三大类。理论和实践都充分表明，广告是适用于消费者市场的沟通宣传方式，而对组织市场购买行为影响不显著，组织市场更倾向于采用人员销售的方式进行沟通和宣传。因此，广告设计针对食盐类产品和畜牧盐。

面向内蒙古以及黑吉辽等原有市场的普通盐产品，广告主题强调“大青盐，熟悉的味道”；而面向新市场的普通盐产品和营养盐，广告主题都统一强调“母亲湖的大青盐，绿色天然食补盐”，突出品牌的差异化特征，吸引消费者关注和试用。

广告设计中充分体现以大青盐为诉求的关键点，强调慈祥母亲的形象。在食用盐类广告中通过建立以下联系，强调大青盐绿色天然 + 中高档盐的品牌形象（见表 7 – 11）。

表 7-11　大青盐广告中可建立的相关联系

本质原因	相关联系
大青盐的颜色（青色）	绿色环保、高质量、洁净
大青盐	天然药用价值
大青盐	宫廷用盐
母亲湖	正宗大青盐、妈妈的手艺和味道
大青盐	草原圣物

畜牧盐主要面向草原农牧消费群体，消费群体具有一定的稳定性和特殊性，广告主题强调“熟悉的大青盐，大自然的馈赠”。

三、广告语设计

广告语设计既要体现真实可信、简明意丰、时尚个性、情境互现、公益健康，又要体现针对性和差异性。针对不同系列盐产品，广告语设计见表 7-12。

表 7-12　大青盐产品广告

产品种类	广告语
普通食盐	母亲湖，熟悉的味道
	母亲湖，盐一勺，众口不再难调
中高档食盐	大自然母亲的馈赠，天然调味（食补）佳品
	母亲湖的馈赠，健康营养盐
畜牧盐	绿草配青盐，牛羊营养全
美容品	母亲的馈赠，如玉盐令你颜如玉

四、广告媒体选择

目前，额吉淖尔大青盐主要市场在内蒙古和黑吉辽地区。随着《盐业体制改革方案》的实施，企业的目标市场也将进行必要的调整，未来开发京津冀等区域性市场是必然的选择。因而，从服务对象看，企业的目标市场会逐渐由中低端市场向中高市场发展，而服务对象将向中高收入阶层、强调健康生活方式和受教育程度较高的家庭主妇，以及追求生活格调的中青年群体转移。市场不同，消费者接受的与媒体的宣传方式必然存在差异，因而需要针对不同市场，选择不同的宣传方式。具体的设计广告媒体选择方案见表 7－13。

表 7－13　广告媒体选择方案

广告类型	目标市场	
	原有市场	新市场
电视广告	选择卫视地方台的新闻联播或者热门生活栏目，播放以树立品牌形象和形成品牌记忆为重点的品牌形象广告	选择卫视地方台的生活相关栏目，采用短期连续播放的策略，配合其他手段迅速提高品牌知名度，引发消费者进行试用。宣传重点：品牌与众不同之处
网络广告	网页宣传、有影响力的公众号 宣传重点：品牌名称和品牌独特之处 目的：提升品牌忠诚度	朋友圈和有影响力的公众号 宣传重点：品牌名称和标识 目的：吸引消费者试用
平板传媒广告	平板传媒电视宣传：在超市、便利店写字楼电梯间的平板传媒电视上进行品牌宣传。 宣传重点：品牌名称和标识	
POP 广告	宣传重点：品牌形象、品牌定位 目的：提升品牌忠诚度	宣传重点：品牌与众不同之处，品牌形象 目的：吸引潜在消费者感兴趣并试用
户外广告（灯箱、横幅、固定宣传板等）	在城区主要街道、商场、广场等人流相对集中的地方，常年设置灯箱、悬挂宣传横幅、制作固定宣传板等方式开展品牌宣传。 宣传重点：品牌名称和标识	
软文广告	在报纸、杂志、DM、网络、手机短信等宣传载体上刊登的可以提升企业品牌形象和知名度，或可以促进企业销售的一些宣传性、阐释性文章，包括特定的新闻报道、深度文章、付费短文广告、案例分析等。 宣传重点：品牌名称和标识	

第四节　食盐包装策略

在给出的因素中，包装本身不是影响消费者的主要因素。因此，在包装策略上，应坚持的原则是：低成本、差异化、有内涵。

一、普通食盐包装策略

对于质量相同、品种差异不大普通食盐，采用类似包装策略，即采用相同的图标识、图案，近似的颜色、相同的包装材质和相同的风格进行包装，便于消费者快速识别出产品，还可因此而节约包装的设计、制作费用。

建议包装以草原、蓝天白云和盐湖为背景，凝练和展示别具风采的地域文化，表现出十足的草原韵味，增加吸引力。在包装上，除必要的标识外，增加大青盐特色的简要文字描述。

二、中高档食盐包装策略

对于中高档食盐的包装，要本着引导消费者由“产品消费”向“品牌消费”的思路，体现品牌内涵，塑造品牌形象。

中高档食盐的包装，可以用纸质包装、硬质衬板盒状包装、玻璃包装等代替塑料袋包装。外观设计上，围绕原产地独有的风景、花草、风俗、传统、历史、文化等汲取养分，使中高档食盐产品包装具有浓郁的地方色彩和明确的视觉特征，产生区别于其他品牌食盐的显著效果。可以借鉴相关产品的类似包装。

第五节　食盐事件营销策略

事件营销（Eventmarketing）是企业通过策划、组织和利用具有名人效应、新闻价值以及社会影响的人物或事件，引起媒体、社会团体和消费者的兴趣与关注，以求提高企业或产品的知名度、美誉度，树立良好品牌形象，并最终促成产品或服务的销售目的的手段和方式。

事件营销的功能，就是“借力造势”。面向高端新市场的内蒙古大青盐，在策略上应寻找机会进行恰当的、和品牌内涵相关联的事件营销，在消费者心目中迅速建立良好的品牌形象，通过独特地表达产品的形象，持续推进市场。

我们建议从两个角度策划营销事件：一是普遍参与性的事件，如那达慕大会；二是特定目标人群参与性的事件，如大型专业技术性会议。

一、普遍参与性的事件营销

利用普遍参与性的事件，可以广泛、迅速地传播我们的产品。可以考虑利用内蒙古地区的那达慕大会、草原文化节等活动进行策划，在参会人员较为集中住宿的宾馆、酒店，放置漱口盐、浴盐等供其免费使用，要求包装精致，吸引其阅读有关大青盐的简练介绍。在会场进行恰当的宣传，并设置展台或展厅，供人们浏览、观看、体会。利用内蒙古地区的活动进行策划，也便于充分挖掘、利用“亲身体验”“朋友推荐”等因素的积极作用。

另外，可以录制简短的视频宣传片，介绍企业的地理环境、产品特色等内容，通过微信群等进行传播，也能达到很好的效果。

二、特定目标人群参与性的事件

我们不期望也不可能把额吉淖尔大青盐卖给所有人。但是，我们希望愿意购买大青盐的人都能买到额吉淖尔大青盐。因此，针对内蒙古地区之外的目标市场，一定要细分人群，寻找与目标人群相关联的事件，进行恰当营销。例如，调研显示高学历、高收入的人群对湖盐的认知度比较高，绝大多数也愿意购买额吉淖尔大青盐。因此，可以利用食品类相关的学术会议，进行事件营销。

第六节 食盐渠道营销策略

《盐业体制改革方案》实施后，在全国储存量居高不下的情况下，各地经销企业失去了画地为牢的垄断地位。可以说，在高库存下，食盐经销企业有喜有忧，大的经销企业如“中盐”将获得更大的发展，一些小的经销企业将难以生存。生产企业从生产的角度看则面临着行业性危机，以销定产、全员销售食盐将是新常态。

一、市场环境分析

这里不考虑食盐的生产成本，即假定在生产成本相同的情况下，分析食盐生产企业与主要消费城市之间的运输距离对大青盐销售带来的机遇和挑战。

1. 内蒙古自治区及周围省份食盐生产企业

在食盐改革之后，各省的省级盐业公司可以跨省销售食盐，在改革以前，内蒙古自治区有 3 个盐场，分别是额吉淖尔盐场、中盐吉兰泰盐化集团有限公司、内蒙古雅布赖盐化集团有限公司。在内蒙古自治区周围的省份中，辽宁省有营口盐场、皮口盐场、金州盐场、复州盐场四大盐场生产海盐。全国最大的长芦盐场分布在天津市和河北省，分别是长芦大清河盐场（唐山）、天津长芦塘沽盐场（天津）、长芦汉沽盐场（天津）、长芦黄骅盐场（沧州）。陕西省的中盐榆林盐化有限公司是陕西唯一的一家井矿盐大型生产企业。如图7－2所示。

注：图中斜体字部分为主要盐场的位置。

图7－2　内蒙古自治区周边主要盐场分布图

2. 面临的威胁

在这样的背景下，额吉淖尔盐场的食盐销售将面临巨大的威胁。内蒙古自治区的大城市主要位于内蒙古的南部地区，额吉淖尔盐场则地处内蒙古遥远的北边。这样就可能将自己传统的食盐销售地拱手相让。在这众多盐场之中，威胁最大的是陕西榆林盐场，因为陕西榆林与内蒙古的鄂尔多斯、包头、呼和浩特、乌兰察布4个大城市距离较近，与距离最近的鄂尔多斯行车距离仅236.3千米，最远的乌兰察布620.9千米。而额吉淖尔盐场距离最近的乌兰察布也要709.1千米（见表7－14）。

表7－14　榆林盐业公司和额吉淖尔盐场距离内蒙古自治区南部主要城市距离

单位：千米

城市	额吉淖尔盐场	榆林盐业公司	距离差
鄂尔多斯	1174.6	236.3	938.3
包头	1092.6	361.9	730.7

续表

城市	额吉淖尔盐场	榆林盐业公司	距离差
呼和浩特	843.5	487.3	356.2
乌兰察布	709.1	620.9	88.2
二连浩特	539.2	955.2	-416
苏尼特左旗	396.2	996.2	-600
苏尼特右旗	547.8	837.9	-290.1
锡林浩特	203.3	1126.2	-922.9
四子王旗	724.8	570.1	154.7
达茂旗	956.7	498.9	457.8
化德县	533.5	791.9	-258.4
察哈尔右翼后旗	648.9	681	-32.1

注：1. 以上为公路距离；2. 表中的“距离差”是指榆林盐业公司和额吉淖尔盐场距离内蒙古境内南部主要城市距离之差，差值越小，说明额吉淖尔盐场越有地理位置上的优势。

从表7-14可以看到，额吉淖尔盐场相比其他盐场有距离优势的城市是二连浩特、苏尼特左旗、苏尼特右旗、锡林浩特、化德县、察哈尔右翼后旗等。

在内蒙古东南部的赤峰、通辽两个城市也面临着被辽宁省内的辽宁盐场和京津冀地区的长芦盐场抢占市场的威胁。辽宁省的营口盐场距离通辽438.3千米，长芦大清河盐场距离赤峰489.6千米，而额吉淖尔盐场距离通辽和赤峰分别为647.5千米和509.7千米。

3. 新的机遇

在面临威胁的同时也迎来了新的机遇，盐业管制取消后，额吉淖尔盐场可以向东三省地区销售食盐。由于辽宁地区有营口、复州、金州、皮口四大盐场，所以，向辽宁省销售食盐暂时不做考虑。与内蒙古东边比邻的黑龙江省和吉林省均无盐场，两省的食盐消费主要依靠从其他省份进购。距离吉林省和黑龙江省较近的盐场，有额吉淖尔盐场和辽宁省的4大盐场。这样，吉林省、黑龙江省以及内蒙古自治区东北部的重要城市呼伦贝尔市，就会成为辽宁盐场和额吉淖尔盐场都要去争夺的销售市场。鉴于辽宁省的4个食盐产地比较聚集，这里就只用地理位置最具优势、4个盐场中位于最靠北边的营口盐场与额吉淖尔盐场进行比较，见表7-15。

与辽宁省营口盐场相比，在东北地区有地理位置优势的只有吉林省的白城市、黑龙江省的齐齐哈尔市和内蒙古自治区呼伦贝尔市的海拉尔区。

表 7-15 额吉淖尔和营口盐场到东北地区主要城市的距离 单位：千米

城市		额吉淖尔盐场	营口盐场	距离差
吉林省	长春	975	502.5	472.5
	白城	642.1	660.6	-18.5
	松原	837.6	609.9	227.7
	辽源	940.7	407	533.7
	白山	1144	499.7	644.3
黑龙江	哈尔滨	1041.9	772.6	269.3
	大庆	888.5	781.4	107.1
	牡丹江	1353.7	955	398.7
	七台河	1453.3	1158	295.3
	佳木斯	1406.8	1111.5	295.3
	鹤岗	1471.1	1175.8	295.3
	伊春	1334.3	1084.6	249.7
	齐齐哈尔	798.2	932.2	-134
	绥化	1112.5	875.8	236.7
内蒙古	呼伦贝尔	753.8	1380.8	-627

注：1. 以上为公路距离；2. 表中的“距离差”是指营口盐场和额吉淖尔盐场距离东北地区各主要城市内距离之差，差值越小，说明额吉淖尔盐场越有地理位置上的优势。

二、销售城市选择

通过运输距离的分析我们知道，盐业改革对额吉淖尔盐场来说是利弊同在。弊端是食盐改革之后，额吉淖尔盐场距离内蒙古核心城市距离遥远；所带来的好处是开放了东北市场，额吉淖尔盐场是我国东北地区的黑龙江省、吉林省和内蒙古自治区的东北部唯一的盐场，未来有望在这些地域进行深耕。

从上述分析可以知道，额吉淖尔盐场相比其他盐场有距离优势的城市是二连浩特、苏尼特左旗、苏尼特右旗、锡林浩特、化德县、察哈尔右翼后旗、呼伦贝尔、齐齐哈尔、白城，以及额吉淖尔盐场周边的东乌珠穆沁旗、西乌珠穆沁旗、克什克腾旗、兴安盟、林西县等。对于这些距离上有优势的地方应竭力进行铺货。

额吉淖尔盐场与主要竞争对手所到同一城市距离相差在 300 千米以内的有乌兰察布、四子王旗、松原、哈尔滨、大庆、七台河、佳木斯、鹤岗、伊春、绥化。在这些城市应积极地与竞争对手抢占市场。对于剩余的大城市如鄂尔多斯、包头、呼和浩特、长春、赤峰、通辽等，销售产品应突出产品的特色，注重差异化，因为按每吨每千米0.30元的公路运输成本计算，300千米的距离就要增加90元/吨的运输成本。

三、销售渠道选择

根据市场调研结果，额吉淖尔盐场生产的食盐可以通过以下渠道销售：大型超市零售、肉制品加工企业组合销售、与中国盐业总公司合作、销售代理、在网上销售、母亲湖旅游体验等。

1. 大型超市零售

大型超市是消费者购买食盐的首选渠道。进入前要了解超市的回款状况及信誉度，自己企业和产品的证照齐全，与超市签订合同后送货。目前了解到内蒙古自治区知名超市见表7－16。

表7－16　内蒙古自治区知名超市

城市名称	超市名称	经营面积/m^2	类型	门店数	详细地址
包头	北京华联	10000	KA	2	包头市青山区文化路102号
	中联昆百	10000	KA	1	包头市青山区友谊大街
	东华货仓	8000	KA	3	包头市昆区白云路
乌兰浩特	金岛超市	1500	KA	1	百货大楼宝恒
	喜美特超市	1000	B	1	百货大楼宝恒
	喜登来超市	1000	B	1	乌兰浩特市一中
	旺客佳超市	800	B	1	喜洋洋小镇
呼和浩特	维多利超市（中山店）	8000	KA	1	中山西路维多利商厦负一层
	维多利超市（首府店）	10000	KA	1	中山西路维多利购物中心负一层
	维多利超市（新天地店）	8000	KA	1	鄂尔多斯大街新天地广场
	北京华联超市（金太店）	10000	KA	1	车站西街金太广场
	北京华联超市（金宇店）	12000	KA	1	鄂尔多斯大街烟厂对面

续表

城市名称	超市名称	经营面积/m^2	类型	门店数	详细地址
呼和浩特	北京华联超市（金兴店）	12000	KA	1	兴安北路蒙苑建材城
	王府井超市	8000	KA	1	中山西路王府井百货负一层
	民族嬉水超市	12000	KA	1	东影南路嬉水广场
	美特好超市	10000	KA	1	新华大街（原家世界超市）

表7－16中所列出的内蒙古自治区知名超市主要有KA和B两种类型。KA即Key Account，意为“重要客户”，重点客户。对于企业来说KA类型的超市就是营业面积、客流量和发展潜力等方面都处于优势的大终端。KA型超市的单店面积至少拥有3000平方米，市场内的商品种类要齐全，能满足大多数人的一次性购物需求，人流量大，经营状况良好。这类超市一般来说所处的地理位置交通便利，消费者的购买力强，实力强，信誉好，人流量大，管理规范。企业可以借助它做销量，做品牌。不足之处是门槛高，要求高，费用高，结账周期长，手续繁杂，它掌握着谈判筹码的优势，处于谈判的主动地位。

B类超市是指中等规模的超市，商场经营面积在1000～3000平方米，有一定的人流量，品类基本能满足周边的消费，经营状况一般，选址经常处于次商业圈，尽量避开KA卖场。它弥补了KA卖场的市场空隙，但人流量不如KA类超市。在没有KA类超市的商业区，还显得比较强劲，进场费低，操作简单，费用灵活，进入门槛没有KA要求那么高。不足之处是竞争力薄弱，不具备和大商超竞争的实力，存在一定的经营风险。企业在进入这类超商时，要考察其信誉、实力、经营状况，并进行跟踪，做好风险预防机制，以防损失。

除了上述KA和B两种类型的超时，还有C类门店可供选择。C类门店的经营面积一般在300～1000平方米，一般都是分布在郊区、小型社区，经营品类少，社区小型超市。此类门店数量大，经营的优势是便利，而且进入门槛低，费用少；不足之处是人流少，经营不稳定，实力小，有一定的风险。

2. 肉制品加工企业组合销售

主要做法有两种：一是肉制品加工企业在加工肉制品时使用大青盐；

二是在出售鲜肉时配上相应数量的袋装大青盐。因为这种销售渠道主要在内蒙古地区，因此，着重宣传“内蒙古的牛羊肉配母亲湖大青盐，还是妈妈的味道”。内蒙古各盟/市肉制品加工企业数量见表 7－17。目前额吉淖尔盐场的问题在于过度依靠个人的人际关系推销产品，还没有变个体推销为团队销售。在未来食盐同质化价格战的情况下，必须成立销售团队，分片包干，先到内蒙古每个盟/市肉制品加工等企业派一个推销小组，深入食盐消费单位，进行一对一洽谈磋商，签订销售协议，销售小组之间并相互交流经验，互通市场信息。

表 7－17 内蒙古自治区各盟/市肉制品加工企业数量

所在市	企业数/个	所在市	企业数/个
呼和浩特市	36	呼伦贝尔市	87
阿拉善盟	6	通辽市	64
巴彦淖尔市	19	乌兰察布市	26
包头市	49	锡林郭勒盟	62
赤峰市	53	兴安盟	10
鄂尔多斯市	9	乌海市	2

3. 与中国盐业总公司合作

通过调查得知，京津冀三省市的消费者中，有 60% 多的消费者愿意购买“中盐”品牌的食盐，因此，“中盐”品牌不可小觑。

中盐总公司是盐行业的龙头企业，唯一央企和全国食盐专营生产经营主体，也是唯一一家跨行政区域布局的盐业企业。目前盐的产量 1500 万吨，占全国总量的 18%。生产食盐 200 多万吨，占全国总量的 30%。批发销售食盐 160 万吨，占全国总量的 17%。拥有全资、控股二级子公司 46 家，主要负责西北边远地区和直辖市的食盐供应。从事盐业生产和运销人员 1.8 万人，其中运销人员 7000 人，形成了以东北、华北、华东、华中、西北为主的全国性生产流通布局。在内蒙古自治区，中盐公司有两家直属企业——内蒙古兰太实业股份有限公司和中盐吉兰泰盐化集团有限公司。

额吉淖尔盐场可以考虑与中盐公司合作，合作方式可以是通过内蒙古自治区现有两家公司的渠道，还可以通过投资入股的方式让中盐公司直接入股额吉淖尔盐场，也可以委托中盐公司代理批发销售部分食盐等方式，以充分利用中盐公司食盐批发渠道。

4. 销售代理

对于生产企业来说，由于人力、物力、财力等方面的限制，产品销售也可以选择代理商来完成，即采用非独家代理的方式（一般代理商），在签订合同的基础上，委托代理商销售某些特定产品。这样，生产企业可以减少资金风险，提高资金周转率；减少生产企业终端销售的仓储、物流投入费用等。

代理商数量选择的主要标准是：企业所在省份（内蒙古自治区）及距离企业较近的省份代理商人数应较多；人口较多的省份安排较多的代理商，人口少的省份代理商数量应相对较少。据此，在内蒙古自治区按每20万人选择一个代理商，黑吉辽三省每50万人选择一个代理商，京津冀三省市每100万人选择一个代理商。以2015年人口数量为计算基础，可得出各省市代理商的数量，具体数量可参考表7－18。具体到各个城市，才可以参考这个方法确定代理商的数量。当然，这里只考虑了人口因素，并没有考虑在这些省份的食盐销售量，选择标准也不一定准确，仅供企业确定食盐销售代理商时参考。

表7－18　代理商数量标准

省份	人口/万人	选择标准（万人/个）	代理商个数/个
内蒙古	2511	20	125
黑龙江	3812	50	76
吉林	2753	50	55
辽宁	4382	50	88
北京	2177	100	22
天津	1547	100	15
河北	7425	100	74

从销售环节上划分，食盐销售代理商大体上可以分为批发代理商和零售代理商。零售代理商即直接面向消费者的经销商，由于销售量较小，选择时对自己实力、企业规模等要求不高，只要信誉好能够按时回款，就可以作为食盐零售代理商；与之相反，对批发代理商来说，由于代理销售数量较大，选择时需要慎重考虑。表7－19是大体的参考标准。

表 7 – 19 选择批发代理商的参考标准

代理商类别		省级代理商	市级代理商	县级代理商
主要标准	资金实力	1500 万元	800 万元	300 万元
	快消品牌运作经验	有成功运作 2 个品牌以上	有成功运作 2 个品牌	经营快消品 3 年以上
	市场经营能力	较强	强	良好
	网络能力	城市 90% 以上 农村 60% 以上	市区 85% 以上 农村 65% 以上	县区 90% 以上、 农村 80% 以上
	信誉	很好	很好	很好
辅助标准	企业规模	30 ~ 50 人	15 ~ 30 人	5 ~ 10 人
	人脉关系	强	强	良好
	仓储能力	2000 平方米	1000 平方米	600 平方米
	运送能力	大货车 8 辆以上 小货车 10 辆以上	大货车 4 辆以上 小货车 6 辆以上	大货车 2 辆以上 小货车 4 辆以上

选择好销售代理商后，需要签订销售代理合同。我们草拟了销售代理合同样本，可供参考。

5. 网上销售

从调查问卷中得知，大约有 2% ~3% 的消费者选择在网上购买食盐。从实际情况看，在网上也是有一定的销售量的。在互联网快速发展的大背景下，额吉淖尔盐场可以考虑借助电子商务来销售食盐，扩大销售领域和市场份额。

销售食盐的电子商务模式一般有以下几种：

（1）自建网站模式

自建网站，也就是自建销售渠道，如建一个额吉淖尔盐场网上销售食盐的官网。自建网站成本高，网站建设可以借助现有的企业官网，增加一个栏目。网站建设费用不高，但网站后期维护升级也需要较高的费用，在此期间需要时间对网站进行宣传与推广，消费者的浏览量不足，食盐销售量也不会在短期内有较大增长。但自建网站有利于维护企业形象，企业可以按照自己的意愿在自己的官网上调整价格、公布广告等。在如今错综复杂的网络销售市场，消费者更加愿意到企业官网上购买商品，企业自建的官网更易于得到客户的信任和依赖。

(2) 运用 APP 推广模式

APP 指的是智能手机的第三方应用程序（App 全称：Application）。比较著名的应用商店有苹果的 App Store，谷歌的 Google Play Store，安智市场，还有黑莓用户的 BlackBerry App World，微软的 Marketplace 等。2016 年 8 月 1 日，《移动互联网应用程序信息服务管理规定》开始全面实施，APP 注册用户开始实行实名制。

在互联网快速发展的趋势下，手机、平板等移动设备用户与日俱增，移动营销模式成为如今非常重要的模式。可以肯定的是，企业 APP 营销将会取代企业 WAP 网站成为手机主流移动应用，额吉淖尔盐场运用 APP 模式，首先自建 APP，自建 APP 并不难，就像早期互联网时代自建网站一样，可以找专业的网络公司建设 APP，成本并不高。

(3) 借助平台销售模式

电子商务的另一种模式是走平台路线，借助在市场上已经成熟的网络平台销售食盐产品。其中的京东、中粮我买网值得考虑。

京东（JD. com）是中国最大的自营式电商企业，2015 年第一季度在中国自营式 B2C 电商市场的占有率为 56. 3%。目前，京东集团旗下设有京东商城、京东金融、拍拍网、京东智能、O2O 及海外事业部。京东创始人刘强东担任京东集团 CEO。2014 年 5 月 22 日，京东在纳斯达克挂牌，股票代码：JD，是成为仅次于阿里巴巴、腾讯、百度的中国第四大互联网上市公司。

中粮我买网是由世界 500 强企业中粮集团有限公司于 2009 年投资创办的食品类 B2C 电子商务网站。中粮我买网商品包括休闲食品、粮油、冲调品、饼干蛋糕、婴幼食品、果汁饮料、酒类、茶叶、调味品、方便食品和早餐食品等百种品类。

6. 母亲湖旅游体验

母亲湖旅游体验要达到三个方面的目的：一是让更多的人了解大青盐，给大青盐做广告；二是通过亲身体验，让大青盐的产地环境、健康品质融入消费者的情感之中；三是开发旅游资源，发展旅游业，获得旅游收入。

(1) 企业标识和商品标识设计

旅游者来到母亲湖，来到盐场参观考察，需要给来者留下较为深刻的印象，这就需要有企业标识和商标标识。

企业标识是通过造型简单、意义明确的统一标准的视觉符号，将经营理念、企业文化、经营内容、企业规模、产品特性等要素传递给社会公众，使之识别和认同企业的图案和文字。其具有识别性、同一性、系统性等特征。

下面三组企业标识供选择，可以用作企业标识，也可以用于注册商标的图案。

第一组标识：此类商标主要是根据额吉淖尔的“额吉”二字的首字母来设计的。“e”“j”简单明了，整体看像一位母亲和一个孩子在窃窃私语。其中“j”既像一个小孩，顶头的圆点也可类比为大青盐颗粒。

第二组标识：此类标识整体仍以“e”为基本形体，上半部分为“蓝天白云”，下半部分为“盐湖”；额吉淖尔盐湖生于草原，所以采用水草托住盐湖；盐湖不仅养育草原儿女，惠及的地区也越来越大，所以湖水的“三横”采用“坤卦”来表达，坤卦是《易经》六十四卦之第二卦。坤卦展示像“坤”的形势下各种变化的可能性。《易经》中关于坤卦的解释是：地势坤，君子以厚德载物。“厚德载物”也说明了大青盐的质量，也可以作为额吉淖尔盐场的场训。

第三组标识：主要构成是蓝天、白色球体、草原、湖水。顶端处的白色球体类比为“大青盐”“明月”“蓝天衬托中的太阳”等；盐湖是以草原为依托的，草原以两片草叶来表示，造型像一位母亲的一双手，手捧一粒盐，大青盐从盐湖里提炼而来；“太阳”又象征企业的事业“如日中天”，湖水的“三横”仍采用“坤卦”来表示。

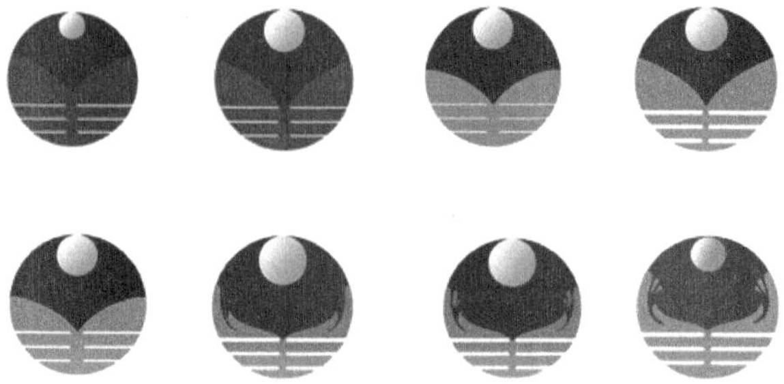

（2）了解周边旅游景区的情况

额吉淖尔，乌里雅斯太山和珠恩嘎达布其口岸均在锡林浩特市以北，沿 S101 和 S204 省道北上。三者可规划成一条旅游路线，从锡林浩特市出发沿 S101 省道至额吉淖尔，再途经 S101 和 S204 省道至乌里雅斯太山，最后再沿 S204 抵达珠恩嘎达布其口岸。了解周边景区的旅游情况，一是有利于额吉淖尔景区景点的规划，从一定角度呈现差异性；二是有利于锡林郭勒盟北上旅游路线的整体规划。

乌里雅斯太山

乌里雅斯太山景区是国家 3A 级景区，位于乌里雅斯太镇以北 27 千米。额吉淖尔距离乌里雅斯太山 83 千米，行车 1 小时 15 分钟，途径 S101 和 S204 省道。乌里雅斯太山景区内设有骑马、登山观草原、真人 CS（生存游戏、野战游戏）、射箭、草原高尔夫等活动项目，景区广场可举办大型篝火晚会，七、八、九月是旅游旺季。

珠恩嘎达布其口岸

珠恩嘎达布其口岸位于中蒙边境 1046 号界碑处，历史上称为“蒙马处”。额吉淖尔距离珠恩嘎达布其口岸 121 千米，行车 1 小时 40 分钟，途径 S101 和 S204 省道。珠恩嘎达布其口岸是中蒙两国边民世代友好的通商要道和重要枢纽，珠恩嘎达布其口岸国际性常年开放。

额吉淖尔、乌里雅斯太山和珠恩嘎达布其口岸的比较

额吉淖尔、乌里雅斯太山和珠恩嘎达布其口岸都在锡林郭勒盟，但是三个地方欣赏的点又各有不同：额吉淖尔以盐湖为中心，盐堆、盐池、湖盐制作体验区，风景欣赏、湖盐相关知识普及、理论结合实践，不仅是自驾游，也是企业游的好去处；乌里雅斯太山在乌珠穆沁草原深处，主要以草原为基础，充分利用草原特色，骑马射箭、草原高尔夫、篝火晚会，是体验草原风味人情的好去处；珠恩嘎达布其口岸，与蒙古国的毕其格图口岸相望，两口岸不仅仅是通商的重要口岸，也是旅游合作的重要选地，见表 7－20。

表 7－20　额吉淖尔、乌里雅斯太山和珠恩嘎达布其口岸的比较

比较	额吉淖尔	乌里雅斯太山	珠恩嘎达布其口岸
重心	以盐湖为中心	以乌珠穆沁草原为基础	以口岸边境为依托
地理位置	内蒙古锡林郭勒盟，锡林浩特市以北		
交通方式	自驾，跟团为主		

（3）额吉淖尔盐湖与青海茶卡盐湖比较

茶卡盐湖位于青海省海西蒙古族藏族自治州乌兰县茶卡镇，它夹在祁连山支脉完颜通布山和昆仑山支脉旺尕秀山之间，湖面海拔 3100 米，东西长 15.8 千米，南北宽 9.2 千米，呈椭圆形，总面积 105 平方千米，相当于 4 个额吉淖尔盐湖。茶卡镇地处 109、315 国道交汇处，是古丝绸之路的重要站点，东距西宁 298 千米，西距州府德令哈 200 千米，被誉为柴达木东大门，历史上是贾商、游客进疆入藏的必经之地。与其他盐湖不同的是，茶卡盐湖是固液并存的卤水湖，镶嵌在雪山草地间而非戈壁沙漠上，被旅行者们称为中国“天空之镜”。

景区景点比较

额吉淖尔在乌珠穆沁草原上，以草原为基础。额吉淖尔盐湖景点包括：盐场，“彩虹柱”，鸟岛，淤泥池，盐湖体验区，盐池欣赏区。茶卡盐湖的景点有：“天空之境”，观光小火车，盐雕。相比茶卡盐湖来说，额吉淖尔盐湖景点更具有多样性。

景区周边景点比较

内蒙古的大部分景区在锡林浩特以南，锡林浩特以北的景点有额吉淖尔盐湖，乌里雅斯太山和珠恩嘎达布其口岸。青海茶卡盐湖紧挨着青海湖。相比较而言，茶卡盐湖依附于青海湖景点，更具有吸引力。

交通道路比较

去往额吉淖尔盐湖主要道路是锡阿线和 S101 省道；青海茶卡盐湖在 109 和 315 国道的交汇处。草原行更多表现为自驾游，茶卡盐湖依托青海湖成熟的旅游线路，在交通便利性方面，青海茶卡盐湖具有先天的内在优势。见表7－21。

表7－21　额吉淖尔盐湖与青海茶卡盐湖比较

盐湖	景区景点	景区周边景点	道路交通	收费
额吉淖尔	①盐场 ②“彩虹柱” ③鸟岛 ④淤泥池 ⑤盐湖体验区 ⑥盐池欣赏区	①乌里雅斯太山 ②珠恩嘎达布其口岸	途径锡阿线和S101	①暂拟门票50元/人 ②淤泥池20元/人 ③盐湖体验区20元/人
茶卡	①盐湖“天空之境” ②观光小火车 ③盐雕	①漠河盐场 ②青海湖	地处109、315国道交汇处	①门票50元/人 ②小火车35元/人

（4）旅游发展规划

额吉淖尔盐场要积极促进锡林郭勒盟道路建设计划的实施。在此过程中，企业要进行旅游设计规划。

第八章

主要研究结论与政策建议

第一节　主要研究结论

1. 食盐专营在我国有着悠久历史，尽管历史上对盐的专卖制度不断变化，但都是基于盐在社会经济中的重要性展开的。

国家对盐的专卖具有政治和经济双重功用，不但增加了国家财政收入，而且打击了富商大贾和地方割据势力，也是加强对人民统治的一种手段。我国从 1996 年开始的食盐专营是确保加碘，防止碘缺乏病的有效渠道，不仅安全、有效、经济和容易推广，还符合微量、长期及生活化的要求。不管是对国家、对社会、对企业还是对消费者都发挥过积极作用，为我国经济社会发展做出了重大贡献。

2. 我国食盐经营管理体制在运营中也存在一系列问题。我国大部分地区的盐政管理和经营队伍是一套机构两块牌子，各地盐务局是盐业管理政策的制定者、盐政执法者、生产企业的上级主管，同时又是盐产品的经营者，容易出现利用政治或行政职能为经济职能服务的倾向，也容易导致专营范围扩大化。

食盐专营体系在制度设计时确立了食盐定点生产和食盐批发许可制度，形成了我国食盐产销分离的局面。由于产销各自独立，盐业公司处于买方垄断地位，生产企业不能直接到市场上销售，直接面对消费者，产销之间的利润分配不是市场竞争的结果，由此产生了产销矛盾。产销分割使生产企业提高自身竞争力、提高产品质量、开发新品种盐和进行设备更新改造的积极性受到影响，生产企业缺乏自主创新的活力和动力，产销矛盾进一步加剧。

以各食盐定点企业为生产主体，以各省级盐业公司为批发经营主体的食盐专营体系，形成了经营区域按行政区域划分，层层批发的业务经营及管理模式。这种模式使通过市场竞争实现优胜劣汰的机制难以发挥作用，无法通过市场实现资源有效配置，影响了行业技术进步和产业结构调整，导致企业规模小、流通效率低、产业不集中等突出问题。

3. 借鉴国外盐业体制改革的经验，我国食盐经营管理体制改革应遵循兼顾安全、效率和稳定的基本原则，处理好政府和市场的关系，使市场在资源配置中起决定性作用，更好地发挥政府作用，保证食盐产业安全和产品质量安全，建立统一开放、竞争有序的市场体系。根据经济社会发展的现实需要及时制定、修订相关法律法规，以保障食盐经营管理体制改革的顺利推进。要审慎选择科学合理的改革方案和改革路径，积极稳妥、有序渐进地推进我国食盐管理体制改革。培育食盐市场经营主体具备依据市场的需求进行生产、销售和服务的市场特征，通过市场有序竞争，化解产销矛盾。引导盐业企业加快兼并重组，逐步提高市场集中度，优化市场结构，提高盐业市场的规模经济效益。

4. 借鉴我国行业管理体制改革的经验，要密切结合我国的国情，关注食盐是战略性资源产品的特点，注重发挥市场化改革初期政府的主导作用。应采取稳步推进的方式，逐步培育成熟的食盐市场经营主体。通过政府干预和市场化手段推动现有食盐产销企业联合重组，尽快形成一批跨区域经营的产销一体化集团型食盐企业。同时，要注意解决改革过程中的食盐产业安全和食盐供应安全问题，要处理好职能分离、分开后的人员安置问题，加强对食盐市场化改革项目的扶持。

5. 食盐经营主体社会责任意识强，在公众心目中具有良好的口碑和企业形象。通过食盐定点生产许可、食盐准运许可及食盐批发许可的监管，我国食盐经营主体的生产经营网络处在严格的市场监管体系下，生产经营网络安全稳定。但是，我国食盐生产和流通企业数量众多，产业集中度低，呈现“多、小、散、乱”的状态，盐业产能过剩呈逐年发展态势。

专营环境下的企业缺乏创新动力，不能以市场需求为导向进行技术改造与产品研发，对消费者需求变化缺乏快速反应，生产效率低下。企业缺乏高素质人才队伍，知识层次低、结构不合理，致使企业智力资本储备不足，严重影响了企业创新发展能力。并且，对信息化的正确认识不足，忽视了企业信息化建设，直接影响了企业的管理效率。

6. 培育成熟的食盐市场经营主体是一个渐进过程。我国是碘缺乏病高发的国家，全世界40%的碘缺乏人群在中国，消除碘缺乏危害的重任不容忽视。中国人口众多，盐是生活必需品，“盐业系天下”的重要性没有减弱，中国的食盐市场化更应该稳妥谨慎、有序渐进地推进，通过不断加强和完善国家的顶层设计，明确和细化改革的方向、目标、内容、措施，理顺效率和安全、稳定的关系。

必须从国家、行业和企业三个层面采取相应措施，设计好食盐管理体制改革的进程和方式，出台食盐行业结构调整的指导意见，扶持产销一体化的食盐经营主体，出台《食盐特许经营管理办法》，设立食盐事业中心，建立健全食盐管理法律法规。大力营造食盐管理体制改革的氛围，开展食盐管理体制改革研究，充分发挥行业协会作用，加强行业标准化体系建设。盐业企业要转变思想观念，加快企业重组整合，推进经营专业化，创新经营模式。

7. 成熟食盐市场经营主体属于产销一体化经营组织，其标准化的主要目标是食盐质量安全和生产服务效率，食盐市场经营主体标准化建设的主要内容应该包括准入退出标准化建设、产品标准化建设和运营标准化建设。要制定食盐市场经营主体标准化总体规范，加大宣传力度，加强监督和政策支持，推动建立完善的食盐行业信息服务系统。

8. 未来应逐步理顺食盐流通管理体制，提升产业集中度；提高市场准入门槛，保证食盐市场安全；提升国家级食盐配送中心现代化建设，增强服务市场功能；构建食盐流通信息化平台，提升食盐流通监管效率；建立新型食盐监管体制，实行食盐封闭供应链管理；集成开发食盐流通与监管关键技术，推动食盐生产、经营和监管的供应链管理、智能配送、可视化管理和可追溯管理。

9. 人均食盐消费量和人口总量是影响食盐市场容量的两个主要因素。由于人均食盐消费量相对来说比较稳定，因此人口总量的变化对食盐市场容量变化起到关键作用。以人年均食盐消费量6.881千克为基础，以最高峰时人口14.2亿人计，2025—2030年人口最高峰时，我国食盐消费总量最高可达977.1万吨，与2015年全国食盐总销量944.69万吨比较，还有32.41万吨的总增长量。

根据杨舸对未来5年中国人口的预测，计算得出食盐消费总量每年也会有少量增长。2016—2020年食盐市场总容量分别为952.33万吨、959.21万吨、966.09万吨、971.60万吨、975.76万吨。采用各省、自治区的人均食盐消费量和人口总量预测值，对目标市场2016—2020年的食盐市场容量进行分析预测的均值结果是：内蒙古，15.38万吨；北京，13.87万吨；天津，15.42万吨；河北，35万吨；黑龙江，15.07万吨；吉林，14.15万吨；辽宁，28.58万吨；山西，14.03万吨。

总的来看，目标市场中天津、河北、北京由于城市规模的扩大、人口的增加，食盐消费量会有一定的增长。黑吉辽地区未来5年市场容量在57万吨左右。这其中吉林省市场容量会稳定在14万吨左右，黑龙江、辽宁由于人口的下降，食盐消费量会有一定的减少。山西省未来5年市场容量会稳定在14万吨左右，比较稳定。

10. 关于市场需求，研究表明被调查者最为关注的是食盐产品品牌，其次是关注食盐产品是否有绿色产品/无公害产品/有机产品标识。必须加强食盐产品品牌建设和认证标识的宣传和维护。在普通食盐产品上，价格并不为消费者完全看重，55.69%的被调查者认为价格对其购买食盐产品没有影响或影响程度较小，最为喜欢便携式塑料包装。

虽然目前在品牌选择上最多的是“中盐”，但表示未来选择其他品牌的被调查者比例有明显增加，因而，其他品牌（尤其是那些产品有一定特色的品牌）在其他市场有潜在市场需求。一包400克或320克的食盐，家庭使用时间在1~2个月以内的占33.05%，在2个月以上的占43.30%，因而，家庭平均每个月购买食盐的总次数也很低，1次以下的占到59.12%。对普通家庭来讲，500g或1000g更适合。超市、便利店是家庭购买食盐的主要场所，网购的还很少。多数家庭每月在食盐产品上的支出为5元左右，重视绿色消费。而且有67.66%的被调查者家庭在使用食盐的同时还经常食用其他增味剂，企业应与其他增味剂经营企业开展全方位合作。

消费者购买食盐产品时会考虑多种因素，但产品品牌、成分配料是主要因素。企业要抓好品牌建设，积极开发多品种盐。41.17%的被调查者认为广告宣传较小或没有影响其购买某企业食盐产品，因而，广告宣传不应聚焦在食盐销售目标上，而应重在提升品牌知名度，促进品牌建设。消费者比较偏爱本地企业生产的食盐产品，企业要在满足本地消费者食盐产品需求上下大力气，稳定市场份额。质量安全承诺、品质体验、朋友推荐对购买意愿的影响较大，应关注这些影响因素。

11. 不同的消费群体对食盐的认知和消费态度是不同的。消费者购买食盐时的选择习惯，通常是“目标明确”“比较后购买”，这部分消费者占了54.62%，基本特征是：女性消费者为主，主要集中在36～50岁年龄段，具有大学/大专学历，收入在3000～7000元，绝大多数是家庭经常购物者，自己在家做饭。56.95%的消费者认为不同品种的食盐有区别，这就使消费者很可能在食盐消费上，因不同品种的食盐产生多样化的需求，也使不同品牌的食盐进入其他市场存在消费需求基础。消费者对海盐的认知度最高，其次是湖盐，但湖盐的认知度比海盐低41.40%。井矿盐和湖盐相差不多。河北、吉林、辽宁、内蒙古等地的消费者对湖盐的认知度高于井矿盐。消费者购买食盐优先考虑的因素是“品质质量”（70.85%）、“认证标志”（44.90%）。而且选择“认证标志”的消费群体，对湖盐的认知度最高，为49.57%；“商家信誉”和“品质质量”排在第二和第三。多数消费者在购买“中盐”的食盐，能够促使消费者购买其他品牌食盐的因素，依次为：“商家信誉”、购买便利、亲身体验、朋友推荐、价格便宜、广告宣传、包装新颖等。

我们以额吉淖尔大青盐为例做了个案研究，在所有被调研者中，听说过额吉淖尔大青盐的消费者只有18.27%。在内蒙古仍有47.83%的消费者没有听说过额吉淖尔大青盐，说明即便在内蒙古地区也应加强宣传。在目标地区，最高的天津也只有23.81%，黑龙江最低，仅为7.69%。74.54%的消费者对额吉淖尔大青盐的感受偏向良好，表示愿意购买额吉淖尔大青盐的消费者比例很高，为87.17%。25.07%的消费者对额吉淖尔大青盐（普通食盐）选择了3元以上的意愿价格。以每个价格区间的最高价最为基数，最高不超过10元进行加权计算，额吉淖尔大青盐（普通食盐）的最高价格为3.37元。在京津冀、黑吉辽和内蒙古地区，对额吉淖尔大青盐的意愿支付最高价格，最高为天津（3.85元），提价空间54%；最低为河北（3.18）元，提价空间为27.2%。

12. 额吉淖尔大青盐与井矿盐、海盐和其他湖盐相比较，差异性比较明显。并且，额吉淖尔大青盐获批“中国地理标志产品”，获得地理标志产品专用标志的使用权，更加突出了额吉淖尔大青盐的独特性以及在安全、卫生、环保方面的优势。额吉淖尔大青盐天然、绿色、无污染的品质，与当前的绿色消费趋势吻合。消费者在食盐消费中非常关注产品品质、健康和标准等因素，在食盐产品的标识信息中，对“是否有绿色产品/无公害产品/有机产品标识”尤其关注。

消费者对湖盐的认知度高于井矿盐，绝大多数消费者愿意购买大青盐，这些使额吉淖尔大青盐进入其他目标市场有了良好的消费者基础。“母亲湖”牌前期积淀的品牌知名度和美誉度，大青盐获得“中国地理标志产品”认证，为额吉淖尔大青盐进入新市场集聚了一定的竞争力。

食盐经营主体由于社会责任意识强，在公众心目中具有良好的品牌口碑和企业形象。额吉淖尔盐场秉承“厚德载物、健康安全”的企业核心价值观，重视企业责任，在新的市场格局下已经做了软实力和综合竞争能力上的准备。要逐步丰富额吉淖尔大青盐的高附加值品种，抓住额吉淖尔大青盐独特的品质，围绕绿色、健康开发新的利润增长点。

13. 从产品策略来看，额吉淖尔大青盐具备了基本的产品结构，但同国内其他盐业企业相比较，产品结构还比较简单，产品种类较少，低端的普通食用盐产品占据了较高的比例，有必要进一步开发高端产品以满足消费者的个性化和差异化的需求，企业产品结构及优化设计必须考虑地区的差异及食盐市场的总体发展趋势。

以额吉淖尔盐场现有产品为基础，丰富食用盐和家用盐产品系列，适时扩展经营范围，推出保健美容系列产品和旅游产品，丰富产品结构，形成多元化的产品布局。采用主副品牌结合的策略构建企业的品牌体系，展现额吉淖尔大青盐绿色健康品质，推广健康生活方式。对企业形象和产品品牌进行系统设计，加强品牌的注册和保护工作，为企业发展做好铺垫。有必要对现有产品名称和标志进行改进，可以利用统一的印刷背景、色彩以及企业的 LOGO，突出本企业产品与竞争对手的差别。同时，利用各产品系列品牌名称及成分标注，对不同产品进行区分。

14. 在价格策略上，综合考虑销售量、销售范围、运输成本、产品优势特色等因素，新开发的特种盐宜采用高价策略，以达到“以质论价”和“隆重推出”的效果。

制盐企业允许跨区域经营，可以直接到市场零售，食盐产品的竞争会越来越激烈，在短期内普通食盐的零售价格会趋于下降。对普通食盐，生产企业采取低价策略有很大的空间，同时采取低价也有助于打开销路，扩大市场占有率。

对于其他企业的食盐产品调高价格，可以跟随提价。而对于降价，应该慎重从事，要根据降价幅度，分别做出相应的决策。如果降价幅度较小时，可以置之不理；如果降价幅度较大时，也可以保持原价，且运用非价格竞争手段反攻。

15. 在广告策略上，对原有市场采用竞争性广告和提示性广告，以强化品牌形象、顾客忠诚，保持并提高市场占有率为目标，重点在于突出品牌形象，提升消费者对品牌的情感依赖。

对新市场采用开拓性广告，以建立消费者对企业产品和品牌的认知，吸引消费者试用为初始目标，为形成消费者最终的情感依赖和忠诚购买做铺垫，重点在于宣传企业产品及其独特性。广告设计中充分体现以大青盐为诉求的关键点，打造“母亲湖”的品牌形象。在食用盐类广告中通过强化绿色健康、天然药用价值、宫廷用盐、草原圣物、富含多种微量元素等独特性，强调大青盐绿色天然+中高档盐的品牌价值。

16. 在包装策略上，调研结果表明包装本身不是影响消费者的主要因素。因此，在包装策略上，应坚持低成本、差异化、有内涵的原则，突出包装设计对品牌塑造的影响。

对普通食盐采用相同的图标识、图案、近似的颜色、相同的包装材质和相同的风格进行包装，便于消费者快速识别出产品，也可节约包装的设计、制作费用。对于中高档食盐的包装，要以体现品牌内涵，塑造品牌形象为目标，引导消费者由“产品消费”向“品牌消费”转变。

17. 在事件营销策略上，“借力造势”以引起媒体、社会团体和消费者的兴趣与关注，提高企业或产品的知名度、美誉度，树立良好品牌形象，促成面向高端新市场的内蒙古大青盐的销售。

利用普遍参与性的事件，便于充分挖掘，利用“亲身体验”“朋友推荐”等因素的积极作用。利用特定目标人群参与性的事件，对细分人群进行恰当营销，在特定目标人群中开拓高端市场。

18. 在渠道策略上，同内蒙古自治区及周围省份食盐生产企业比较，额吉淖尔盐场的食盐销售将面临巨大的威胁，威胁最大的是陕西榆林盐场，在地理位置、生产能力、产品结构等方面榆林盐场都优势明显。另外，内蒙古的赤峰、通辽两个区域市场也面临着被辽宁盐场和长芦盐场抢占的威胁。

吉林省和黑龙江省食盐市场是额吉淖尔盐场重点拓展的新市场，京津冀是重点渗透地区。对松原、哈尔滨、大庆、七台河、佳木斯、鹤岗、伊春、绥化、齐齐哈尔、白城、长春等地，应积极与竞争对手抢占市场。在内蒙古的二连浩特、苏尼特左旗、苏尼特右旗、锡林浩特、化德县、察哈尔右翼后旗、呼伦贝尔以及额吉淖尔盐场周边的东乌珠穆沁旗、西乌珠穆沁旗、克什克腾旗、兴安盟、林西县等，应竭力铺货，稳定住较高的市场占有率。在乌兰察布、四子王旗、鄂尔多斯、包头、呼和浩特、长春、赤峰、通辽等地，侧重突出产品的特色，注重差异化，保持一定的市场占有率。

根据市场调研结果，额吉淖尔盐场生产的食盐可以选择大型超市零售、肉制品加工企业组合销售、与中国盐业总公司合作、销售代理、在网上销售、母亲湖旅游体验等渠道。

第二节　对策建议

一、关于政企分开的政策建议

政企不分的运营体制是社会对食盐专营的最大诟病。这种运营体制本身是低效率的，也带来了很多经营的不规范，需要予以改革。但这种运营体制在客观上保障了碘盐普及和食盐安全。

基于食盐改革的多重目标，在推进政企分开上需要统筹兼顾，积极稳妥。一是真正落实政企分开，实现监管与经营的完全分离，做到人随职能走，事随职能走，监管成本随职能走。如果只是将监管的职能从盐业公司拿走，而相应负责监管的人员、监管的责任和监管的成本仍然留在盐业公司，会导致市场监管落空或者政企分不开。二是对于西藏、新疆等特殊地区，食盐的特殊性更加凸显，在这些区域保障碘盐供应和食盐安全比提升市场效率更为重要，采取政企合一的手段仍然有其必要性，建议仍然维持政企合一的方式。

二、关于产销融合，组建大型产销一体化盐业企业的政策建议

盐业市场的主要问题是产能过剩、产销分离和经营主体众多。如果这三个问题得不到有效妥善解决，在食盐市场化中很可能会出现无序竞争、市场混乱和经营困难的局面。上述三个问题的根本在于经营主体众多。

从美、日、欧等发达国家地区比较来看，食盐市场基本呈现寡头经营的局面，这种局面保障了食盐市场的有序发展和本国的食盐安全。如美国为6大家，日本为4大家。因此，只有加快行业结构调整步伐，推动现有食盐产销主体的重组，实现产业集中，从根本上建立起良性的食盐市场竞

争机制，才能解决食盐市场经营主体众多问题。食盐改革的关键环节是用尽可能短的时间形成几家大型产销一体化盐业企业，让它们发挥市场稳定器的作用。在这个问题上建议政府引导当先，现有从事食盐生产和经营的企业基本上是国有企业，具备政府引导基础。具体的建议是：

1. 出台《食盐企业准入标准》，并设定达标期限。经营规模作为准入标准的最重要指标，同时辅以生产加工能力和网络布局、技术装备水平、环境条件控制、质量安全保障、储备经营能力等指标。建议在经营规模上，要考虑销区市场和生产能力，如对销区市场超过 3 个省的，且食盐生产量超过一定规模的企业发放全国经营许可，进行全国经营。达不到此标准的可在原有区域经营，但有期限，如果期限内仍然达不到规模标准，退出食盐经营领域。该门槛的设置，可推动现有经营主体（批发企业和生产企业）自发地加快联合重组，产业整合。

2. 出台《食盐企业兼并重组方案》。在方案中明确用两年时间在全国组建 5 ~ 10 家跨区域经营的食盐企业，前十家行业集中度达到 80%。在有效调动企业积极性，尊重企业自主决策的基础上，发挥政府引导和促进作用，完善企业兼并重组服务管理体系，营造有利于企业兼并重组的政策环境，鼓励企业通过无偿划转、出资入股、联合重组等方式实现产业联合。充分发挥行业大型骨干企业的引领带动作用，鼓励开展跨地区、跨所有制兼并重组，实施强强联合、兼并改造中小型企业。引导区域性盐业企业相互联合，以并购、相互持股、产业联盟等多种方式做优做强。支持企业通过兼并重组淘汰落后产能。企业关停或自愿退出食盐生产流通领域的，予以配套政策支持。给予相应的税收、财政和金融支持。

三、关于政策监管和基本保障的政策建议

食盐的基本属性是食品，但其不可或缺性和不可替代性又决定了其存在市场失灵的可能。同时，现阶段赋予食盐加碘可持续消除碘缺乏病的职能，使其成为一个公共卫生问题。这就使得在食盐市场化过程中必须更好地发挥政府的作用。政府的手用得恰当、适时，市场的手才能更好地发挥作用。

政府的手必须在市场监管、基本保障和应急保供上发挥作用。一是严格按照《食品安全法》，建立起从生产源头到老百姓餐桌上的全过程食盐监管体系。二是抓住食盐经营者这个中心环节，出台《食盐许可经营办

法》，对食盐经营进行许可管理。三是建立基础碘盐保障制度。国家指定基础碘盐品种，实行政府指导价。将此作为政府储备品种和政府实行边远地区供应的基本产品。实现科学补碘全覆盖，落实边远贫困地区碘盐供应补贴政策。四是形成食盐储备、原碘统一进口管理体系。

四、关于培育成熟食盐市场经营主体的建议

国家要设计好食盐管理体制改革的进程和方式，应该是一个有计划、有步骤，循序渐进的过程。过渡期对于面临食盐管理体制改革的食盐企业和盐业公司而言，显得尤为重要。要加快出台食盐行业结构调整的指导意见，着力破解食盐行业“低、小、散”难题，引导和鼓励以省级食盐企业和盐业公司龙头企业的资产重组、整合、改制，支持优势企业对劣势企业的收购兼并，通过产业链的整合重组，优化食盐企业和盐业公司布局，提高产业集中度。扶持产销一体化的食盐经营主体，制定相应的扶持、资金保证和税收减免等政策加以引导、组织和帮助。

要积极营造食盐管理体制改革的氛围，开展食盐管理体制改革研究，加强行业标准化体系建设，充分发挥行业协会作用。要充分发挥中国盐业协会的职能，协调政府与企业、企业与企业之间的关系，维护盐业生产经营企业权益，参与制定食盐管理体制改革的相关政策，为食盐经营主体提供相应的服务。

要引导企业转变观念，加快企业重组整合，推进经营专业化。盐业集团公司作为一定地域内的唯一食盐产品供应商，对食盐及其关联产品的品种、价格、渠道、销量等市场情况较为熟悉，因此盐业集团公司在食盐管理体制改革过程中要坚持转型不转行，牢牢把握最为熟悉的食盐产品，始终把食盐及其关联产品的营销作为主业。盐业集团公司应结合自身实力、地域特点等，在加强网络建设的基础上，积极尝试直配终端、特许经营零售终端、以食盐为载体的多关联产品配送、连锁营销网络体系等经营模式，对产品全部实行统一包装、统一产品视觉形象、统一质量、统一价格、统一宣传，加快经营模式创新的进程。

五、关于食盐经营信息化和保障体系建设的建议

1. 关于信息技术和标准

发展食盐生产经营身份识别制度，进一步明确主体责任。所涉及的标

准体系建设和信息系统建设可以由政府、行业及大型盐业企业集团共同完成。

尽快完善各类标准体系建设，特别是盐业行业标准化体系，并根据食盐产品的特殊性，协助政府完善食盐产品国家标准。应尽快组织建设促进食盐市场化的盐业标准体系，特别是盐业物流标准化体系的建设。在市场化渐进推行阶段，制定定点生产企业准入标准，从生产能力、品质、能耗、环境保护、安全等指标进行设置；细化多品种食盐生产标准，从含碘、营养成分等指标进行设置；在多品种食盐生产标准基础上，完善食盐质量检测技术标准；建立食盐流通标准、食盐物流服务标准、物流技术标准等。

如在产销合一的市场化形态下，功能向上、向下进行延伸的物流中心建设需要进一步规划，可由中国盐业总公司牵头，在现有的《食盐配送中心建设与管理技术规范》和《盐业企业物流信息系统架构规范》行业标准基础上，制定《食盐物流中心服务规范及评估指标》的国家标准，在产销合一的市场化状态下，明确食盐物流中心概念内涵，规范功能定位。通过建立适应食盐流通市场化发展的国家标准体系，规范食盐流通市场的运作行为。

2. 关于封闭供应链信息平台建设

应用现代信息技术，带动盐业流通体制与机制的创新，再造业务流程，构筑信息共享、集成统一、业务模式创新的盐业物流信息管理平台是推进食盐市场化的重要组成部分。在市场化渐进推进阶段，可由中国盐业总公司通过对各省级盐业公司的数据集成，建立中国食盐物流宏观决策支持管理信息系统和物流信息平台，负责全国食盐计划的组织实施、物流监控、决策分析等，保证国家食盐计划和合格碘盐供应任务完成。

如在国家级食盐配送中心建设方面，政府投入一定资金支持跨区域配送中心的规划选址和基础设施建设，由符合准入门槛的集团性公司或股份公司负责整合产业现有信息资源，扩展配送中心辐射区域和提升信息服务能力。集团性公司通过研究制定统一的物流信息平台接口规范，建立所有配送中心的信息采集、交换和共享机制，促进企业和服务机构、相关政府部门之间信息互联互通和有序交换。

3. 关于建立食盐安全追溯体系

可参考国家对药品监管的方式，建立食盐电子监管网络，用电子监管码的形式对食盐安全建立追溯体系。批发商、零售商和消费者利用电话、手机、短信、互联网等方式，可对监管码进行查询，以实现每件产品的动态跟踪，真伪验证。逐步形成食盐生产、批发、零售等环节的质量安全追溯信息通道，实现食盐质量安全有效追溯体系。

由大型盐业企业牵头建设食盐电子监管网络平台，主要对食盐的流向进行追溯和监管，并组织相应的培训和开展必要的指导工作；同时，负责在全国信息总平台进行食盐品种信息的维护与更新。在生产环节监管方面，检查督促生产企业和境外厂商按照国家有关部门的统一部署加入电子监管网，做好食盐电子监管码赋码、核注与核销工作；在经营环节监管方面，督促企业按照国家有关部门的统一部署加入电子监管网，做好电子监管所必需的核注与核销工作；此外，结合电子监管网的工作，加强食盐电子监管与日常监管的融合，积极提出数据共享、资源利用、业务协同等功能需求，提高日常监管效能。

六、关于盐业企业长远发展指导思想的建议

盐业企业长远发展的根本指导思想就是“创新、协调、绿色、开放、共享”五大发展理念。

1. 创新是企业发展的灵魂。我们所调研的中盐榆林盐化有限公司在产品创新方面走在了食盐生产企业的前列。

该公司主要产品分为三大类：一类是食用盐系列，主要产品有精制加碘盐、精制无碘盐、绿色食用盐、深井碘盐、深井海藻碘盐、深井海藻碘营养盐、深井海藻碘硒强化营养盐、畜牧用盐、肠衣盐、腌制盐等；二类是工业盐系列，主要产品有精制工业盐、普通工业盐、金属钠盐等；三类保健用盐，主要产品有洗浴盐、洗浴按摩盐、果蔬洗涤盐等。目前生产的食盐专利产品有 14 种，正在申报专利的有 30 多种，如氨基酸低钠盐、富硒碘盐、玉米肽盐、乳酸菌盐等。2012 年 12 月荣获“首届陕西十佳创新示范企业”荣誉称号。

盐业体制改革将会激发食盐生产者开发新产品的积极性，食盐品种研发与创新将是生产企业的主旋律。

2. 协调是企业可持续发展的保证。企业持续发展需要不断进行内部协调和内外部协调。在新形势下，原来的平衡将会被打破。从整体来看，企业的组织将由原来的生产型向生产经营型转变，这样，过去单一的生产型

企业组织结构要向生产经营型组织结构转变，这就需要重新调整企业内部各要素之间的关系；在外部，食盐生产经营者由单一主体向多个主体并存转变，其也要适应这种变化，协调好与其他生产经营主体的关系。

3. 绿色是食盐消费者追求的目标。绿色发展的本质是处理好发展中人与自然的关系。具体对于食盐生产经营者而言，绿色就是实现低投入、高产出；对于消费者来说，绿色就是提高生活品质。

我们所调研的中盐榆林盐化有限公司在绿色生产方面取得了积极进展，如在2010年2月获得了中国绿色食品发展中心颁发的绿色食品证书。2011年4月，获得了国际绿色经济协会颁发的“中国食品行业引领绿色消费十大品牌”证书等。作为个案研究的额吉淖尔盐场生产的食盐产品要主打绿色牌，以更优良的品质拓展市场，赢得消费者的信赖。

4. 开放是市场竞争的基础。对于一个国家来说，开放是国家繁荣发展的必由之路；对于企业来说，开放是市场经济发展的必然要求。

不论是主动开放还是被动开放，在食盐后专营时代，开放已经是食盐企业不得不面对的选择。开放能够促进市场竞争，能够激发企业的活力，能够促进企业的发展进步。但是开放就要遵循丛林法则，就是要遵循自然界里生物学方面的物竞天择、优胜劣汰、弱肉强食的规律法则。至于竞争结果，那就看各自的实力、智慧、手段和能力了。企业强身健体，将是在开放时代所做的必要准备。

5. 共享就是企业的发展成果与大家分享。学会分享是一种境界，是一种理念。企业的性质决定了必须讲求利润，但不能唯利是图，企业要承担起社会责任。中盐榆林盐化有限公司提出的一个口号会给我们一些启示，这个口号是“把食盐变成老百姓都能吃得起的保健品”。

该口号简单明确，但含义深刻。一个是说该企业生产的食盐不仅仅是一般的调味品，通过开发新品种，还会成为一种保健品，如正在开发的富硒盐等；另外，虽然是保健品，但价格是老百姓都能接受的价格，而不像其他保健品那样价高利大。据该企业董事长介绍，之所以提出这样的口号，是因为他在一个资料上看到了我国老百姓由于缺乏必要的保健而处于亚健康状态，决心以食盐为载体，把人体需要的一些微量元素通过食盐的摄入而进行必要的补充，起到保健品的作用。这实际上是把企业的经济效益和社会效益有机地结合起来，使产品有更高的附加价值。

七、关于盐业企业制定中长期发展规划的建议

全面贯彻党的十八大、十八届三中、四中、五中、六中全会及中央经济工作会议精神，认真落实创新、协调、绿色、开放、共享发展理念和《盐业体制改革方案》精神，推进供给侧结构性改革，释放市场活力，培育核心竞争力，促进盐业企业健康的可持续发展，应积极着手制定盐业企业中长期发展规划。规划应在全面系统分析发展现状和面临形势的基础上，明确中长期发展的指导思想、基本原则与发展目标，围绕发展目标和制约发展的瓶颈因素确定中长期发展的主要任务及重点开拓领域，进而制定一系列切实可行的保障措施。

从全国盐业发展的形势来看，未来盐业企业应深化改革、优化结构，服务高端、多元布局，突出重点、提高效率，创新驱动、转型升级。从中长期发展来看，我们建议实施“三步走”发展战略：

第一步，稳基固本，塑造品牌。抓住《盐业体制改革方案》实施的契机，以普通食盐和多品种盐等产品结构优化为突破口，以在目标市场塑造品牌，形成影响力为重点，让市场了解企业、认知企业。

第二步，引入资本，多元经营。围绕各自的独特性，加大开发健康盐、保健盐、护理盐、药用盐等品种，逐步切入健康行业；围绕绿色健康以及独有的风景、花草、风俗、传统、历史、文化等，加大以盐为主题的旅游及相关产品开发，逐步切入旅游业。最终为实现以盐产品为依托，以健康产业和旅游业为主要利润增长来源的战略转型奠定基础。

第三步，资本运作，转型升级。在盐业、健康产业和旅游业有机融合的基础上，着手上市融资，通过上市进入资本市场进行资本运作，将企业迅速做大做强。

八、关于在不同食盐市场实施差别化市场定位的建议

坚持“稳定原有市场，开拓新市场”的原则。如额吉淖尔盐业短期内可以侧重在京津冀、黑吉辽以及山西布局新市场的开拓。在内蒙古区域内，对市级以下地区，侧重稳定普通食盐的市场占有率；对市级以上城市地区，普通食盐与中高端品牌食盐并重。在内蒙古区域外的目标市场，以中高端品牌为主，主打“草原圣物、大青盐品”特色，主攻北京、河北、吉林、黑龙江。可把北京、河北作为重点渗透地区，市场占有率不一定要

求很高，但要有品牌知名度和影响力。把吉林、黑龙江作为重点拓展的新市场，不但要有品牌知名度和影响力，还要保证一定的市场占有率。

九、关于构建不同等级、不同品类的盐产品品种结构的建议

构建不同等级、不同品类的盐产品品种结构，可以满足不同层次消费者的差异性需要，极大的丰富市场和购买选择。具体建议如下：

1. 普通食用盐可在保持目前状况的基础上，增加500g和1000g大包装。

2. 在多样化营养盐上，增加品种数量，开发高端的儿童成长多营养盐、孕妇专用盐、中老年保健盐、枸杞盐、蓝莓盐、沙棘盐、富硒盐等，开发中高端的复合维生素盐、核黄素盐、多种口味的拌菜盐、五行吉祥盐等。

3. 在家用盐产品上，推出家庭软化水盐、运动补液盐、洁具洗涤盐等。

4. 研发保健美容盐系列产品，推出大青盐足浴盐、沐浴盐、洗面奶、面膜、牙膏等，甚至可以进一步细化，如足浴盐可推出牛奶精华足浴盐、生姜精华足浴盐、草本精华足浴盐、薰衣草精华足浴盐等。

5. 推出旅游盐产品，在产品包装及规格充分考虑旅游产品的特点，形成如纸盒、纸筒、玻瓶、纸袋等不同的包装形式和不同的包装规格以方便消费者挑选、携带和馈赠使用。

6. 在畜牧盐上，推出畜牧家禽宠物盐。

十、关于提高品牌声望价值，抓好品牌营销策略的建议

品牌是使某种产品和服务与竞争对手相区分的产品名称或标记。不同盐业企业可针对其独特性构建各自的品牌识别体系，进行差异化品牌定位。品牌的形成通常对产业规模大小并无要求，但却要求有一定的品牌声望。应以“绿色”“安全”“优质”为目标改造和提升企业的产品品牌，产品的商标、包装设计、广告宣传、产品等级分类和质量保障等都应该为形成一定的品牌声望服务。

在食盐市场销售区域限制取消后，如果企业的品牌声望能够迅速形成，应充分利用特色资源优势和产品优势，避免价格竞争。

十一、关于适应盐品多样化趋势，走经营多元化道路的建议

目前，全世界的品种盐有14500多种，而且品种盐的种类和数量还在逐步上升。发达国家品种盐的研发已经历了上百年的历史，美国、日本、欧洲国家、韩国在品种盐的开发方面比较超前。其中，日本是品种盐最多的国家，多达2000多种，仅调味盐就有240余种。我国品种盐开发起步较晚，从20世纪80年代起开始生产品种盐，目前为止也只有200多种。而我国食盐市场品种单一，消费者缺乏选择权。以北京为例，目前在市场上销售的品种盐只有十几种。

生产企业可以直接进入市场销售后，直面市场竞争，开发多品种盐的积极性会被充分地调动起来，市场上盐品进一步多样化是大趋势。在这样的背景下，只靠盐品生产经营的中小企业，在激烈的市场竞争中有必要适应市场盐品多样化的趋势，抢占细分市场，走经营多元化的道路。否则，将面临经营困境甚至倒闭。

盐业企业要想从根本上解决可能面临的困境，必须适应市场需求，不断推出更多功能性的高品质、高附加价值、不同规格、不同包装的新产品，形成盐品多元化、不同利润增长点共存的良好态势。在此基础上，深度挖掘保健盐品、洗浴盐品、护理盐品、医用盐品及精致的小包装旅游产品等，逐步切入健康产业和旅游业，培育和建立一批具有鲜明特色的非食盐高端产品和品牌，塑造产业发展新亮点，将新型盐业形态，如生态有机盐业、休闲康养盐业、观光旅游盐业、特色盐湖小镇等纳入未来发展之中，走资源特色显著、产品优势突出，集生态、修养、旅游、养生于一体的多元化经营道路。

第九章

专题研究

第一节　关于政企分开的实施

一、我国目前食盐经营企业的政企关系

目前，全国31个省级行政区域（不包括港澳台）共有32个省级盐业公司。其中，河北省实行产销管理分设（河北省盐务局与河北省盐业公司一套人马，两个牌子，负责河北省制盐行业的管理及行政执法；河北盐业专营有限公司负责本省食盐专营业务，并设有河北省供销社盐业管理办公室负责销区盐政执法）。其余30个省级盐业，盐政管理职能政企分设的有8个，分别是北京、天津、云南、辽宁、青海、福建、山西、西藏；正在实行分离，尚未完全到位的省有3个，分别是黑龙江、吉林、江西；其余19个省均为政企合一，即盐业公司和盐务管理局是“一个机构、两个牌子”，多数内部部门分设、职责分开。

在盐业执法方面，按照1990年的《盐业管理条例》，盐业行政主管部门负责盐业执法工作，执法人员绝大多数是各级盐业公司职工。同时，工商部门、质检部门、卫生部门及公安等部门也在各自的职责范围内承担着盐业管理职能。目前，各级盐业公司对碘盐的“食盐计划完成率”“碘盐覆盖率”“合格碘盐使用率”，即“三率”负有直接责任。这种政企合一的经营管理体制，对保证我国食盐加碘、保证供应、价格稳定等发挥了重要的作用。但是，这种政企不分、企业承担部分政府职能的体制，不符合建立社会主义市场经济体制的要求，不利于企业深化改革和建立现代企业制度，不利于食盐经营企业的长远发展，不利于政府行使职能和社会事业的发展。

为此，解决我国食盐经营企业政企不分的问题，应该从根本上理顺我国食盐经营管理体制，彻底实行政企分开。

二、盐政队伍及费用情况

据初步统计，全国从事盐政执法的各类人员共有21011人，其中公务员编制728人，事业编制4906人，企业编制15377人。公务员及行政事业编制中，除目前已经实行政企分开的省部分有财政拨款外（如辽宁省盐务局、西藏盐务局、陕西省盐务局部分等），其余均由盐业公司自收自支。即使有行政事业编制，因不涉及财政供养，绝大多数编制并没有明确到具体人，只是以文件形式列上编制名额而已。另外，已经实行政企分开的省份，除了执法部门的正式人员工资等由财政承担外，盐业公司往往需要配备一定的人力物力予以工作协助，且执法经费基本由盐业公司承担（如北京市成立盐政协查大队配合北京商委工作，费用自担；山西盐务局与山西盐业公司虽然机构分设，并没有财政拨款，靠专营政策收取管理费等自收自支）。

据各省上报的数据，2013年全国盐业用于盐政管理支出的费用达15.7亿元，其中用于执法人员的工资福利等支出11.7亿元，执法费用（办案车辆、油费、办案经费等）支出4亿元。

三、政企分开的原则

坚持积极稳妥、确保稳定的原则。正确处理改革、发展、稳定三者关系，妥善处理各种利益关系，努力化解各种思想疑惑和矛盾，做到既积极又稳妥，循序渐进、稳步推进。在实行政企分开时，既要尊重历史，又要考虑现实；既要立足眼前，又要着眼长远；既要有利于稳定，又要有利于发展。

坚持“两个分开”的原则。第一，企业资产所有权和生产经营权分开。按照现代企业治理结构，股东会、董事会、监事会和经理层要各负其责、协调运转、有效制衡。第二，国有资产所有者职能与行政职能分开。按照市场机制要求，实现政府社会经济管理职能与国有资产所有者职能分离。

坚持“三个分离”的原则。第一，生产与经营分离。盐业公司不再具有食盐生产配额分配权力，食盐生产者与经营者通过产销融合，自主确定生产经营计划。第二，经营与监管分离。剥离盐业公司执法职能，盐业公司只作为经营者，成为市场经营主体，平等地参与市场竞争。第三，盐政执法人员同盐业公司相分离。在经营与监管分离过程中，原来在盐业公司的盐政执法人员，也要从盐业公司中分离出来，即“人随事走”，真正做到：人走、事走、费用走。

坚持“属地管理”的原则。盐政执法人员及其职能，根据“属地管理”原则，归属本地的政府相关部门；盐业公司实行政企分开后成为相对独立的市场经营主体，但仍然维持现行的企业隶属关系；产销融合后，再根据新组建的集团公司不同投资主体的股份比例，重新确定隶属关系。

四、实行政企分开的具体步骤和要求

全国各级政企合一的盐业公司政企分开工作要在各级政府统一领导下进行，成立主要由政府各部门（组织部门、政府办公室、编制管理部门、人事部门、财政部门等）和盐业公司组成的实施政企分开工作领导组，主要负责机构改革实施政企分开工作方案的制定，明确部门分工和责任，协调、督促有关部门开展工作。具体步骤如下：

第一，协调人员归属及经费。首先，要协调原来在盐业公司的盐政执法人员归属及人员工资和办公经费问题。不同的省、市、县的情况不同，盐政执法人员归属的政府职能部门也可以根据具体情况确定。食盐作为人们日常生活中不可或缺的重要食品，应该归属各地区食品药品监督管理机构监管，原有盐业公司承担的食盐监管职能及其人员应该归属食品药品监督管理部门。在对盐业公司具有行政事业编制的盐政执法人员划转到食药监局过程中，要充分考虑和妥善处理以下问题：一是大多数单位仅有编制数，并没具体落实到个人。二是行政执法工作难点在基层。基层点多面广，大多数执法人员都是身兼数职，划转要考虑职工意愿。三是盐政执法队伍中绝大多数是企业编制，有的是事业编制但不一定从事盐政执法工作，存在工作职能与人员身份的错位。综合以上情况，真正符合条件且愿意划转到食药监局的人员可能并太多。

原来在盐业公司的盐政执法人员工资和办公经费由盐业公司负担；人员转归到政府职能部门后，这些费用应该由政府承担；但考虑到各地财政的不同情况，除了由政府财政负担，还可以考虑用“转移支付”的方式承担。一是省级财政对县级财政的转移支付；二是在食盐价格基本稳定且批零差价仍然较大的情况下，盐业公司可考虑把批零差价的部分利润“转移支付”给同级财政部门，用来支付盐政执法人员工资和办公经费；三是政府财政与盐业公司共同支付，比例可以具体协商，但最终要由政府财政支付。

退休人员养老金经费补助。盐业政企分开后，应考虑到各级盐务局履行盐业行政管理职能和盐政执法工作的实际情况，以政府部门批准盐业政企分开时间为截止日期，对符合相应条件的人员（包括已退休和符合工作年限满30年为条件可提前办理退休的人员）享受与机关同等退休人员养老金待遇，企业与行政的养老金差额由同级财政给予补助政策，以彻底解决盐业企业“政企合一”管理的遗留问题。

给予转岗培训、人员分流等有关经费补助。原盐业公司执法管理人员无法转为公务员的，应进行转岗培训和分流安置。需要政府部门解决盐业执法和管理人员转岗培训及人员分流安置所需部分或全部经费。此外，对盐业企业食盐市场化改革的重点创新项目给予财政拨款、贴息贷款等资金支持，引导成立食盐市场化改革创业投资基金，对食盐市场化改革项目进行扶持。

第二，人员安置分流工作。盐政执法人员归属政府职能部门后，该部门的职能增加。根据工作需要，人员编制由政府管理部门重新核定，报编制办批准。现有在编人员按公务员标准过渡为公务员；不符合公务员标准的人员，可考虑转为盐业企业经营人员，或进行其他分流安置。

第三，职能移交。撤销盐业公司内部的盐政执法机构，将其职能划入政府部门，由政府部门从事盐业执法工作，作为暂时过渡；也可以由政府部门向盐业公司派驻执法人员，实现体制上政企分离、运行机制上密切配合，但最终还是要由政府部门独立进行盐业执法工作。

此外，实行政企分开的过程中，还要体现如下要求。

第一，政企分开改革是一项涉及市场经济、行政管理等多方面因素的系统工程，事关社会经济发展和社会稳定，各相关部门要高度重视，按政企分开的总体要求，着手研究和组织实施本地区、本系统的政企分开工作。实施政企分开工作领导组要做好调研论证工作，在此基础上提出具体可操作性的工作方案，确保盐业企业政企分开工作的有序进行。

第二，盐业企业要转变观念，从大局出发，统筹安排，加强与政府部门间的沟通与协调，保持盐业系统的纵向和横向联系，统一思想，形成合力。

第三，各相关部门要从改革、发展、稳定的大局出发，对改革中可能出现的新情况、新问题要有预见性，并提出行之有效的解决方法和对策。同时，要认真做好干部职工的思想政治工作，落实各项改革措施，确保改革顺利进行，保证社会经济稳定发展。

第四，确保政企分开的按期顺利完成。

第二节　关于产销融合的实施

一、产销融合的原则

坚持维护各方利益的原则。不论是组建升级的集团公司还是组建跨省的集团公司，集团的各成员单位仍具有法人资格，应缴纳地方的税种仍按照原渠道上缴，以维护地方财政及各方合法的既得利益。

坚持发挥各成员积极性的原则。既发挥大集团的优势，体现经营方针和目标的一致性，做到集中统一；又要兼顾成员单位利益的多元性，发挥和调动成员企业的积极性，引入竞争和激励机制，做到统而不死、活而不乱。

坚持精简效能的原则。集团公司本部机构设置要精简，人员要精干，不搞“大而全”“小而全”，不给成员企业增加负担。

二、产销融合的步骤

产销融合可分两步走：

第一步，各省组建盐业集团公司。

1. 基本思路

按照《中华人民共和国公司法》及国家有关建立现代企业制度的法律、法规精神，结合我国盐业发展实际，实行省级盐业公司与市县盐业公司联合、省级盐业公司与本省食盐生产企业联合，即通过省政府授权集团公司拥有省内有关盐业销售及生产企业国有资产的形式，在国有资产划转的基础上，组建集团公司。

2. 未进入集团公司的企业及人员安置

各省集团公司成立后，在条件成熟的基础上，由省、市、县政府部门对未进入集团公司的盐业销售及生产企业进行分类指导、分步协调。

对部分盐业资源接近枯竭或盐种、盐质低劣的生产企业，可组织转产，二次创业；对部分资产结构不良或资不抵债，但盐业资源尚可使用的生产企业，探索实行破产兼并、收购兼并或吸收合并等方式来进行资产重组。

对于未进入集团公司的盐业企业人员，除组织转业经营、二次创业外，还可以通过集团公司进行的“多种经营”吸纳就业，且在用工方面优先考虑。

3. 集团公司的组织形式

集团公司经省人民政府批准并授权后，作为省内大型国有盐业企业的投资主体，其财产组织形式为国有独资性质的有限责任公司，省人民政府是其唯一的出资人。按照国有资产管理与运营的有关政策规定，在对目前盐业企业进行财产清查和核实资本金的基础上，具体确定集团公司的注册资本。同时，通过省人民政府批准，进行产权划转和产权登记，即国有资产的产权一体化，股权性质为国家股，从而实实在在地建立起集团公司与盐业销售及生产企业的资本纽带关系。在组建集团公司的同时，盐业销售及生产企业相应进行改制，最终成为集团公司全资或控股的有限责任公司或由集团公司控股的股份有限公司。

4. 利润分配

如果建立以资本为纽带的母子公司管理体制，即省集团公司的下属公司属于它的控股或参股公司，食盐生产企业与销售企业之间的利润分配只能采取调整购销价格的方式，即销售企业适当提高食盐的购进价格，从而把部分利润让渡给生产企业；如果省集团公司的下属公司属于它的分公司，则集团公司统一利润核算，统一分配，消除了利润分配失衡问题。

第二步，组建跨省的盐业集团。

1. 基本思路

通过国务院授权盐业集团公司拥有所属省市的国有资产的形式，在国有资产划转的基础上，组建盐业集团公司。组建的盐业集团公司以国有资本为主，适当吸纳其他社会资本参股。盐业集团公司集资本运营和生产经营于一体，控股经营若干省市的国有集团公司的存量及增量国有资产，所属省市集团作为盐业集团的全资子公司，建立起以资本为纽带的母子公司管理体制。

2. 盐业集团的运行模式

盐业集团作为母公司按照其出资额和出资比例对成员企业行使属于所有者的三大权利即资产受益权、重大经营决策权和经营管理者选择权，并以出资额为限对其控股、参股成员企业承担责任。

盐业集团分三个层次进行运作：集团母公司为投资决策、资本运营与资产经营中心；子公司（各省市集团公司）为商品生产经营和利润管理中心；子公司下属的盐业销售及生产企业为产品生产经营和成本管理中心。

3. 盐业集团的功能

盐业集团公司实行层次分明、权责明确、管理科学及激励与约束相结合的管理体制和运作机制。集团公司作为资本运营与资产经营中心，主要有以下功能：

第一，重大投资的决策。盐业集团公司对本公司的发展方向、战略规划等重大问题进行决策，制定并监督实施整体规划和发展战略，协调督促成员企业实现集团的整体目标。根据产业发展的需要，确定增量资本投向，集中财力开发对本集团发展有战略意义的项目，特别是高新技术、高附加值的项目，以谋求最佳的投资回报。

第二，资本运营。集团公司通过存量资本和增量资本的优化配置，通过调整产业、产品和企业组织结构，提高资本的运营效益和收益率，达到发展规模经济、创造规模效益、实现收益最大化之目的。

第三，资产经营目标的调控监管。盐业集团根据政府提出的经济发展目标、本集团公司发展战略目标和市场预测情况，提出年度生产经营目标，主要包括食盐生产、销售、利润、主要产品成本及安全生产等目标，并将这些目标分解到各子公司。同时，建立有效的激励和约束机制，加强对成员企业工作业绩的考核，实施严格的奖惩制度。盐业集团公司根据食盐产品的特殊性，制定并实施积极主动的营销战略方针：①统一组织年度订货，合理划分市场份额，组织协调与重点用盐大户的关系，零散小户由各子公司及分公司自行订货销售；②加强对对外运输的计划管理与协调，降低食盐物流成本；③协调各省市物价部门，统一制定并执行食盐产品价格，以保证同品种、同质级食盐价格的一致性；④在合理划分市场份额的前提下，鼓励各成员企业积极开拓新市场。

第三节　关于食盐事业中心的组建

一、食盐事业中心的设置

食盐事业中心由国家出资设立，接受盐业行政主管部门领导，可以依托行业内大型集团企业建设。

食盐事业中心属于国家设置、具有公益性质的事业单位，所需经费由国家以履行职能要求所需费用为基础全额拨款。目前，中盐公司作为我国盐行业唯一的中央企业，在盐行业具有行业龙头作用，可由中盐公司代行食盐事业中心的职能。

二、食盐事业中心的主要职能

满足边远贫困地区合格碘盐需求；承担国家层面的食盐储备任务；负责紧急状态时食盐的供应；收集食盐生产、进口、流通相关信息；开展食盐生产、进口、流通相关调查研究；提供有助于提高食盐企业效率的指导和帮助；负责食盐质量的检测。

三、食盐事业中心的运行

1. 为满足边远贫困地区合格碘盐需求，对国务院卫生行政部门认定的边远贫困碘缺乏地区，通过免费供应碘盐、补贴运销费用等方式满足碘盐需求。

2. 在国家物资储备局的专业指导下，实施国家食盐储备。

3. 建立健全市场应急工作机制和食盐需求信息共享机制，密切关注市场动态，及时部署食盐的紧急生产和调拨。

4. 与中国盐业协会密切合作，为政府和企业做好相关服务工作，指导和帮助食盐企业提供运作效率。

5. 建立健全国家层面的食盐生产质量检测体系，明确检测范围、判定标准、检测任务、检测实施、质量控制、质量安全信息报告及发布等，为确保食盐质量安全提供基础保证。

第四节 关于产权结构多元化改革

积极探索食盐经营主体产权结构多元化改革，是发展盐业混合所有制经济的重要途径，是完善食盐经营主体现代企业制度的保障。食盐经营主体产权结构多元化的目的在于转机建制，让市场机制在优化资源配置中起决定性作用。推进产权结构多元化的可行性途径包括：

一是鼓励食盐经营主体发展和吸引非国有产权主体。引入市场竞争机制，推进投资主体多元化，非公有资本可以参股、合资、合作、联营、项目融资等方式进入。

二是培育和发展盐业机构投资者。培育和发展食盐产业基金、资产管理公司、信托机构、经纪公司和证券公司等机构投资者。实施债权转股权，金融资产管理公司在债权转股权后，即成为食盐企业的股东，对食盐企业持股或控股，派员参加企业董事会、监事会，参与食盐企业重大决策，但不参与食盐企业的日常生产经营活动。机构出资人的进入可能产生食盐企业最合理的产权模式。

三是支持和鼓励个人投资入股，鼓励食盐企业的经营管理者投资入股，建立和完善食盐企业职工持股会。

四是允许生产要素作价入股食盐企业，从产权制度上形成激励约束机制。

第五节 关于食盐封闭供应链管理

为保证食盐安全和食盐质量，要在食盐行业实施封闭供应链管理，即对供应链成员企业实行严格的准入与退出制度、统一的操作规范和技术标准，建立产品可追溯系统，进行实时监控和动态跟踪。具体要点如下：

一、设置封闭供应链准入门槛

封闭供应链准入门槛应由技术门槛、资本门槛、质量门槛和信用门槛构成。其中，技术门槛是关键，只有技术达标，才能保证产品质量和服务质量，才能最终赢得消费者信赖。技术主要指信息技术、物流技术和管理技术。

二、维持相对稳定的合作关系

封闭供应链成员企业要维持紧密的战略合作伙伴关系，相对稳定的合作伙伴关系可以减少企业的短期行为，保证食盐产品流通的安全性和快捷性。

在封闭供应链中建立结点检测体系，在结点检测体系中各个成员彼此之间都在进行即时的监督，同时受到核心企业、监管方和消费者的监督。结点检测体系中必须包括至少一个第三方权威监管，这个权威监管可以由政府部门或行业权威组织出面担当，并与封闭供应链成员企业保持利益关系上的相对独立。

三、保持相对固定的业务关系

封闭供应链成员企业在平等、自愿的前提下签订契约，明确成员企业间的业务关系，按照合同要求进行业务往来，履行相关义务。一个合作周期大约为2~4年，不同时期根据风险制定不同的合作契约。任何一方违约，都必须承担责任，以保证封闭供应链业务关系相对固定。

四、采用同一信息平台

供应链上所有成员通过同一信息平台，达到信息统一标准、统一规范、统一操作模式。所有成员之间的信息及行业信息都在该平台上第一时间发布，实现信息共享和业务整合。

五、实施系统标准化运作

通过制定统一的作业管理、质量管理、安全管理等标准，实施管理标准化；通过制定生产、仓储和运输等的规模、布局、设备配置与操作流程统一标准，实现设施和操作流程标准化；通过建立统一的食盐质量标准，达到质量检测标准化；通过建立统一的供应链企业评价指标体系，实现供应链企业评价标准化。

六、建立退出机制

主动退出供应链的成员企业，需向核心企业或第三方权威部门提出申请，经过核心企业或第三方权威部门许可后才能退出；不能正常履行封闭供应链契约要求的成员企业，由核心企业或第三方权威部门审查核准后退出。退出的成员企业需要按封闭供应链契约要求承担相应责任。

第六节　关于食盐流通与监管信息平台的构建

应用二维码、电子标签和互联网等主要支撑技术，建立食盐生产、流通全过程信息的获取、交换、共享与管理平台，实现食盐生产、流通的监控与产品追溯，并为政府提供监管技术手段，为企业提供营销、广告和客户关系管理共享平台，为消费者提供食盐产品追溯渠道。

食盐流通与监管信息平台由政府部门牵头构建，盐业企业联合实施。政府负责信息平台接口与协议的制定，并利用平台进行食盐市场监管。

各子系统运营主体如下：食盐生产全过程监管系统由平台运营企业维护实施；食盐公共信息平台和安全追溯中心数据库由政府相关部门管理维护，政府部门授权给平台运营企业，提供信息；食盐生产信息数据库和分销环节信息数据库分别由生产企业和分销企业管理维护；各环节追溯系统分别由各环节企业管理维护，平台运营企业辅助执行。

第七节　关于食盐经营市场化改革的总体目标、基本原则与改革方案

一、改革的总体目标

通过改革实现市场竞争力强、产业集中度高、监管体系完善、食盐供给安全。消除现有体制的突出矛盾，推动产业集中，既发挥市场对盐业资源的配置作用又更好地发挥政府作用，实现盐业市场有序竞争、碘盐供给科学合理、盐产品丰富多样、市场监管严格高效，更好地普及合格碘盐供应和满足经济社会发展各类用盐需求，实现社会效益和经济效益相互统一。

二、改革的基本原则

积极稳妥、有序渐进地推进食盐市场化改革，在改革的总体方向上，需要兼顾安全、效率和稳定原则：（1）安全供给原则。食盐供给安全、食盐质量安全和碘盐普及得到保证，市场监管得到加强；（2）效率提高原

则。遵循价值规律、竞争和供求规律，实现有效竞争；（3）社会稳定原则。行业发展稳定有序，改革成本要考虑政府和社会承受能力。

在改革取向上应坚持产销一体的市场化取向和严格监管的政策取向原则。(1) 产销一体的市场化取向。通过政企分开，实现食盐批发主体向企业的回归；加快行业结构调整步伐，推动现有食盐产销主体的重组，实现产业集中；发挥市场在盐业生产和流通中的决定性作用，更大程度地增强企业活力和竞争力。(2) 严格监管的政策取向。完善政府盐业管理和公共服务职能；通过严格市场准入，加强市场监管的方式来提高市场经营主体经营素质，确保食盐市场供应安全和质量安全。

三、改革方案评价

按照改革的基本原则和改革总目标，选择稳定性、安全性和效率性 3 个一级指标，价格稳定性、市场供应保障能力、社会稳定性、食品安全保障能力、产业安全、碘盐覆盖率、消费者支出成本、流通效率、产业集中度、政府监管成本、改革成本 11 个二级指标。指标体系见表 9－1。

表 9－1　改革方案评价指标体系

<table>
<tr><th></th><th>一级指标/权重</th><th>二级指标/权重</th></tr>
<tr><td rowspan="11">评价指标体系</td><td rowspan="3">稳定性
0.35</td><td>价格稳定性 0.2</td></tr>
<tr><td>市场供应保障能力 0.3</td></tr>
<tr><td>社会稳定性 0.5</td></tr>
<tr><td rowspan="3">安全性
0.40</td><td>食品安全保障能力 0.4</td></tr>
<tr><td>产业安全 0.1</td></tr>
<tr><td>碘盐覆盖率 0.5</td></tr>
<tr><td rowspan="5">效率性
0.25</td><td>消费者支出成本 0.1</td></tr>
<tr><td>流通效率 0.3</td></tr>
<tr><td>产业集中度 0.2</td></tr>
<tr><td>政府监管成本 0.1</td></tr>
<tr><td>改革成本 0.3</td></tr>
</table>

根据一级指标、二级指标的重要性，按照专家评分法，确定各指标的权重。根据方案对二级指标的影响程度，由专家评分法（问卷调查法）确定相应的量值（见表 9－2）。按照权重值和相应的量值，计算方案的综合评价值。

评价模型如下：$E_V = W_1U_1 + W_2U_2 + W_3U_3$

式中：E_V 是综合评价值；

W_1、W_2、W_3 是稳定性、安全性、效率性的权重，它们的大小在0与1之间；

U_1、U_2、U_3 稳定性、安全性、效率性的评价值。

$$U_1 = \sum_{i=1}^{3} w_{1i}x_{1i};$$

$$U_2 = \sum_{i=1}^{3} w_{2i}x_{2i};$$

$$U_3 = \sum_{i=1}^{5} w_{3i}x_{3i}。$$

其中，w 为相应的二级指标权重，x 为各指标的量值。

表9－2　各指标赋值表

指标设计			说明
评价指标体系	稳定性 W_1	价格稳定性（w_{11}）	稳定性高－3；中－2；低－1
		市场供应保障能力（w_{12}）	强－3；中－2；弱－1
		社会稳定性（w_{13}）	稳定性高－3；中－2；低－1
	安全性 W_2	食品安全保障能力（w_{21}）	强－3；中－2；弱－1
		产业安全（w_{22}）	安全性高－3；中－2；低－1
		碘盐覆盖率（w_{23}）	覆盖率高－3；中－2；低－1
	效率性 W_3	消费者支出成本（w_{31}）	低－3；中－2；高－1
		流通效率（w_{32}）	高－3；中－2；低－1
		产业集中度（w_{33}）	高－3；中－2；低－1
		政府监管成本（w_{34}）	低－3；中－2；高－1
		改革成本（w_{35}）	低－3；中－2；高－1

四、改革方案的总体设计

坚持市场方向，以问题为导向，解决现行体制中的迫切问题，消除现行体制中不适应因素，释放企业活力，通过政府引导方式，快速推动现有产销主体融合，形成几家跨区域产销一体的大型盐业集团，建立起市场化的食盐供给机制和适度有序竞争的食盐市场格局。具体步骤上，应积极稳妥，分步实施，可以采用“三步走”的方式。

第一步，消除现有体制中不合理因素，解决突出矛盾，为食盐市场化和培育成熟经营主体打下基础。举措是政企分开，缩减专营范围，取消计划管理，放松价格管制，维持批发许可和定点生产，建立食盐储备和原碘储备，形成边远地区碘盐供应补贴机制。

第二步，推动行业兼并重组，组建大型产销一体化盐业企业集团。推进产销一体，实现产业集中有两种方式：一是通过市场竞争来实现；二是通过政府主导来实现。鉴于现状，通过政府主导来快速实现产销融合，组建跨区域的大型盐业企业集团更加符合实际。举措是政府主导，兼并重组，产销融合。

第三步，行业准入，许可经营，市场起决定性作用。

在实施过程中，需要关注以下关键点：（1）政企分开。实现监管与经营的分离，人随事走，盐政队伍移交政府部门；（2）取消指令性计划。定点生产企业与经营企业实行产销自主衔接；（3）原碘管理。坚持原碘统一进口，碘酸钾定点生产，统一组织生产供应体系；（4）质量追溯体系。搭建行业信息平台，建立起从食盐生产到销售的全过程可追溯体系，实施食盐封闭供应链管理，确保食盐安全；（5）综合监管。相关执法部门加强对食盐质量安全和市场供应安全的监管；（6）科学补碘。加强食盐生产环节的源头管理，确保出厂的食盐产量质量合格；卫生部门加强病理监测，打破行政区域划分，按照碘营养状况划分区域，确定食盐加碘标准。无碘盐供应采取一定的限制措施。增加无碘盐供应网点，方便消费者购买；（7）经营主体。形成产销融合的食盐生产经营主体。生产企业通过产销融合的方式上市场，即生产企业与批发企业以联合重组的方式上市场，可以是批发企业联合生产企业，也可以是生产企业联合批发企业；（8）价格管理。取消政府定价，但对保证民生基本需求的基础碘盐实行政府指导价；（9）经营区域。打破区域垄断，全国范围内自由竞争；（10）产业组织。由政府或相关部门出台盐行业兼并重组的实施方案，采取行政手段和经济手段相结合的方式，促成几家产销一体的大型盐业集团；（11）社会资本。鼓励社会资本通过对现有主体的联合重组参与进来；（12）政府保障。建立食盐中央储备和大区储备；设置食盐事业中心。

第八节　关于食盐产品定价方案

总的思路是“普通食盐跟随定价、多品种盐高价、价格保持相对稳定”。

一、普通食盐跟随定价

普通食盐采取价格跟随定价策略，市场上其他盐业企业普通食盐的价格发生变动，我们也随之做出同样的变动。

在遵照这一基本策略的条件下，对特定的目标市场，可以略有提高。如在北京地区的调研中，消费者对“大青盐”普通产品的意愿支付价格较高，因此，在北京地区的高端超市及高档住宅小区的超市、便利店，可以采用略有提高的价格。

普通食盐采取价格跟随定价策略，主要的诉求是在保证一定的市场占有率的同时，借助普通食盐包装物的有效设计，对额吉淖尔大青盐进行宣传、推广，培育额吉淖尔大青盐的品牌价值。

二、多品种营养盐高价

多品种营养盐产品在价格上采取高价策略，主要考虑到产品自身的独特性，取决于产品品牌认知度的提高和品牌价值的显现。采取高价的价格参考标准的确定：以在北京地区为例，用最低是消费者意愿支付价格比例作测算尺度，以该市场同类食盐价格做参考。如茶卡大青无碘盐的北京市场销售价格为5. 30元/250g，北京地区额吉淖尔大青盐最低意愿支付价格的提价空间为28. 4%，那么，额吉淖尔大青无碘盐可考虑6. 50元左右的定价。

三、价格保持相对稳定

尽量不与其他盐业企业展开价格战，通过非价格因素展开竞争。

第九节　关于食盐产品结构优化方案

一、对企业现有产品进行梳理

系统梳理目前不同品种食盐产品的市场需求状况、成本收益状况，对一些需求量较小、成本收益比不大、市场前景不看好的产品进行清理。

厘清产品线和产品项目结构，为后续的品牌优化和推广奠定基础。通过对产品线和具体产品项目的投入盈亏分析和市场地位分析，发掘企业金牛类、明星类、问题类和瘦狗类产品，明晰企业现金流来源和未来发展的重点。此项工作当前即应着手开展，年底结束。

二、产品调整和新产品开发

通过适当删减部分低利润且缺乏市场发展潜力的产品，降低成本，提升利润水平。通过开发新产品，进入新市场，缓解企业现有产品压力，开发新的利润来源，为企业战略转型和多元化发展提供基础保障。

新产品开发应采取渐进式逐步推出方案，可参照借鉴表 9－3 所示。

表 9－3　新产品开发规划表

产品大类	产品名称	说明
普通盐	优选盐 天然盐 晶盐 低钠盐	根据销售地区的不同需求，推出 500 克、1000 克、1 千克、5 千克等不同规格包装的产品
营养盐	拌菜盐	新产品可通过产品配方和包装改进的简单调整实现，需要抢占品牌影响先机，应尽快优先开发
	餐饮业专用盐	
	白蘑盐	
	儿童成长多营养盐	该类产品未来市场需求潜力巨大，未来竞争压力大，应尽快优先开发，抢占市场先机
	中老年保健盐	
	复合维生素盐	是具有一定潜力细分市场，目前市场竞争压力较小，适合小企业进入。
	孕妇专用盐	
	核黄素盐	
家用盐产品	果蔬洗涤盐	新产品开发相对简单，市场需求大，可考虑优先开发
	家庭软化水用盐	部分地区需求潜力较大
保健美容盐	热敷专用盐	新产品开发简单，细分市场需求大，可考虑优先开发
	足浴专用盐	新产品开发简单，细分市场需求大，可考虑优先开发
	沐浴专用盐	
	盐洗面奶	涉及跨行业开发，可考虑联合开发、投资入股等形式
	盐面膜	
	盐牙膏	
旅游产品	五行吉祥盐	适应企业多元化战略的展品，结合多元化战略实施进度进行开发
	其他	

第十节 关于食盐产品品牌提升方案

随着盐业专营政策的开放以及消费需求和结构的变化，盐业市场的竞争将更加激烈。盐业企业之间的竞争将不仅是产品质量、价格、服务、宣传的竞争，更是品牌的竞争。

基于我国盐业企业生产经营实际状况和品牌建设的实际状况，提出如下品牌提升“三步走”方案（见表9－4）。

表9－4 企业品牌提升“三步走”方案

步骤	工作要点	解决的具体问题
第一步	组建专门的品牌管理部门	1. 企业品牌整体设计和规划 2. 日常品牌管理和宣传工作 3. 建立和维护企业网站
第二步	企业品牌战略设计	1. 企业整体形象定位 2. 企业产品定位 3. 企业品牌体系的构建
第三步	品牌建设和完善	1. 对企业形象和产品品牌进行专业化系统设计 2. 对现有产品名称和标识改进 3. 品牌保护

第十一节 关于盐业企业广告策略实施方案

基于前述的调查研究和理论分析，广告策略的实施主要服务于品牌的塑造，提升品牌知名度和品牌价值。广告策略实施计划见表9－5。

表9－5 广告策略实施计划表

<table>
<tr><th>阶段</th><th>投放市场</th><th>投放目的</th><th>广告媒体</th></tr>
<tr><td>第一阶段</td><td>原有市场</td><td>强化品牌形象、保护市场份额</td><td rowspan="3">公交站牌广告
车体广告
POP 广告
网络广告
微信公众号
电视广告</td></tr>
<tr><td>第二阶段</td><td>新进入市场</td><td>吸引顾客关注、建立品牌形象</td></tr>
<tr><td>第三阶段</td><td>所有市场</td><td>树立统一品牌形象，强化市场影响力</td></tr>
</table>

一、区分现有市场和新进入目标市场

如额吉淖尔食盐产品的现有市场主要在内蒙古自治区，新进入目标市场以北京、河北、吉林、黑龙江为重点。

对现有市场，目前听说过额吉淖尔（母亲湖牌）大青盐的消费者比例还不高，以提升品牌形象，强化顾客忠诚，保持并提高市场占有率，抵御新品牌对本产品市场份额的侵蚀为目标。

对新进入的目标市场，以吸引顾客关注、建立品牌形象、宣传额吉淖尔（母亲湖牌）大青盐的优势特色为目标，增加消费者对额吉淖尔（母亲湖牌）大青盐的认知度。

二、确定广告主题

如确定额吉淖尔食盐产品“绿色环保产品，具有天然药用价值，宫廷用盐”的广告主题。

三、明确广告诉求对象及定位

考虑到目前企业产品主要是面向大众消费者的普通食盐产品。这类食盐产品不同品牌之间同质化问题比较突出。因此，初期的广告诉求对象确定为消费大众，在具体的广告媒介选择上，再进行宣传目标的细分。

广告以感性诉求为主，先动之以情，再晓之以理，形成不同于其他品牌的特定形象。

四、选择广告媒介

综合考虑产品特征、成本、消费者需求特点等因素的影响，选择的媒介主要以户外广告、POP 广告、网络广告、微信公众号为主，以电视广告宣传为辅。

1. 户外公交站牌广告

公交车站牌处人流量大，消费者在等车的过程中难免会无聊，而站牌广告以其显眼的色彩和简洁的内容，十分吸引人的注意。与车身等其他户外媒体相比较，公交站牌广告让广告诉求更清晰地贴近消费者，使产品触手可及，对消费者具有持久的影响力。

户外公交站牌广告，采用广告语“母亲湖牌大青盐，绿色天然食补盐”，在创意上突出的要点是：以母亲湖为背景，广告重点突出“母亲湖、大青盐、食补盐”字样。

这样处理的主要考虑食盐目前属于无差异性产品，希望借助户外广告的清晰性、持久性，让消费者熟悉“母亲湖”品牌，为消费者后续的选择做铺垫。

户外公交站牌广告的投放安排应根据投放的目标城市，选择人流量多、车流量大的站牌进行广告投放。一般可事先制定出3期站牌广告，两周一换，第三块户外广告牌一直投放4周，为期两个月。第二轮投放设计可根据第一期投放效果进行适当调整。

一个城市的经费预算和投放时间见表9-6。

表9-6 一个城市的经费预算和投放时间

经费预算	站牌租赁费	2500~5000元每月/块×16块站牌×2个月=80000~160000元
	站牌广告制作费	16块站牌×3期×100~200元/块=4800~9600元
	合计	84800~169600元
投放时间	第一阶段	15天
	第二阶段	15天
	第三阶段	30天

2. 公交车体广告

公交车体广告具有高认知率和高接收频率，投入少、效果好，并且作用时间长等特点。另外，公交车体广告往往是在人们外出即将发生购物行为时，向他们传送广告信息，能起到购物提示的作用。

公交车体广告，采用广告语也是“母亲湖牌大青盐，绿色天然食补盐”，广告创意要点也同户外公交站牌广告一样。

公交车体广告在公交线路的选择上可参照标准：选择在主干道通行的车辆，选择那些通过主要居民区的车辆。具体方案需根据不同城市的具体情况进行设计。每个城市可计划选择6条左右的线路。

经费预算（一个城市）：5000元/月/辆×6辆车×6个月=180000元。

3. POP广告

POP广告的目的是在商场里引起消费者注意，起到告知信息，刺激购买的作用。POP广告在现有市场和新进入目标市场都可使用。

POP广告采用广告语“母亲湖牌大青盐，绿色天然食补盐，宫廷用盐”。在创意上突出的要点是：以母亲湖为背景，广告重点突出“母亲湖、大青盐、绿色天然食补盐、宫廷用盐”字样。每张宣传条幅可侧重宣传一项内容。印有不同宣传要点的广告条幅可在销售点顺序进行排放。

具体形式选择可以是吊旗式POP广告。吊挂POP广告是在各类POP广告中用量最大、使用效率最高的一种POP广告。每张吊旗可重点突出母亲湖牌大青盐广告语的一个重点。

也可选择地面立式POP广告。主要放置于超市食盐展示架过道，目的在于帮助消费者选择食盐产品时，回忆起对“母亲湖”牌大青盐的记忆。设计要点：第一，地面立式POP广告的高度一般要求要超过人的高度，一般应在1.8m到2.0m以上。第二，地面立式POP广告由于其体积庞大，为了支撑和具有良好的视觉传达效果，一般都为立体造型。因此在考虑立体造型时，必须从支撑和视觉传达的不同角度来考虑，才能使地面立式POP即稳定具有广告效应。

4. 网络广告

网络广告的受众十分贴近我们的目标消费者。我们主要选取搜狐、新浪、京东商城等浏览率较高的门户网站和购物网站与健康、美食相关的专栏投放相应的广告。

网络广告策划创意上突出的要点是：图片以母亲湖为背景，文字突出“大青盐、母亲湖、食补盐、宫廷用盐”字样。具体广告投放计划可参照表9-7。

表9-7　网络广告投放计划表

投放地点	广告位置	备注	经费预算
京东商城	紧随澳洲湖盐和茶卡湖盐		20万元
新浪首页	健康首页焦点图	2万元/帧/天 隔天播放	20万元
搜狐首页	健康文字区半行文字链接	2万元半行/天 隔天播放	20万元

5. 微信公众号营销

微信公众平台是腾讯公司在微信基础平台上新增的功能模块，通过这一平台，可以绑定私人账号进行群发信息。在这里可以通过渠道将品牌推广给上亿的微信用户，减少宣传成本，提高品牌知名度，打造更具影响力的品牌形象。

“母亲湖”牌大青盐利用微信公众号进行品牌推广时，可重点考虑选择那些与食盐消费相关的美食类公众号实现精准营销。可考虑的公众号平台见表9－8。

表9－8　美食类公众号

	微信公众号	特点	微信号
1	美食工场	拥有170多万微博粉丝，在美食类微信公众号排名第一	meishicc
2	好豆网	好豆网原本是一个专注菜谱的网站，现在成了一个中文美食社区，还涉及了餐厅、餐具等多种事物的微信公众号	haodouw
3	美食工坊	内容以分享各地美食和教授各种菜肴的制作方法为主	MeishiGongFang
4	下厨房	具有文艺的气息。看它们的菜谱更像是在看一篇文章。此外，每个菜谱的小贴士是下厨房的特色之一	xiachufang

6. 电视广告

广告语采用“母亲湖的大青盐，绿色天然食补盐”“食材配青盐，健康营养全”。创意上突出强调大青盐天然营养成分、悠久的食用历史、曾经的宫廷用盐。

五、广告效果预测与评估

1. 实施前的预测。对设计和策划作品的主题、创意、文案、作品等进行测试，以评估广告目标的实现程度预测广告活动可能达到的效果及检验广告策略。

预测方法：选择部分目标消费者进行评分测试，也可在小范围内试行并调查试行结果。

2. 实施中的测定。在广告实施中进行效果检测，用来评估广告出现于媒体后所产生的实际传播效果。注意考察市场知名度和占有率的变化。

预测方法：对各媒介广告的发布效果实行定期检测。

3. 实施后的评估。通过发放反馈问卷对媒介发布进行监控和广告效果的评价，特别注重对广告活动带来的社会效果进行评估。

评估方法：发放各媒介广告效果反馈调查问卷。

第十二节　关于盐业企业营销渠道拓展实施方案

盐业管理体制改革使盐业生产者、经营者都面临着机遇和挑战。根据食盐市场形势的变化进行重新全面布局，拓展营销渠道，实现未雨绸缪是当务之急。

一、确定分销渠道

1. 超市。以主要目标市场的大型综合性超市为主要卖场，最好能在调味料区域设置专门的产品货架，有品种齐全的大青盐产品陈列，在内蒙古自治区各大超市的铺货率要达到100%。

2. 便利店。借助便利店数量多、深入社区、方便快捷等特点，迅速将大青盐铺向市场，完成较高的市场占有率，内蒙古自治区的铺货率60%～80%。

3. 代理商。以代理合同的形式给规定区域的代理商授予代理权。

4. 企业自营店。企业根据自身条件，如利用在各地设立的办事处等开设自营店，由集团统一形象设计，统一进货、统一价格、统一配送、统一管理、统一服务，铺货率达到100%。

5. 团购。以直销形式面对外部企业、学校或机关单位，提供团购服务。

二、促销手段

1. 针对经销商。对长期合作或销售努力的经销商给予一定的销售折扣，以报答它们的贡献，代售手续费例如不超过8%；为经销商提供宣传资料一起进行宣传，共同开发市场；定期举办业务会议，在每年销售旺季来临之际，举行经销商购销业务会议，在短期内集中订货、补货，促成大量交易。

2. 针对消费者。利用“3·15”或节假日，在全自治区及主要目标市场统一开展“母亲湖大青盐关爱您的健康”为主题的系列市场营销活动。

三、服务措施

根据客户不同分类提供有针对性的售前、售中、售后服务，形成差别化服务：

1. A类（大中型超市客户）。包括食盐配送、货架布置，过期、破损产品置换等。根据A类客户销售量、依存度、配合度、信用度等指标进行级别划分。如A1、A2等，根据级别不同采取不同的服务标准。

2. B类（小型超市和便利店客户）。包括食盐配送、货架布置、经营能力指导，过期、破损产品置换等。根据B类客户销售量、依存度、配合度、信用度等指标进行级别划分。如B1、B2等，根据级别不同采取不同的服务标准。

3. C类（代理商）。包括产品铺货、食盐商品配送、统一CIS（corporate identity system）系统、经营能力指导、销售人员技能培训等。根据C类客户销售量、依存度、配合度、信用度等指标进行级别划分。如C1、C2等，根据级别不同采取不同的服务标准。

4. D类（一般消费者）。包括产品知识、使用指导等。根据消费者对商品的认知度和消费量，利用各种媒体分类进行宣传和消费引导。

五、管理创新，渠道下沉

形势下必须要进行管理创新，并从组织方式上推进渠道下沉。渠道下沉就是改变过去只把食盐产品卖给省级盐业公司的做法，而是采取省级盐业公司和县级盐业经营者并重，并且以县级盐业经营者为主的经营策略。为了配合这一策略，需要做好以下工作：

首先，调整企业组织架构。即将目前的以生产运行为主的企业组织架构调整为以生产经营为主的组织架构。企业要成立与生产部门并列的营销部门，以现在的销售科为基础，扩大编制，组织企业骨干人员成立营销团队，专门负责食盐的营销工作，并由董事长亲自挂帅，直接负责企业食盐产品的营销事务。

其次，进行营销团队建设。对于额吉淖尔盐场来说，营销团队建设还是一个新生事物，如果只是成立了一个部门而没有进行有针对性的建设，就无法完成既定的目标，营销部门也就形同虚设。因此，部门成立后根据企业发展目标建设是关键。

（1）明确责任。让营销人员达成企业期望的目标就达到了销售团队管理的目的。所以包括销售目标在内的所有目标必须分解到责任人，人人对自己的目标负责。通过对事的管理来达到管人的目的。

（2）实行以结果为导向的量化管理。销售目标进行月度分解，销售人员对自己的目标负责。前提是销售目标的制定和分解科学，可执行性强。通过设立目标进行完成率排名考核，处罚下游，鼓励中游，奖励上游。所有的销售人员都参加数字化的目标考核。销售团队的管理就以结果为导向，对自己的销售目标负责。

（3）设置费用销量占比的形式考核各级销售人员。食盐作为快消品，在各地需要配备的销售人员较多，除了销售代理商外（通过代理合同确定营销费用），其他营销人员的工资及营销费用采用包干的形式，按销售额的百分比提取，避免工资及营销费用支出失控。

（4）销售队伍的热情和士气是高效团队的基本条件。打造一支士气高涨的团队需要一个过程。一则需要招聘具有乐观精神、勇于挑战、积极进取的员工。二则树立典型和样板，激发销售团队的潜能，别人能做到的你一定也能做到。三则选好团队的直接领导，领导都无精打采就不要指望下属能生龙活虎了。四则做好培训，培养一种赢文化。五则做好激励和处罚，表扬先进，鞭策后进，整体提升。

最后，在食盐销地选择代理商。企业销售人员除了自己直接销售外，为了节省开支，可以在销地选择代理商，并由企业销售人员具体负责代理商的管理，代理商的销售业绩直接计入销售人员身上。选择好销售代理商后，需要签订销售代理合同。我们草拟了销售代理合同样本，可供参考。

附录A

盐改前主要法规政策

一、盐业管理条例

（1990年3月2日国务院令第51号发布）

第一章　总　则

第一条　为加强盐资源的保护和开发，加强盐业管理，促进盐业生产发展，保证盐的正常运销，适应社会主义建设和人民生活的需要，制定本条例。

第二条　在中华人民共和国境内从事盐资源开发、盐业生产和运销活动，均须遵守本条例。

第三条　盐资源属于国家所有，国家对盐资源实行保护，并有计划地开发利用。国家鼓励发展盐业生产，对盐的生产经营实行计划管理。具体管理办法，按照国家有关规定执行。

第四条　轻工业部是国务院盐业行政主管部门，主管全国盐业工作。

省及省级以下人民政府盐业行政主管部门，由省、自治区、直辖市人民政府确定，主管本行政区域内的盐业工作。

第五条　国家鼓励盐业的科学研究和先进技术的推广；对于在盐业科学技术研究和运用方面做出显著成绩的单位和个人，应当给予表彰和奖励。

第二章　资源开发

第六条　开发盐资源（包括利用海水制盐、开发岩盐、湖盐和天然卤水制盐），必须遵守国家有关矿产资源开发、土地管理、环境保护、固定资产投资及其他有关的法律、法规。

第七条 国家对开发盐资源实行统筹规划，合理布局，有计划地开发。

国家鼓励开发盐资源，发展盐业生产，鼓励化工企业和其他有关全民所有制企业、集体所有制企业自筹资金投资办盐场或者与现有制盐企业联合经营，地方人民政府予以扶持。

第八条 开发盐资源，开办制盐企业（含非制盐企业开发盐资源，下同），必须经省级盐业行政主管部门审查同意，报省、自治区、直辖市人民政府批准，并按规定向企业所在地工商行政管理机关申请，领取营业执照。

开采矿盐，必须按照《中华人民共和国矿产资源法》的有关规定，领取采矿许可证。矿盐的具体范围，由地质矿产部会同轻工业部确定。

制盐企业的固定资产投资项目，应当按照国家关于固定资产投资的有关规定办理。

私营企业和个人不得开发盐资源。

第九条 盐业企业与其他单位和个人之间在资源使用权和土地所有权、使用权上的争议，由当事人协商解决；协商不成的，应当分别按照《中华人民共和国矿产资源法》《中华人民共和国土地管理法》的规定，由有关人民政府处理。

第三章 盐场（厂、矿）保护

第十条 为了保证国家对盐资源的开发利用，维护制盐企业的正常生产，划定合理的海盐场保护区和湖盐场（厂）保护区。

海盐场防护堤临海面的一定区域和纳潮排淡沟道两侧的一定区域划为海盐场保护区。保护区具体界限的划定，由海盐场所在地省级盐业行政主管部门提出方案，报省级人民政府批准。

湖盐场（厂）开发的盐湖边缘向外一定区域划为湖盐场（厂）保护区。保护区具体界限的划定，由湖盐场（厂）所在地省级盐业行政主管部门会同省级地质矿产行政主管部门提出方案，报省级人民政府批准。

第十一条 任何单位和个人不得在海盐场保护区内兴建小虾池、小盐田以及非法进行其他有损海盐场的活动。本条例发布前已有的小虾池、小盐田等的处理，由当地盐业行政主管部门和农业行政主管部门协商解决；

协商不成的，由省级人民政府处理。

任何单位和个人不得破坏湖盐场（厂）保护区内的防护林带、植被和其他防护设施。本条例发布前有关保护区问题的纠纷，由当事人协商解决；协商不成的，由省级人民政府处理。

第十二条　制盐企业的下列财产和设施受国家法律保护，任何单位和个人不得破坏、侵占、盗窃、哄抢：

（一）制盐企业依法使用的土地、滩涂和盐矿资源；

（二）海盐场防护堤和纳潮排淡沟道；

（三）制盐企业的生产工具、设备和产品；

（四）制盐企业已开采的盐矿石（包括共生、伴生矿石）和卤水，已纳入盐田的海水、各级卤水，盐田中的卤虫、鱼虾、微藻等盐田生物。

第十三条　制盐企业所在地的公安机关应当加强盐区治安保卫工作，以维护盐区正常的生产秩序。

盐区治安管理的具体问题，由县级以上（含县级、下同）盐业行政主管部门与同级公安机关共同协商解决。

第四章　生产管理

第十四条　制盐企业必须按照国家计划组织生产，加强企业管理，提高技术水平，降低消耗，增加效益。

第十五条　制盐企业必须严格按照国家有关规定，加强质量监督检测工作，不符合质量和卫生标准的产品不准出企业。

第十六条　在食盐中添加任何营养强化剂或药物，须经省级卫生行政主管部门和同级盐业行政主管部门批准。

第十七条　禁止利用盐土、硝土和工业废渣、废液加工制盐。但以盐为原料的碱厂综合利用资源加工制盐不在此限。

第十八条　国家鼓励制盐企业综合利用盐资源，发展盐化工和水产养殖等多品种生产。

第五章　运销管理

第十九条　食用盐、国家储备盐和国家指令性计划的纯碱、烧碱用盐，由国家实行统一分配调拨。

其他用盐，制盐企业在完成国家分配调拨计划和按规定确保合理库存的基础上，可在盐业行政主管部门的指导下进行自销。

盐的具体分配和调拨，由轻工业部按照国家计划进行管理。

第二十条　盐的批发业务，由各级盐业公司统一经营。未设盐业公司的地方，由县级以上人民政府授权的单位统一组织经营。

第二十一条　食盐的零售业务，由商业行政主管部门指定的商业企业、粮食企业和供销合作社零售单位负责。需要委托个体工商户、代购代销店代销食盐的，由县级商业（含粮食、供销）行政主管部门批准。

各零售单位必须把食盐列为必备商品，保持合理库存，不得脱销。

第二十二条　禁止在食用盐市场上销售下列盐制品：

（一）不符合食用盐卫生标准的原盐和加工盐；

（二）土盐、硝盐；

（三）工业废渣、废液制盐。

经化工部批准的以盐为原料的少数碱厂综合利用资源加工制盐，符合国家规定的食用盐卫生标准的，可以作为食用盐销售，但必须纳入盐业行政主管部门的产销计划，并依法缴纳盐税。

第二十三条　对碘缺乏病地区必须供应加碘食用盐。未经加碘的食用盐，不得进入碘缺乏病地区食用盐市场。

第二十四条　运输部门应当将盐列为重要运输物资，对食用盐和指令性计划的纯碱、烧碱用盐的运输应当重点保证。

第二十五条　海盐产区应当按照国家规定建立以丰补歉的平衡盐储备制度，盐的销区应当按照国家规定建立食用盐国家储备制度。

第六章　法律责任

第二十六条　违反本条例第八条规定，擅自开发盐资源、开办制盐企业的，由地方人民政府或地方有关行政主管部门按照国家有关规定处理。

第二十七条　非法侵占制盐企业依法使用的土地、滩涂，擅自进入国家划定的盐业企业的矿区采矿的，按照国家有关土地管理、矿产资源管理的法律、法规处理。

第二十八条　违反本条例第十一条、第十二条（二）、（三）、（四）项规定的，盐业行政主管部门有权制止，责令其赔偿损失，没收其非法所得，并可处以不超过非法所得额五倍的罚款。情节严重、构成犯罪的，由司法机关依法追究刑事责任。

第二十九条　违反本条例第十五条、第十六条、第十七条、第二十二条、第二十三条规定的，盐业行政主管部门、工商行政管理机关和食品卫生监督机构按照他们的职责分工，有权予以制止，责令其停止销售，没收其非法所得，并可处以不超过非法所得额五倍的罚款；情节严重的，工商行政管理机关有权吊销其营业执照。造成严重食物中毒、构成犯罪的，对直接责任人员依法追究刑事责任。

第三十条　当事人对盐业行政主管部门做出的行政处罚决定不服的，可以在接到处罚决定之日起十五日内向上一级盐业行政主管部门申请复议。上一级盐业行政主管部门应当在收到复议申请之日起两个月内做出复议决定。申请人对复议决定不服的，可以在接到复议决定之日起十五日内向人民法院起诉。期满不起诉又不履行的，由做出处罚决定的机关申请人民法院强制执行。

第七章　附　则

第三十一条　本条例由轻工业部负责解释。

第三十二条　省、自治区、直辖市人民政府可以根据本条例制定实施办法。

第三十三条　本条例自发布之日起施行。

二、国家储备食盐管理办法

（1991 年 5 月 11 日轻工业部、国家计划委员会、财政部、商业部发布，自 1991 年 5 月 11 日起施行）

第一章　总　则

第一条　根据《盐业管理条例》第五章第二十五条关于建立食用盐国家储备制度的规定，为了防备战争、灾荒和在市场出现特殊情况下调济民食急需，制定本办法。

第二条　储备食盐的管理实行“统一管理，分级负责”的原则，轻工业部是国家储备食盐（以下简称储备盐）的主管部门，具体工作授权中国盐业总公司办理。各地的管理工作在省、自治区、直辖市人民政府的领导下，由主管盐业的厅、局（社）、盐业公司（盐务局）或兼营公司及所属的保管单位逐级负责。各级主管部门和单位要指定一位领导同志负责抓储备盐管理工作，落实各项措施，切实管好。

第二章　计划安排和动用

第三条　储备盐实行国家指令性计划，由轻工业部归口管理。省、自治区、直辖市主管盐业的厅、局（社）提出申请计划，经轻工业部根据需要与可能列入国家年度食盐分配调拨计划，统一平衡，经国务院批准后一并下达。储备盐的布局，贯彻平战结合的原则，有重点的存于交通枢纽、符合食盐合理流向、有仓储条件、储存安全、便于管理和机动调度应急的地点。

第四条　储备盐的所有权和运用权属于国家（中央），由地方负责储存保管。储备盐的动用，除战时由省、自治区、直辖市人民政府批准并抄送轻工业部备案外，平时属计划内动用的应纳入国家年度食盐分配调拨计划；如遇特殊情况必须临时动用时，应由省、自治区、直辖市主管盐业的厅、局（社）提出动用报告，说明动用理由、地点及数量并按规定格式填具动用申请表报轻工业部审批，未经轻工业部批准，任何单位不得擅自动用、挪用或借用。

第五条　储备盐跨省区调拨时，由轻工业部统一调度。

第三章　保管工作

第六条　各级盐业管理机构，要配备政治素质好，工作责任心强，有一定业务能力的人员从事仓储管理工作，并保持相对的稳定。管理人员的工作调动时，要妥善做好交接工作，履行交接手续。

第七条　储备盐所需的仓库、其他必要设施及物资，由所在省、自治区、直辖市计委（计经委）统筹安排，列入基本建设和供应计划。

第八条　保管单位要把储备盐与经营盐严格分开，要有专人管理，专仓储存，专账记载，建立健全并严格执行入库、出库保管制度，按品种、数量、质量、进库、出库时间设立账卡档案，改善储存保管条件，加强卫生、安全措施，切实做到保数量、保质量、保安全、保急需。

省级盐业主管单位每年要组织专人深入基层进行检查，发现问题及时妥善处理。

第九条　为保质量，保管期间根据储存情况及盐源可能，在保证储备数量不减少的原则下，经轻工业部批准，可以有计划地进行轮换，推陈“储”新。轮换的数量以原实际入库数为准，保管损耗由经营盐摊销。

第四章　资金管理

第十条　轻工业部负责统一管理储备盐资金的分配、使用、调剂及拨缴等工作。各级盐业管理单位必须层层建立储备盐资金账册，向银行开立专户，专款专用。

第十一条　储备盐资金管理的渠道，实行拨缴两条线，各省、自治区、直辖市盐业主管单位按照国家核定的储备盐分配计划，编制所需储备盐资金的明细预算，报轻工业部核拨。经批准动用时，省级盐业主管单位应负责将原拨入的储备盐资金，从批准之日起的两个月之内全部归还轻工业部，不得截留、拖欠、挪用。

第十二条　储备盐的盐税稽征管理，按《中华人民共和国盐税条例（草案）》及其实施细则和《盐税稽征管理试行办法》的规定执行。储备盐的盐价，按产区食盐分配价减现行盐税作价。经批准动用时，由保管单位按账面实支盐价款及各项费用加原产区现行盐税作价。

第十三条　储备盐仓储设施的维修、保管费用，仍按轻工、财政、商业三部（83）轻盐字第46号通知执行或由省级财政核定合理定额，给予专项拨款。

储备盐库按财务规定提取的折旧费和大修理基金，由省级盐业主管单位统一安排，用于储备盐库及其他有关设施的维修更新。

第十四条　储备盐的损耗（包括途耗、仓耗），在定额以内的按实列入储备盐费用，相应减少储备盐存量；超定额损耗由保管单位负责，遇有人力不可抗拒的灾害造成的非常损失，可由保管单位提出专题报告，取得当地政府的证明，由省级盐业主管单位报经轻工业部批准，核减储备盐数量和资金。

第十五条　储备盐存款利息作为增加国家储备盐资金。在国家统一调价时，按新价调增或调减原账面储备盐金额，动用时，按新价结算，归还轻工业部。增减的差额作为储备盐的增值或减值，不作为保管单位的收入或损失。

第五章 监督与奖罚

第十六条 轻工业部、财政部、商业部及省、自治区、直辖市主管盐业的厅、局（社）和财政厅（局）、税务局，要加强对储备盐管理工作的监督，定期基不定期地召开储备盐管理工作汇报会，派人进行重点检查，并商请有关部门监督检查。

第十七条 省级盐业主管单位要认真执行储备盐工作总结制度、统计年报制度及会计决算制度。工作总结、统计年报（格式见附表6）和会计决算应在年度终了后两个月内报轻工业部。

第十八条 省级盐业主管单位要把储备盐管理工作作为考核工作成绩的重要内容之一，对管理工作取得显著成绩的单位和个人给予表彰和奖励，对违反本办法规定的，由轻工业部给予通报批评。由此影响国家储备任务的实现和造成经济损失的，要追究有关人员的责任；构成犯罪的，由司法部门依法追究刑事责任。

第六章 附 则

第十九条 储备盐的数量、布局和文件报表属于国家机密，要按保密制度的规定严格注意保密。

第二十条 本办法适用于一九八〇年一月一日以后新储的储备盐（一九七九年底以前储存的储备盐，其处理办法按《对调整现存国家储备盐工作的安排》中的各规定办理）。本办法自颁发之日起执行，轻工业部一九六四年十一月九日发布的《关于移储平衡储备盐的暂行办法》（〔64〕轻工盐字第165号）同时废止。其他有关规定与本办法有抵触的，以本办法为准。

第二十一条 本办法的解释权属于轻工业部。

三、盐业行政执法办法

（1991年6月6日中华人民共和国轻工业部令第2号发布，
自1991年9月1日起施行）

第一章 总 则

第一条 为保证《盐业管理条例》贯彻施行，加强盐业行政执法（简称盐政执法，下同），制止和纠正盐业违法行为，查处盐业违法案件，维护盐业部门、盐业企业和消费者的合法权益，根据《盐业管理条例》及国家有关规定，制定本办法。

第二条　各级盐业行政执法机构（简称盐政执法机构，下同）及执法人员，从事盐政执法活动，应当遵守本办法。

第三条　本办法所称盐政执法，是指各级盐政执法机构及执法人员，对《盐业管理条例》及其他盐业法规、规章贯彻执行情况的监督检查，制止和纠正盐业违法行为，以及依法对盐业违法行为的处罚。

第四条　盐政执法工作必须坚持有法必依、执法必严、违法必究，以事实为根据、以法律为准绳和法律面前人人平等的原则，准确、及时地纠正和查处各种盐业违法行为。

第五条　盐政执法工作实行统一领导，分级管理。

第六条　各级盐业行政主管部门，对在盐政执法工作中做出显著成绩的单位和个人，应当给予表彰和奖励。

第二章　盐政执法机构及其职责

第七条　各级盐业行政主管部门，应当设立盐政执法机构，负责本辖区内的盐政执法工作。

省级盐业行政主管部门也可以在大重点盐区（包括产区和销区）、盐业企业设立盐政执法机构。

第八条　各级盐政执法机构应配备政治素质好，熟悉有关法律、法规、规章和盐政业务，经省级盐业行政主管部门考核合格的人员，从事盐政执法工作。

第九条　盐政执法机构和执法人员的职责是：

（一）宣传、贯彻《盐业管理条例》及其他盐业法规、规章，并对其施行情况进行监督、检查；

（二）制止和纠正盐业违法行为，依法对违反盐业法规、规章的单位或个人进行处罚，或向有关部门提出处罚意见，构成犯罪的，依法提请司法机关追究刑事责任；

（三）根据法律、法规、规章的规定，受理盐业行政复议；

（四）受理对盐业违法行为的举报；

（五）受理盐业行政纠纷；

（六）完成上级盐业行政主管部门交办的盐政执法检查和案件查处任务。

第十条 盐政执法机构和执法人员在履行职责时，享有下列权利：

（一）监督、检查有关单位或个人对《盐业管理条例》及其他盐业法规、规章的贯彻执行情况；

（二）依法独立或会同有关行政执法部门查处本辖区内的盐业违法案件；

（三）对盐业违法行为的当事人、见证人和涉及盐业违法行为的其他单位或个人进行调查、询问，并要求被调查人、被询问人在笔录上签名或盖章；

（四）查阅、抄录和复制与案件有关的文件、资料；

（五）向被检查、被调查的单位或个人索取有关证明材料。

第十一条 盐政执法机构和执法人员在履行职责时，应承担下列义务：

（一）按照规定的职权和程序进行执法检查和处罚；

（二）佩戴执法标志，主动向被检查、被处罚的单位或个人出示《中国盐政检查证》；

（三）为举报盐业违法行为的单位、个人和被查阅、复制的文件、资料保密；

（四）秉公执法、廉洁奉公，承担错误查处的责任。

第十二条 各级盐业执法机构及执法人员，依照《盐业管理条例》和其他盐业法规、规章，以及本办法的规定，在查处盐业违法行为时，独立行使盐政执法权，任何单位或个人不得非法干涉。

第三章 盐业违法案件及其管辖

第十三条 具有下列盐业违法行为之一，应当追究法律责任的，构成盐业违法案件：

（一）违反《盐业管理条例》第八条的规定，擅自开发盐资源、开办制盐企业的；

（二）破坏盐业资源、侵犯盐场（厂、矿）保护区的；

（三）侵犯盐业企业财产和设施的；

（四）生产和销售土盐、硝盐、工业废渣、废液制盐及其他不符合质量、卫生标准的原盐和加工盐的；

（五）向碘缺乏病地区供应、销售非碘食盐的；

（六）不执行国家计划和有关规定，未经盐业行政主管部门的批准，擅自生产、运销、购进原盐、加工盐、液体盐的；

（七）其他违反盐业法规、规章的行为。

第十四条 中国盐业总公司经授权查处全国范围内有重大影响的盐业违法案件；省、自治区、直辖市盐业行政主管部门查处本辖区内有重大影响的盐业违法案件；其他盐业违法案件，由省级以下各级盐业行政主管部门查处，其受案划分标准，由省级盐业行政主管部门决定。

第十五条 两个以上盐业行政主管部门均有权管辖的案件，由最初查处案件的部门管辖；盐业行政主管部门之间对管辖权发生争议时，由争议双方协商解决，协商不成的，报其共同的上级盐业行政主管部门指定管辖。

盐业行政主管部门发现受理的案件不属于自己管辖时，应当移送有管辖权的机关处理；有管辖权的盐业行政主管部门，因特殊原因不能行使管辖权时，由上级盐业行政主管部门指定管辖。

上级盐业行政主管部门有权查处下级盐业行政主管部门管辖的案件，也可以把自己管辖的案件移交下级盐业行政主管部门查处。

第十六条 上级盐业行政主管部门受理当事人因不服下级盐业行政主管部门做出的盐业行政处罚决定而提起的行政复议。上级盐业行政主管部门认为下级盐业行政主管部门做出的盐业行政处罚不当，有权改变下级盐业行政主管部门的处罚决定，或指令下级盐业行政主管部门重新做出处理。

第四章 盐业违法案件的查处程序

第十七条 各级盐政执法机构查处盐业违法案件，必须以事实为根据，以法律、盐业法规、规章为准绳，做到事实清楚、证据确凿、处理适当、手续完备。

第十八条 查处盐业违法案件的程序分为简易程序和一般程序。

属于本办法第十三条所列盐业违法案件，事实清楚、情节较轻，或非法所得额不足二百元人民币、违法金额不足一千元人民币，当事人没有提出异议的，可以适用简易程序；其他案件适用一般程序。

第十九条 查处盐业违法案件的简易程序是由盐政执法人员对盐业违

法案件直接做出处罚决定，填写《盐业违法案件简易处罚决定书》交给当事人。

第二十条 适用简易程序时，盐政执法人员有权采取下列处罚方式：

（一）批评、警告；

（二）责令停止违法行为；

（三）没收其非法生产、运销、购进的原盐、加工盐；

（四）没收其非法所得金额；

（五）处以五十元人民币以下的罚款。

以上方式可以单独使用，也可以合并使用。

第二十一条 查处盐业违法案件的一般程序为：立案、调查、处理和结案。

第二十二条 属于本办法第十三条所列盐业违法案件，情节较重，或非法所得额超过二百元人民币、违法金额超过一千元人民币的，经盐政执法机构审查，属于其管辖范围的，应予立案。

符合立案条件的案件，应填写《盐业违法案件立案呈批表》，经盐业行政主管部门（包括其设立的下级盐政执法机构和其授权的盐业企业，下同）主管领导批准后立案。

经批准立案的案件，应及时指定承办人。

第二十三条 盐政执法人员在调查案件时，应当向当事人、证人提出询问，做出《询问记录》，索取有关证据，必要时可进行现场勘查。

证据有以下几种：

（一）书证；

（二）物证；

（三）证人证言；

（四）当事人的陈述；

（五）视听资料；

（六）鉴定结论；

（七）勘验笔录、现场记录。

第二十四条 在盐业违法案件当事人有隐匿、销毁证据可能的情况下，对违法物品，盐政执法机构可予以先行封存、扣押，并向当事人出具封存、扣押通知书。

第二十五条 盐业违法案件经调查后，确认违法事实清楚，证据确凿时，由案件承办人填写《盐业违法案件处理呈批表》，报盐业行政主管部门主管领导批准，按照《盐业管理条例》及其他盐业法规、规章的有关规定，对盐业违法的个人、单位及其直接责任者作出行政处罚，填写《盐业违法案件行政处罚决定书》，送达当事人。

第二十六条 盐政执法机构送达《盐业违法案件行政处罚决定书》，应当直接送交受送达人，由受送达人在送达回证上记明收到日期，签名或者盖章；受送达人在送达回证上的签收日期为送达日期。

受送达人不在时，交其同住的成年家属或者所在单位签收；受送达人是法人或者其他组织的，交其收发部门签收。

受送达人拒绝签收的，送达人应当邀请有关人员到场，说明情况，在送达回证上记明拒收事由和日期，由送达人、见证人签名或者盖章，把《盐业违法案件行政处罚决定书》留在受送达人的住处或者收发部门，即视为送达。

盐政执法机构送达《盐业违法案件行政处罚决定书》可以委托其他行政机关代为送达，或者邮寄送达。邮寄送达，以挂号回执上注明的收件日期为送达日期。

第二十七条 盐政执法机构一般应在立案后三十日内对盐业违法案件做出处罚决定；因特殊情况不能按期做出的，经主管领导批准，可以适当延长办案期限。

第二十八条 对盐业行政处罚决定的复议和强制执行，按照《盐业管理条例》第三十条的规定执行。

第二十九条 盐业违法案件办理完毕，承办人应填写《盐业违法案件结案报告》经主管领导批准后结案，并将案件全部资料立卷归档。

第三十条 盐政执法机构的正常经费开支和不属于正常经费预算范围的开支，以及特殊情况下的必不可少的办案业务开支，由各级盐业行政主管部门与同级人民政府和财政机关等有关部门协商解决。

第三十一条 盐业行政主管部门根据《盐业管理条例》及其他盐业法规、规章的规定，罚没的财物，按照财政部《罚没财物和追回赃款赃物管理办法》的有关规定处理。

第五章 奖励和处罚

第三十二条 对举报盐业违法行为的单位和个人，各级盐业行政主管部门可根据财政部《罚没财物和追回赃款赃物管理办法》第十七条的有关规定予以奖励。

第三十三条 各级盐业行政主管部门对在贯彻执行《盐业管理条例》及其他盐业法规、规章或盐政执法中成绩显著，以及制止或纠正盐业违法行为，避免或挽回重大经济损失的单位或个人，应根据《国务院关于国家行政机关工作人员的奖惩暂行规定》以及《企业职工奖惩条例》的有关规定，给予精神鼓励或物质奖励。

第三十四条 拒绝、阻碍盐政执法人员依法执行职务，违反《中华人民共和国治安管理处罚条例》的，由公安机关依法处理；情节严重，构成犯罪的，由司法机关依法追究刑事责任。

第三十五条 盐政执法人员玩忽职守、徇私枉法，致使违法行为得不到及时、准确的纠正、查处而造成国家、集体重大经济损失或侵犯公民合法权益的，应当依照国家有关法律、法规处理。

第六章 附 则

第三十六条 本办法中的“盐业行政主管部门”，除第七条第二款外，均包含盐业行政主管部门授权的盐业企业。

第三十七条 盐业行政执法标志和《中国盐政检查证》，由轻工业部统一制作，各省级盐业行政主管部门填发。

有关盐政执法文书，由轻工业部制定格式，省级盐业行政主管部门印发。

第三十八条 本办法由轻工业部负责解释。

第三十九条 本办法自一九九一年九月一日起施行。

四、食盐加碘消除碘缺乏危害管理条例

（1994年8月23日国务院令第163号发布）

第一章 总 则

第一条 为了消除碘缺乏危害，保护公民身体健康，制定本条例。

第二条 碘缺乏危害，是指由于环境缺碘、公民摄碘不足所引起的地

方性甲状腺肿、地方性克丁病和对儿童智力发育的潜在性损伤。

第三条　国家对消除碘缺乏危害，采取长期供应加碘食盐（以下简称碘盐）为主的综合防治措施。

第四条　国务院卫生行政部门负责碘缺乏危害防治和碘盐的卫生监督管理工作；国务院授权的盐业主管机构（以下简称国务院盐业主管机构）负责全国碘盐加工、市场供应的监督管理工作。

第五条　各级人民政府应当将食盐加碘消除碘缺乏危害的工作纳入本地区国民经济和社会发展计划，并组织实施。

县级以上人民政府有关部门应当按照职责分工，密切配合，共同做好食盐加碘消除碘缺乏危害工作。

第六条　国家鼓励和支持在食盐加碘消除碘缺乏危害方面的科学研究和先进技术推广工作。

对在食盐加碘消除碘缺乏危害工作中做出显著成绩的单位和个人，给予奖励。

第二章　碘盐的加工、运输和储存

第七条　从事碘盐加工的盐业企业，应当由省、自治区、直辖市人民政府盐业主管机构指定，并取得同级人民政府卫生行政部门卫生许可后，报国务院盐业主管机构批准。

第八条　用于加工碘盐的食盐和碘酸钾必须符合国家卫生标准。

碘盐中碘酸钾的加入量由国务院卫生行政部门确定。

第九条　碘盐出厂前必须经质量检验，未达到规定含量标准的碘盐不得出厂。

第十条　碘盐出厂前必须予以包装。碘盐的包装应当有明显标识，并附有加工企业名称、地址、加碘量、批号、生产日期和保管方法等说明。

第十一条　碘盐为国家重点运输物资。铁路、交通部门必须依照省、自治区、直辖市人民政府盐业主管机构报送的年度、月度运输计划，及时运送。

碘盐的运输工具和装卸工具，必须符合卫生要求，不得与有毒、有害物质同载、混放。

第十二条　经营碘盐批发业务的企业和在交通不方便的地区经营碘盐零售业务的单位和个人，应当按照省、自治区、直辖市人民政府盐业主管机构的规定，保持合理的碘盐库存量。

碘盐和非碘盐在储存场地应当分库或者分垛存放，做到防晒、干燥、安全、卫生。

第十三条 碘剂的购置费用以及盐业企业因加碘而发生的各种费用，按照国家有关规定执行。

第三章 碘盐的供应

第十四条 省、自治区、直辖市人民政府卫生行政部门负责划定碘缺乏地区（以下简称缺碘地区）范围，经本级人民政府批准后，报国务院卫生行政部门、国务院盐业主管机构备案。

第十五条 国家优先保证缺碘地区居民的碘盐供应；除高碘地区外，逐步实施向全民供应碘盐。

对于经济区域和行政区域不一致的缺碘地区，应当按照盐业运销渠道组织碘盐的供应。

在缺碘地区生产、销售的食品和副食品，凡需添加食用盐的，必须使用碘盐。

第十六条 在缺碘地区销售的碘盐必须达到规定的含碘量，禁止非碘盐和不合格碘盐进入缺碘地区食用盐市场。

对暂时不能供应碘盐的缺碘地区，经省、自治区、直辖市人民政府批准，可以暂时供应非碘盐；但是，省、自治区、直辖市人民政府卫生行政部门应当采取其他补碘的防治措施。

对缺碘地区季节性家庭工业、农业、副业、建筑业所需的非碘盐和非食用盐，由县以上人民政府盐业主管机构组织供应。

第十七条 经营碘盐批发业务的企业，由省、自治区、直辖市人民政府盐业主管机构审批。

碘盐批发企业应当从国务院盐业主管机构批准的碘盐加工企业进货。经营碘盐零售业务的单位和个人，应当从碘盐批发企业进货，不得从未经批准的单位和个人购进碘盐。

第十八条 碘盐批发企业在从碘盐加工企业购进碘盐时，应当索取加碘证明，碘盐加工企业应当保证提供。

第十九条 碘盐零售单位销售的碘盐应当为小包装，并应当符合本条例的有关规定。碘盐零售的管理办法由省、自治区、直辖市人民政府根据实际情况制定。

第二十条 为防治疾病，在碘盐中同时添加其他营养强化剂或者药物的，须经省、自治区、直辖市人民政府卫生行政部门、盐业主管机构批准，并明确销售范围。

因治疗疾病，不宜食用碘盐的，应当持当地县级人民政府卫生行政部门指定的医疗机构出具的证明，到当地人民政府盐业主管机构指定的单位购买非碘盐。

第四章 监督和管理

第二十一条 县级以上地方各级人民政府卫生行政部门负责对本地区食盐加碘消除碘缺乏危害的卫生监督和碘盐的卫生监督以及防治效果评估；县级以上地方各级人民政府盐业主管机构负责对本地区碘盐加工、市场供应的监督管理。

第二十二条 县级以上各级人民政府卫生行政部门有权按照国家规定，向碘酸钾生产企业和碘盐加工、经营单位抽检样品，索取与卫生监测有关的资料，任何单位和个人不得拒绝、隐瞒或者提供虚假资料。

第二十三条 卫生监督人员在实施卫生监督、监测时，应当主动出示卫生行政部门制发的监督证件；盐政人员在执行职务时，应当主动出示盐业主管机构制发的证件。

第五章 罚 则

第二十四条 违反本条例的规定，擅自开办碘盐加工企业或者未经批准从事碘盐批发业务的，由县级以上人民政府盐业主管机构责令停止加工或者批发碘盐，没收全部碘盐和违法所得，可以并处该盐产品价值 3 倍以下的罚款。

第二十五条 碘盐的加工企业、批发企业违反本条例的规定，加工、批发不合格碘盐的，由县级以上人民政府盐业主管机构责令停止出售、并责令责任者按照国家规定标准对食盐补碘，没收违法所得，可以并处该盐产品价值 3 倍以下的罚款。情节严重的，对加工企业由省、自治区、直辖市人民政府盐业主管机构报请国务院盐业主管机构批准后，取消其碘盐加工资格；对批发企业，由省、自治区、直辖市人民政府盐业主管机构取消其碘盐批发资格。

第二十六条 违反本条例的规定，在缺碘地区的食用盐市场销售不合格碘盐或者擅自销售非碘盐的，由县级以上人民政府盐业主管机构没收其经营的全部盐产品和违法所得，可以并处该盐产品价值3倍以下的罚款；情节严重，构成犯罪的，依法追究刑事责任。

第二十七条 违反本条例的规定，在碘盐的加工、运输、经营过程中，不符合国家卫生标准的，由县级以上人民政府卫生行政部门责令责任者改正，可以并处该盐产品价值3倍以下的罚款。

第二十八条 违反本条例的规定，出厂碘盐未予包装或者包装不符合国家卫生标准的，由县级以上人民政府卫生行政部门责令改正，可以并处该盐产品价值3倍以下的罚款。

第二十九条 违反本条例的规定，在缺碘地区生产、销售的食品和副食品中添加非碘盐的，由县级以上人民政府卫生行政部门责令改正，没收违法所得，可以并处该产品价值1倍以下的罚款。

第六章 附 则

第三十条 畜牧用盐适用本条例。

第三十一条 省、自治区、直辖市人民政府可以根据本条例制定实施办法。

第三十二条 经省、自治区、直辖市人民政府卫生行政部门、盐业主管机构确定为应当供应碘盐的非缺碘地区适用本条例第十五条第二款、第三款和第十六条第一款、第三款的规定。

第三十三条 本条例自1994年10月1日起施行。1979年12月21日国务院批准的《食盐加碘防治地方性甲状腺肿暂行办法》同时废止。

五、食盐专营办法

（1996年5月27日国务院令第197号发布）

第一章 总 则

第一条 为了加强对食盐的管理，保障食盐加碘工作的有效实施，保护公民的身体健康，制定本办法。

第二条　国家对食盐实行专营管理。

本办法所称食盐，是指直接食用和制作食品所用的盐。

第三条　本办法适用于中华人民共和国境内的食盐生产、储运和销售活动。

第四条　国务院授权的盐业主管机构（以下简称国务院盐业主管机构）负责管理全国食盐专营工作。

县级以上地方各级人民政府授权的盐业主管机构（以下简称县级以上地方各级人民政府盐业主管机构），负责管理本行政区域内的食盐专营工作。

第二章　食盐生产

第五条　国家对食盐实行定点生产制度。非食盐定点生产企业不得生产食盐。

食盐定点生产企业由省、自治区、直辖市人民政府盐业主管机构提出，报国务院盐业主管机构审批。

第六条　国务院盐业主管机构根据食盐资源状况和国家核定的食盐产量，按照合理布局、保证质量的要求，确定食盐定点生产企业。

第七条　国家对食盐生产实行指令性计划管理。

食盐年度生产计划由国务院计划行政主管部门下达，国务院盐业主管机构组织实施。

第八条　严禁利用井矿盐卤水晒制、熬制食盐。

第三章　食盐销售

第九条　国家对食盐的分配调拨实行指令性计划管理。

食盐年度分配调拨计划，由国务院计划行政主管部门下达，国务院盐业主管机构组织实施。

第十条　国家对食盐批发实行批发许可证制度。

经营食盐批发业务，必须依法申请领取食盐批发许可证。未取得食盐批发许可证的，不得经营食盐批发业务。

第十一条　经营食盐批发业务的企业，由省、自治区、直辖市人民政府盐业主管机构审查批准，颁发食盐批发许可证，并报国务院盐业主管机构备案。

食盐批发许可证由国务院盐业主管机构统一制作。

第十二条 取得食盐批发许可证，应当具备下列条件：

（一）有与其经营规模相适应的注册资本；

（二）有固定的经营场所；

（三）有符合国家规定的仓储设施；

（四）符合本地区食盐批发企业合理布局的要求。

第十三条 食盐批发企业应当按照国家计划购进食盐，并按照规定的销售范围销售食盐。

第十四条 食盐零售单位和受委托代销食盐的个体工商户、代购代销店以及食品加工用盐的单位，应当从当地取得食盐批发许可证的企业购进食盐。

第十五条 食盐定点生产企业、食盐批发企业、食盐零售单位和受委托代销食盐的个体工商户、代购代销店，应当执行国家规定的食盐价格。

第十六条 严禁将下列产品作为食盐销售：

（一）液体盐（含天然卤水）；

（二）工业用盐、农业用盐；

（三）利用井矿盐卤水晒制、熬制的盐产品；

（四）不符合国家食盐标准或者行业标准的盐产品；

（五）其他非食用盐产品。

第四章 食盐的储存和运输

第十七条 省、自治区、直辖市人民政府盐业主管机构应当根据实际情况，确定本地区食盐定点生产企业、食盐批发企业的合理库存量，并报国务院盐业主管机构备案。

食盐定点生产企业和食盐批发企业应当按照省、自治区、直辖市人民政府盐业主管机构的要求，保持食盐的合理库存。

第十八条 托运或者自运食盐的单位和个人，应当持有国务院盐业主管机构或者其授权的省、自治区、直辖市人民政府盐业主管机构核发的食盐准运证。

食盐作为国家重点运输物资，运输企业应当保障运输。

第五章　罚　则

第十九条　违反本办法第五条的规定，非食盐定点生产企业生产食盐的，由盐业主管机构责令停止生产，没收违法生产的食盐和违法所得，可以并处违法生产的食盐价值3倍以下的罚款。

第二十条　违反本办法第八条的规定，利用井矿盐卤水晒制、熬制食盐的，由盐业主管机构责令停止生产，没收违法生产的盐产品、违法所得和生产工具，可以并处违法生产的盐产品价值3倍以下的罚款。

第二十一条　违反本办法第十条的规定，未取得食盐批发许可证经营食盐批发业务的，由盐业主管机构责令停止批发活动，没收违法经营的食盐和违法所得，可以并处违法经营的食盐价值3倍以下的罚款。

第二十二条　违反本办法第十四条的规定，食盐零售单位和受委托代销食盐的个体工商户、代购代销店以及食品加工用盐的单位，从未取得食盐批发许可证的企业、单位或者个人购进食盐的，由盐业主管机构责令改正，没收违法购进的食盐，可以并处违法购进的食盐价值3倍以下的罚款。

第二十三条　违反本办法第十六条第（一）、（二）、（三）、（五）项的规定，将非食用盐作为食盐销售的，由盐业主管机构责令停止销售，没收违法所得，可以并处违法所得5倍以下的罚款；构成犯罪的，依法追究刑事责任。

第二十四条　违反本办法第十六条第（四）项的规定，将不符合食盐标准的盐产品当作食盐销售的，依照《中华人民共和国产品质量法》《中华人民共和国标准化法》的有关规定处罚。

第二十五条　违反本办法第十八条的规定，无食盐准运证托运或者自运食盐的，由盐业主管机构没收违法运输的食盐，对货主处以违法运输的食盐价值3倍以下的罚款，对承运人处以违法所得3倍以下的罚款。

第二十六条　盐业主管机构的工作人员玩忽职守、徇私舞弊，构成犯罪的，依法追究刑事责任；尚不构成犯罪的，依法给予行政处分。

第六章　附　则

第二十七条　本办法施行前已经从事食盐批发业务的企业，具备本办法第十二条规定的条件的，由省、自治区、直辖市人民政府盐业主管机构审核颁发食盐批发许可证。

第二十八条 渔业、畜牧用盐适用本办法。

第二十九条 本办法自发布之日起施行。

六、关于促进食盐流通现代化的若干意见

（发改经贸〔2003〕1995 号）

为提高食盐流通效率，降低流通成本，保障合格碘盐供应，根据党的十六大关于“深化流通体制改革，发展现代化流通方式”的精神，现就促进食盐流通现代化提出以下意见：

一、加快食盐流通现代化的重要意义

1994 年国家对食盐实行专营、开展全民普及碘盐供应以来，在国务院高度重视和各级政府、各有关部门大力支持以及盐行业积极探索、共同努力下，食盐流通现代化取得一定成效，全国覆盖城乡的食盐销售网络初步形成，食盐计划完成率和合格碘盐供应率逐年提高，2000 年在全国范围内消除碘缺乏症的阶段性目标基本实现。但与此同时，在食盐流通中也存在一些问题：一是食盐流通的组织化程度较低。一些省份食盐专营网络体系不畅。二是食盐流通环节多、成本高、效率低。部分食盐经营企业管理粗放，设施条件差，手工包装仍占相当比重。全行业人均食盐销量只有 100 吨。三是食盐流向不尽合理，增加了食盐流通运输和管理成本。四是食盐流通秩序尚不规范。非碘盐、劣质盐冲击食盐市场情况仍不同程度存在。

促进食盐流通现代化，对切实解决食盐流通中存在的矛盾和问题，完善和巩固食盐专营体制，落实食盐国家计划，确保合格碘盐普及供应，实现可持续消除碘缺乏危害目标具有重要意义。

二、促进食盐流通现代化的指导思想、基本原则和总体目标

促进食盐流通现代化的指导思想是：实践“三个代表”重要思想，发挥食盐专营优势，树立现代流通理念，发展新型营销方式，保证合格碘盐供应。

基本原则是：一是贯彻《食盐专营办法》，满足消费者普及碘盐消费

的需要；二是减少流通环节，发展统一配送，降低流通成本；三是加强质量监督，保证碘盐质量。

总体目标是：力争用三年左右的时间，通过深化改革和结构调整，构建食盐流通现代化网络体系，实现食盐分装集中化、销售网络化、流通配送化、经营连锁化、管理信息化；逐步形成全国统一，集生产运输、分装配送、资金结算、信息处理为一体的食盐流通体系；推动盐行业产销企业的联合和重组，降低流通成本，提高流通效率，使人均食盐销量达到300吨以上。

三、促进食盐流通现代化的主要措施

（一）理顺食盐流通管理体制。各省级盐业公司对市（地）级公司实行垂直管理，逐步推进市（地）县合一，为省内盐行业集团化做好组织准备。大部分县级盐业公司要逐步改为盐业配送站（点）。

（二）推进食盐经营集团化、产销一体化进程。各省、区、市要以理顺流通管理体制为契机，以运销企业为龙头，以资产为纽带，推进产销联合，构建大型盐业集团。

（三）合理设置食盐配送中心。由中国盐业总公司统筹规划，建立国家级食盐调拨配送中心，负责省（区、市）间食盐的调拨和配送；各省级盐业公司可根据本地实际情况和合理运输半径规划经销区域，设立若干省级食盐配送中心；以配送中心为龙头、以接受食盐配送的市县盐业公司为主体、以供应区内的配送站（点）为基本单位，组建年销售量3万吨以上、跨地区分销经营的大型食盐流通配送公司，形成省级盐业公司统一的食盐批发经销配送网络；推广一级批发、直达零售的销售模式。

（四）充分利用社会商业设施和营销网络。盐业企业在发展现代物流过程中，要充分利用社会仓储配送设施和营销网络，发挥专业物流配送企业的作用，实行物流配送业务外包。对边远山区、农村，可采取招标形式，有控制地设立转（代）批发网点。

（五）全面实行食盐集中分装。各省级盐业公司应按照食品卫生要求，利用生产、销售企业各自优势，组织食盐集中加工分装，逐步取消食盐手工包装和县级分装。以封闭化、自动化包装来保证食盐质量，以规模化来降低食盐包装成本。

（六）提高食盐流通信息化水平。建立从中盐总公司到各省级盐业公司、各配送中心、各配送站（点）的信息系统，逐步实现全国产销信息一体化和网上交易，发展电子商务，提高食盐流通信息化水平。

四、提高认识，加强领导，确保食盐流通现代化工作顺利进行

食盐流通现代化是一项关系到社会稳定、消除碘缺乏危害、提高全民身体素质和健康水平的大事。各省、自治区、直辖市及计划单列市计划（发展改革）部门、食盐主管部门要高度重视食盐流通现代化工作，加强领导，加大对食盐流通现代化的政策支持，协调解决工作中出现的问题。各省可根据实际情况建立省级食盐储备，与国家级储备互为补充。

各级盐业公司要充分依靠各级人民政府，进一步解放思想，提高认识，大胆探索，统筹规划，分步实施，会同计划（发展改革）部门、盐业主管部门制定出适合本省实际情况的流通现代化发展实施方案。在实际工作中要认真处理好减少环节、撤并机构与充分利用现有设施的关系，避免重复建设；处理好人员分流与社会稳定的关系，做好分流、精减人员的思想工作和安置工作；处理好产销企业之间的利益关系，在推进经营集团化、产销一体化进程中，要兼顾产销双方的生产经营特点和利益；处理好跨区域连锁经营、统一纳税与连锁企业门店所在地财政利益的关系，按照《国务院办公厅转发国务院体改办、国家经贸委关于促进连锁经营发展若干意见的通知》（国办发〔2002〕49号）精神，协助财政部门及时制定统一纳税后所属地区间财政利益调整办法。

七、推进食盐流通现代化实施方案

（发改办经贸〔2005〕1073号）

为贯彻落实国家发展和改革委员会《关于促进食盐流通现代化的若干意见》（发改经贸〔2003〕1995号），加快食盐流通现代化进程，不断提高盐行业流通组织化程度，降低流通成本，提高流通效率，确保合格碘盐供应，制定推进食盐流通现代化实施方案。

一、推进食盐流通现代化的指导思想和基本原则

我国现行食盐专营体制对于保障全国人民群众食用合格碘盐，降低碘缺乏病发病率，提高全民族身体素质起到了决定性作用。但是，在食盐流通中仍存在着一些亟待解决的问题。主要表现在：食盐流通的组织化程度较低，专营网络体系不畅；流通环节多、成本高、效率低；部分食盐经营企业管理粗放，设施条件差；食盐流向不尽合理，流通秩序尚不规范。因此，必须大力推进食盐流通现代化。

推进食盐流通现代化的指导思想是：实践“三个代表”重要思想，发挥食盐专营优势，树立现代流通理念，发展新型营销方式，保证合格碘盐供应。

推进食盐流通现代化的基本原则是：第一，贯彻《食盐专营办法》，满足消费者普及碘盐消费需要；第二，减少流通环节，发展统一配送，降低流通成本；第三，加强质量监督，保证碘盐质量。

二、推进食盐流通体制现代化的主要内容

加快建设以食盐调拨配送中心和区域食盐配送中心为主体的现代食盐配送体系，通过对地、市、县级盐业公司的优化、重组和整合，构建一批区域食盐配送中心的分销站点，完善食盐供应链；加强食盐物流信息系统建设，形成符合食盐专营的电子商务体系；积极探索构建食盐连锁经营网络。

（一）建设食盐调拨配送中心和区域食盐配送中心

力争在3年内，使整个中国盐业系统的食盐机械分装率达到100%，食盐物流配送机械化操作水平超过80%，使食盐总体流通成本（按可比价格计算）比现在下降20%，流通效率比现在提高50%。

1. 食盐调拨配送中心

食盐调拨配送中心承担国家食盐计划调拨任务和储备任务，执行相应的政府定价，负责食盐的集中分装、仓储以及辐射半径内区域市场的批发和配送。食盐调拨配送中心应立足于食盐主产区，依托生产企业而建。中国盐业总公司通过食盐调拨配送中心统一经营跨省调拨食盐业务，力争两年内完成食盐调拨配送中心建设。

食盐调拨配送中心的建设主要通过两种方式完成，一是利用现有流通资源进行改建，二是在食盐生产企业附近新建。食盐调拨配送中心的选址要立足产区，其年配送能力在20万吨以上，公路运输辐射半径原则上不低

于150公里，成品盐库存能力不低于一个月的销售量。建设内容主要包括：办公楼、信息机房、调度中心、原料库、分装车间、配送储存仓库以及停车场等其他配套设施。食盐调拨配送中心的建设应在2007年以前基本完成。

食盐调拨配送中心实行产权多元化，建设资金来源于企业投资人股金、国家拨款和各种贷款等。为了保证有效管理，确保国家调拨任务的完成，食盐调拨配送中心由中国盐业总公司控股。

2. 区域食盐配送中心

区域食盐配送中心是食盐调拨配送中心辐射能力的延伸，具有食盐分装（部分区域食盐配送中心承担跨省调入大包装食盐的集中分装任务）、仓储以及区域市场内批发和配送等功能。中国盐业总公司要指导督促区域食盐配送中心建设。力争在三年内完成。

区域食盐配送中心的建设，以经济区划为参照基准，主要利用现有食盐流通资源整合改建，少数特殊情况下可以新建。区域食盐配送中心的选址必须是多种运输方式的交汇节点，是衔接干线运输和区域内配送、集散运输的主要物流节点，并应在土地空间上留有较大的发展余地。区域食盐配送中心的配送辐射半径原则上不低于100千米，年经销配送食盐量原则上不低于3万吨，具有分装功能的配送中心同时须具备至少一个月销量的成品盐仓储能力。

区域食盐配送中心采用股份制经营方式，鼓励各地、各级盐业企业对区域食盐配送中心交叉持股。对承担国家储备任务，由中国盐业总公司控股的，可认定为国家食盐配送中心。

（二）积极构建食盐分销网络，推进食盐连锁经营

要积极调整和优化基层盐业公司的工作职能和组织结构，有效衔接集中配送和分散零售之间的关系，逐步将地、市、县盐业公司改进为各区域配送中心的分销站点，形成从配送中心到广大消费者之间的分销网络。各级盐业公司可根据商标、商号、经营权等特许经营许可，结合区域分销、城市零售或农村代销的不同特点选择直营连锁、特许加盟连锁以及许可证下的代售制等不同的连锁模式，积极推进食盐连锁经营的试点。要重点推进商品形象宣传、商品包装，商品品牌、柜台设计、商品陈列和运输车辆的车体广告等的统一，力争实现食盐销售的统一管理、统一配货、统一服

务，将合格的食盐快捷、安全地传递到消费者手中。

连锁经营试点要以确保碘盐供应为基础，结合当地经济发展水平和市场发育情况，以及企业自身情况，选择合适的连锁经营模式。对食盐经营不同环节，对农村地区、城市地区、发达地区与经济相对落后的山区要区别对待。对连锁经营模式的选择要实事求是，重效果而不要追求形式的简单统一。连锁经营模式试点工作，各地要在条件成熟的情况下逐步展开，不搞一刀切。中国盐业总公司应加强对各地连锁经营试点工作的指导。

（三）加强食盐物流信息化建设，构建网络管理平台

应用现代信息技术，带动盐业流通体制与机制的创新，再造业务流程，构筑信息共享、集成统一、业务模式创新的盐业物流信息管理平台是推进食盐流通现代化的重要组成部分。在现代物流中，信息是流通最活跃的因素，信息系统构建了食盐物流的中枢神经。因此，没有现代信息网络技术作支撑，就无法实现食盐流通现代化。

盐业物流信息管理平台是借助于企业信息门户技术，构筑由分销资源、物流资源、人力资源、生产、财务、协同办公和决策支持等组成的物流控制系统，以及由仓储和配送管理组成的物流作业系统所构成。系统分为三个层次，即决策层、作业层、客户层，实现订单、调拨、入库、分装、出库、配送、运输管理、库存、核算、财务、决策分析等的供应链管理与流通高度组织化的资源与信息的集合体。

食盐物流信息系统建设分为三级。

中国盐业总公司通过对各省级盐业公司的数据集成，建立中国食盐物流宏观决策支持管理信息系统，负责全国食盐计划的组织实施、物流监控、决策分析等，保证国家食盐计划和合格碘盐供应任务完成。

省级盐业公司建立食盐物流运营信息管理系统，负责本区域食盐生产、仓储、配送、结算等管理，通过数据交换与信息集成将生产、财务、人力资源管理与决策支持等构成物流信息系统，形成盐业物流供应链一体化管理。

各地市县盐业公司、配送站、特许店，通过特定账号（800电话/呼叫中心/EIP/销售系统）登录物流信息系统，进行销售订单的填报、上传及配送信息的查询等。实现直面终端客户营销与高效物流配送信息化管理。

食盐物流信息系统建设要实现五统一，即统一系统标准、统一编码体

系、统一数据接口、统一开发软件、统一计划管理，同时要体现先进性、安全性、实用性和可扩展性。

中国盐业总公司要积极推进全国食盐物流信息系统网络的建设，督促与指导各省级盐业公司按照“五个统一”的要求，因地制宜，制定好食盐物流信息系统规划和实施方案。

三、加快食盐流通现代化需要配套推进的几项工作

（一）发挥国家食盐分配调拨计划对食盐流通现代化工作的导向作用

随着食盐物流配送体系的建设，中国盐业总公司在执行国家年度食盐分配调拨计划中涉及跨省调拨部分时。应逐步通过食盐调拨配送中心予以落实；各省内食盐分配调拨计划应主要通过区域食盐配送中心完成。

（二）调整和优化地、市、县级盐业公司组织结构

地市、县级盐业公司作为食盐供应链中重要的下游环节，要在食盐流通现代化过程中承担起更重要的工作任务，转换职能，深入挖掘终端市场，深层次满足用户需求。

各级地市、县盐业公司要因地制宜，在保证现有国家食盐计划调拨任务正常执行的前提下，积极推动组织机构改革。把组织机构改革同企业改组、业务流程改造和加强科学管理结合起来，处理好改革发展和稳定的关系，通过以下两个阶段，实现组织结构的调整和优化：

第一阶段：在条件成熟的地区，改地、市、县盐业公司为配送中心的分销站点，取消其食盐分装业务，精减人员，转换职能。

第二阶段：彻底转换地县级盐业公司工作职能，大力构建终端零售网络，深度挖掘市场，满足市场深层次需求。

过对地市、县级盐业公司组织结构的调整和优化，彻底实现地市、县级盐业公司的职能转换，将其从食盐分装、仓储以及纷繁的行政管理中解脱出来，使其在现代食盐物流配送体系下。更充分有效地衔接集中化的物流配送与分散化的食盐销售之间的关系，有效整合资源，深度挖掘终端销售市场，进而推动食盐流通现代化整体进程。

（三）加快建立现代企业制度，积极培育发展大型盐业集团

建立现代企业制度是推进食盐流通现代化的重要制度保障。要力争用3～5年的时间，使中国盐业系统的企业普遍建立起现代企业制度，构建起

公司法人治理结构的基本框架。大力推进人事制度、劳动用工、薪酬分配三项制度改革，建立和完善企业约束和激励机制，吸引新型管理人才，提高全员素质。积极推行股份制改革，倡导经营者持股，实现投资主体多元化。

建立现代企业制度，一是要明晰产权，构建公司法人治理结构。在2006年之前，进一步明晰各级盐业企业的产权主体，系统建立和完善公司法人治理结构。在落实专营计划的基础上，各级法人企业独立核算、自主经营、自负盈亏。二是加快股份制改造。在全国范围内积极推进盐业企业的股份制改造，逐步实现盐业企业的股权多元化和利益主体多元化。在壮大企业资本的同时，最大限度地激发企业活力和员工积极性。在不断完善资本结构和改善经营状况的基础上，力争在2008年左右实现中国盐业集团整体上市的目标。三是要深化三项制度改革。2006年年底之前，通过深化人事制度、劳动用工和薪酬分配三项制度改革，最终实现精简机构、减员增效的目的，在中国盐业系统内建立现代人力资源管理体系。

积极培育和发展中国盐业大企业集团，大力实施品牌战略，打造中国盐业品牌。要通过并购、重组等市场手段联合各级盐业公司、配送中心和零售网点，建立以资本为纽带的中国盐业企业集团。通过集团化运作和统一的战略发展规划，强化对全国盐业市场的统一规范经营，提高决策水平，节约管理成本，构建企业文化，实施品牌战略，提升核心竞争力，实现资本增值。

（四）加强食盐流通现代化的培训和学习

要结合实际，制定培训计划，编制培训手册，组织学习食盐流通现代化的相关文件和知识、岗位技能，加深理解，有力保障食盐流通现代化的全面推进。

推动食盐流通现代化是一项复杂的系统工程。中国盐业总公司要充分发挥行业龙头作用，做好统一设计、整体规划、分类指导、加强培训等工作，为建设国家调拨、区域配送物流中心提供培训指导、信息系统、建设标准等支持，积极参与，率先垂范。各级盐业公司要进一步解放思想，统一认识，转变观念，加强学习和培训。要与当地有关部门做好沟通汇报，形成通力合作、齐抓共建的良好局面。要抓紧制定适合本地实际的食盐流通现代化实施方案，在中国盐业总公司的整体规划和统一协调下，狠抓落实，确保食盐流通现代化工作实现预定目标。

八、全国制盐工业结构调整指导意见

（发改工业〔2006〕605号）

盐是人民生活的必需品，也是化学工业的基础原料，广泛应用于其他行业属资源性产业，在国民经济中占有重要地位。而以食盐为载体，通过食盐加碘普及碘盐供应，是我国实现消除碘缺乏病目标，保障人民身体健康的有效措施，是党和国家赋予盐行业的特殊任务。但是，企业组织结构、产业结构、产品结构、区域布局不合理等问题在盐行业中普遍存在，已严重制约盐行业的健康发展，导致行业资源利用率低，整体竞争力落后，经济效益差。通过结构调整振兴制盐工业，是保障盐行业健康有序发展的重要举措。“十一五”期间，必须树立和落实科学发展观，抓住重要战略机遇期，以结构调整为中心任务，采取各项有效措施，全面提高行业核心竞争力，加快制盐工业的发展，更好地满足国民经济建设和社会发展的需要。

一、制盐工业结构调整的重大意义

（一）我国制盐工业经过新中国成立以来50余年的发展，已形成位于东部沿海的10个海盐区、中南和西南的10个井矿盐区和西北的3个湖盐区。改革开放以来，通过科技攻关和技术改造，不断改进生产工艺、技术、装备水平，结构调整有所进展，综合利用初见成效，产品质量稳步提高，盐的总产量以年均5%～8%的速度持续增长，已由建国初期的年产不足300万吨增加到2004年的4200万吨，年产量和需求量均居世界第二位。以食盐加碘，防治碘缺乏病为主要内容的食盐专营工作不断取得新的进展，20世纪90年代末，国家投资近10亿元的加碘盐工程，建成年产818万吨的碘盐生产和加工能力，保证了合格碘盐的生产和产品质量，碘盐覆盖率达到95%以上，对实现我国消除碘缺乏病阶段性目标发挥了极其重要的作用。

（二）当前，制盐工业普遍存在企业“多、小、散、弱”的粗放型经营状况，生产技术及装备水平薄弱、资源浪费严重、产品品种单一、附加值不高、劳动生产率低、经济效益差，整个行业缺乏核心竞争能力。海盐区抗灾能力弱，生产波动性大，产品质量难以提高，卤水资源浪费严重；井矿盐区产品能耗居高不下，岩盐开采率低；湖盐区受运输条件限制，无法发挥资源优势，综合利用水平低。这种落后的生产状况严重制约了制盐工业的健康发展，对增强行业整体竞争力，安全有效地满足国内化工行业市场需求和人民生活需要造成诸多不利影响，已不适应社会主义市场经济的要求。

（三）《国务院关于投资体制改革的决定》已将制盐项目列入政府核准的投资项目目录。但目前，相应的行业准入标准低，部分地区和企业出现了违规建设、盲目扩大盐产能的趋势。因此，通过结构调整，规范企业投资行为，加强政府对制盐生产能力的宏观调控，引导行业提高技术水平是十分必要的。

（四）我国国民经济快速发展，人民生活水平日益提高，为盐产品提供了广阔的市场需求和强劲的发展动力；科学发展观深入人心，市场竞争氛围增强，为结构调整创造了良好的外部环境。积极应对经济全球化挑战，抓住新的重要战略机遇期，加快结构调整步伐，对推动制盐工业持续、健康、协调发展具有十分重要的意义。

二、指导思想、总体目标和基本原则

（五）指导思想

以邓小平理论和“三个代表”重要思想为指导，贯彻落实《中华人民共和国国民经济和社会发展第十一个五年规划纲要》，坚持科学发展观，以结构调整为突破口，以体制创新为保障，转变经济增长方式，构建节约型发展模式，提高核心竞争力，推进制盐工业健康发展；在保证合格碘盐供应的同时，全面构建起结构优化，布局合理，效益提高的新型制盐工业体系。

（六）总体目标

到2010年，我国制盐工业结构调整取得实质性进展，发挥区域优势，合理产业布局，有效满足国民经济和社会发展需要；形成若干具有核心竞争力的大型盐业企业集团，优化资源配置，依托大型制盐企业集团建立稳定有效的食盐供应体系；通过技术创新和结构优化，以盐的终端产品为目标，延长产业链，调整产品结构，开发高附加值产品，提升行业的整体效益；提高资源的综合利用率，促进盐、盐化工、卤水养殖的共同发展，增强行业综合实力；引进循环经济发展模式，实现盐业资源的合理开采和综合利用，提高行业经济的运行质量，提高国际竞争力。

（七）基本原则

1. 合理调控总量，保证有效供给。以市场需求为导向，充分发挥市场配置资源的基础性作用。合理控制制盐生产能力的增长，坚持发展增量与淘汰落后产能相结合，避免产销失衡，引导、满足和丰富市场需求。

2. 协调区域发展，有序调整布局。合理配置资源，优化生产布局，充分考虑资源利用、能源供给、市场分布、环境容量、交通运输等综合因素，稳定发展海盐，有序发展井矿盐，按需发展湖盐。

3. 优化产业结构，改进发展模式。以技术创新与传统制盐工业结构调整相结合，积极研发和采用现代高新技术和先进适用技术，大力提高盐业资源的合理开发和综合利用水平，注重清洁生产和节能生产，使卤水化工、水产养殖、盐田生物产业成为制盐工业新的经济增长点，达到质量、结构、效益、环境的协调发展。

4. 稳定食盐专营，保证碘盐供应。建立依托优势制盐企业的食盐供应体系，实施食盐流通现代化，以食盐专营保障全国合格碘盐的供应。

5. 深化体制改革，促进机制创新。按照现代企业制度的要求，实现政企分开，加快制盐企业改革的步伐，促进国有企业的改组和改制，培育法人治理结构健全、拥有著名品牌和自主知识产权、主业突出、核心竞争力强的大型企业集团，为结构调整奠定坚实的体制基础。

三、加强宏观调控，保持总量平衡

（八）制定总量及分省控制目标。主要通过现有企业的扩建和技术改造，合理增加产能，保证市场供应。全国制盐生产能力由 2004 年的 4740 万吨，控制到 2010 年的 6500 万吨（包括 600 万吨液体盐），年增幅控制在 5% 以内。

（九）根据盐区特点，发挥各自资源优势，明确产业方向。海盐发展以化工用盐为主，北方海盐应稳定生产面积，重点通过提高单位面积产量实现原盐的稳产高产；改善制盐工艺，提高原盐质量；大力发展卤水化工和盐田生物产业；南方海盐应逐步缩小产能。井矿盐要有序发展，注重采用高效、防腐设备节能降耗，提高岩盐采出率和自控水平；根据市场条件，适当增加液体盐比重；实现卤水净化、盐硝联产和热电联产，防止低水平重复建设。湖盐以盐湖资源开发为主，通过改善运输条件增加市场供给量；保护湖区环境，重点发展钾盐、锂盐、镁盐等高附加值产品。地下卤水（主要分布在山东莱州湾）资源要合理适度开采，加强综合利用。

四、促进企业组织结构调整，培育和发展大型盐业企业集团

（十）逐步改变制盐企业“多、小、散、弱”的落后状况。2010 年前，要逐年关闭、淘汰各盐区经济规模以下的独立经营的制盐企业，具体规模为：海盐年产 30 万吨，井矿盐年产 10 万吨，湖盐年产 10 万吨。坚决取缔违法营业的盐场（厂）。

（十一）培育和发展大型企业集团。鼓励大中型盐碱企业形成紧密联系，建立战略联盟，相互参股，共同发展；鼓励大型制盐企业兼并、改造中小型盐场（厂），建立跨行业、跨区域、跨所有制的大型企业和企业集团。鼓励大型制盐企业建立自己的知名品牌，通过扶优限劣，优化企业组织结构，提高产业集中度。排名在前 20 位的生产企业，其制盐生产能力由 2004 年占全国总产能不足 50% 提高到 2010 年的 60% 以上，食盐定点企业由现在的 121 家调整到 50 家以内。

（十二）积极探索国有资本的多种有效实现形式，发展混合所有制经济。积极推行股份制改革，实现投资主体多元化。鼓励制盐生产企业吸引国内各类资本，加快建立现代企业制度的步伐，建立和完善公司法人治理结构，积极探索国际化经营的有效途径，增强开拓国际市场的能力。

五、积极推动盐业科技进步，加大技术研发力度，促进行业新工艺、新技术、新设备的产业化进程

（十三）对制盐工业亟须解决的关键技术及先进适用技术要积极研究，加以推广，提高盐行业工艺、技术及装备水平，重点是：

—北方海盐大型收、运、储成套设备的应用；

—北方海盐塑苫技术及设备；

—海盐卤水提取钾、溴、镁及其深加工的新技术；

—利用盐田生物调节技术提高海盐的单产和质量；

—引进和消化吸收海盐的洗盐技术及设备；

—盐田生物（卤虫、盐藻、螺旋藻、轮虫等）的增养殖和深加工技术；

—井矿盐新型蒸发器及关键设备的研究；

—制盐设备耐腐蚀材料的优选及推广；

—大面积连通井组提高采出率的开采技术；

—岩盐水溶开采及制盐过程的自动监测和控制技术；

—盐硝联产技术的推广及应用；

—盐湖补水技术；

—盐湖卤水资源综合利用提取钾盐、锂盐新技术。

（十四）鼓励现有制盐企业推广、采用高新技术及先进适用工艺、技术和装备进行技术改造。新建装置及设备应按最新工艺技术要求进行优化设计。

（十五）重点扶持专业科研院所、教育、勘察、设计单位的技术研发平台；鼓励大型企业集团建立企业研发中心，推进产、学、研的联合协作，加快科技成果的转化，建立成果产业化试验基地。同时在大型制盐企业建设结构调整成果示范基地，并给予必要的资金支持。

（十六）注重清洁生产和节能生产。海盐区推行苦卤综合利用、盐田生物技术应用、海洋化学资源综合利用，逐步实现“零排放”；莱州湾地下卤水资源进行保护性开采，实现盐溴联产，综合利用；积极研究盐穴用于储油、储气等可持续利用；加快盐硝联产技术的引进和消化吸收，推广卤水净化、分效预热、热电联产等节能技术；加强湖盐区的环境保护，提高卤水综合利用水平。

（十七）按照《国家职业标准》有关“制盐企业工人技术技能等级”要求，建立和完善企业职工培训制度，组织和引导企业开展多层次、全方位的职工技术培训和继续教育，加强职工技能培训，提高职工队伍素质。

六、开发多品种盐，优化产品结构，建立制盐工业新型产业格局

（十八）把盐业独有的资源优势转化为效益优势，实现经济效益、社会效益和环境效益的有机结合。根据本地区和本企业的资源条件和外部环

境，形成特色化、差异化主导型产业格局。支持资源综合利用率高、环保和支农项目，并在税收方面给予优惠，引导和扶持其健康发展。卤水化工、水产养殖、盐田生物及其他多种经营产业在盐业经济总量中的比重由目前的15%达到40%～50%；卤水化工产品总量由目前150万吨达到2010年的300万吨以上。

（十九）大力研发盐的系列产品，提高产品附加值。重点发展畜牧盐、公路化雪用盐、医药用盐、各类生活用盐、高纯度工业盐等。根据制碱业的需要，重视液体盐的开发和建设。到2010年，盐的新品种要由目前的不足百种达到200种以上。井矿盐中液体盐比重由2004年的12%提高到20%以上。

在生产、经营和开发盐产品的同时，要制止盐产品，特别是普通生活用盐的过度包装。

七、构建依托优势制盐企业集团稳定的食盐供应体系，推进食盐流通现代化，保障人民生活需要

（二十）食盐定点企业向优势企业集团集中，食盐生产计划向优势企业倾斜。鼓励定点生产企业开发多品种食盐，提高产品附加值。

（二十一）防治碘缺乏病是一项长期任务。食盐作为特殊商品，关系到人的生命安全和社会稳定，必须高度重视。理顺食盐流通管理体制，推进食盐经营集团化、产销一体化进程。贯彻实施《食盐流通现代化实施方案》，加快推进食盐流通现代化，建立新型的食盐市场供应体系，切实保证合格碘盐安全有效供应。

八、严格实行核准制，引导、规范制盐工业健康有序发展

（二十二）严格实施制盐项目的核准制。新建、改建和扩建制盐项目，需由国家发展改革委核准，坚决防止低水平重复建设和盲目投资建设。

（二十三）盐业生产布局上，不谋求生产规模的单纯扩大，以可持续发展（生产）为主要考虑因素，原则上不鼓励单独新建盐厂。主要依托现有制盐企业，结合兼并、重组，在资源、原料、运输、市场消费具有比较优势的地区进行改造、扩建。改扩建项目新增能力要和淘汰落后的生产能力相结合，优先支持盐碱同步配套项目建设。

（二十四）在总量控制下，新建、扩建和改建的制盐项目，其规模、

布局、工艺及装备、能源消耗、产品质量和资源综合利用等指标必须符合下列相关指标要求。

—生产规模。海盐场应达到80万吨以上，海水制盐生产面积单产达到80~100吨/公顷；真空制盐厂年产能达到60万吨以上；湖盐场年产能20万吨以上。

—劳动生产率。北方海盐企业劳动生产率达到1000吨/人·年以上，井矿盐企业劳动生产率为3000吨/人·年，湖盐企业劳动生产率为1500吨/人·年以上。

—工艺与装备。北方海盐区推广应用塑苫技术及设备，结晶池塑苫率达到80%以上，应用大型收、运、储成套设备，机械化率达到80%以上；井矿盐区采用盐硝联产、分效预热、热电联产工艺和技术，全部采用计算机集散控制技术、卤水净化和自动化包装；湖盐区积极推广采盐机和采盐船，机械化采收率达到80%以上。

—综合利用和能耗。北方海盐企业苦卤利用率达到50%以上（含地下卤水制溴后母液）；井矿盐企业全面实现可控的矿山开采，岩盐矿石的采收率由15%左右提高到25%，吨盐综合能耗为140公斤标煤。

—产品质量。工业盐、食盐达到最新国家标准，提高产品质量档次。特殊用盐满足用户要求。

（二十五）现有企业必须采取有效措施，在2010年前逐步达到上述相关指标要求，2010年末仍未达标的企业要限期整改或关闭。新建、改扩建项目达不到上述相关指标要求的，一律不予核准。

（二十六）对不履行核准制和不符合本指导意见的项目，国土资源部不予办理土地使用手续，工商管理部门不予登记，商务管理部门不批准合同和章程，金融机构不提供贷款和其他形式的授信支持，海关不予办理免税进口设备手续，质检部门不予颁发生产许可证，环保部门不予审批项目环境影响评价文件和不予发放排污许可证。

九、完善法规政策环境，加强组织领导，提升行业总体竞争力

（二十七）发挥标准化在提升行业整体竞争力中的作用，提高相关产品质量的国家标准、行业标准和企业标准的等级，加快制定《制盐工业排污标准》，提高行业准入标准，使标准成为实现产业升级、结构优化的桥梁，提高参与国际竞争的能力。

（二十八）各级政府应帮助承担大型制盐企业集团解决剥离企业办社会职能等历史包袱，国有资产管理部门要积极推进国有资产重组，财政、税收、金融、土地、环保等有关部门对减员、减债、减负，实施政策性破产、主辅分离等方面给予必要的政策支持，为促进大型国有企业的改革创造良好的外部环境。

（二十九）各地方政府部门要认真执行“指导意见”，做好本地制盐工业的宏观指导和调控工作，采取配套措施，有序推进制盐工业结构调整。各地盐业主管部门要根据结构调整总体方案和地方政府的意见，制定本省（自治区、直辖市）的制盐行业结构调整规划，依靠地方政府，分解目标，具体落实。

九、关于进一步做好无碘食盐供应和管理工作的通知

（卫办疾控发〔2009〕168号）

各省、自治区、直辖市卫生厅局、盐业主管部门，新疆生产建设兵团卫生局、盐业主管部门：

根据卫生部2005年调查结果，我国水源性高碘地区（以下简称高碘地区）主要分布在北京、天津、河北、山西、内蒙古、江苏、安徽、山东和河南9个省（区、市）中109个县（市、区、旗）的735个乡镇（见附件1—2），其中有少数高碘乡镇尚未落实无碘食盐供应措施。此外，在非高碘地区，一些专为不宜食用碘盐的甲状腺相关疾病患者（以下简称不宜食用碘盐人群）设置的无碘食盐销售网点，存在数量偏少、布局不合理且缺乏导购信息等问题，一定程度上造成了部分不宜食用碘盐人群购买无碘食盐不方便。为切实做好在高碘地区全面供应无碘食盐工作，妥善解决不宜食用碘盐人群购买无碘食盐面临的具体困难，进一步规范无碘食盐供销管理，根据《食盐加碘消除碘缺乏危害管理条例》（以下简称《条例》）的有关规定，现就有关事宜通知如下：

一、关于在高碘地区全面供应无碘食盐工作

（一）尚未采取停供碘盐措施的已查明高碘地区，要在2009年12月

底前，全面落实无碘食盐供应。

（二）各地通过自查新增的高碘地区，要报经省级卫生行政部门认定，省级盐业主管部门负责在划定的高碘地区供应无碘食盐。

（三）我国高碘地区主要呈局灶分布，高碘地区多与非高碘地区交织并存。因此，划定无碘食盐的供应范围要充分核准有关情况，原则上采取以乡镇为单位供应无碘食盐。同时，加大健康教育和宣传力度，让群众知情选购，谨防无碘食盐冲销到非高碘地区。

（四）部分已实施降碘改水工程的高碘地区，要密切监控改水后的饮水碘含量变化和人群碘营养状况，审慎调控无碘食盐供应措施。

（五）高碘地区要严格按照《全国碘缺乏病监测方案（试行）》（卫办疾控发〔2007〕197 号）的要求开展监测，动态掌握无碘食盐供应情况，适时开展人群碘营养状况调查，以便及时调整有关措施。

二、关于做好无碘食盐市场供应工作

（一）合理增设无碘食盐销售网点。各地盐业主管部门要在现有无碘食盐销售网点基础上，结合人口分布和交通状况，适度增设布局合理的销售点。农村地区原则上选取中心卫生院所在地，就近设立无碘食盐销售点或委托中心卫生院代销；城市地区原则上选取社区卫生服务中心所在地，就近设立无碘食盐销售点或委托社区卫生服务中心代销。

（二）提高对无碘食盐销售网点的知晓率。各级盐业主管部门须将本辖区内设置无碘食盐销售网点的相关信息采取在报刊、网站发布等便于群众查询的形式予以公布，同时在有关医院、社区张贴海报、布告等，引导群众寻购。

（三）加强对无碘食盐的供销管理。各地要依照《条例》有关规定，加强对从事无碘食盐销售人员的健康教育和培训，建立销售登记和定期统计报告制度，既要方便不宜食用加碘食盐人群购买无碘食盐，又要杜绝非高碘地区的健康人群盲目购买无碘食盐。销售人员不仅要向持有医疗机构疾病诊断不宜食用碘盐证明的人群限量供应无碘食盐，还要告诫不宜食用碘盐的患者防止其家人食用无碘食盐，以免造成健康危害。

三、有关要求

（一）各地要充分认识无碘食盐供应工作的重要性、艰巨性和复杂性，要将供应无碘食盐作为落实“因地制宜、分类指导和科学补碘”的重要内容，严格依照《条例》有关规定，切实加强领导、落实责任、强化监管，确保无碘食盐供应工作有条不紊地落实。

（二）有关部门要密切配合、各司其职、齐抓共管，加强对无碘食盐生产、流通和供销等环节的全面监管，建立、健全无碘食盐的专营销售网点。无碘食盐包装要注明适用者范围，合理规范销售价格，严厉打击劣质、假冒无碘食盐冲销市场。保证无碘食盐的稳定供应。

（三）省级卫生行政部门负责划定本地高碘地区范围，提出布设无碘食盐销售网点的实施计划，组织开展大众宣传，动态监测无碘食盐供销情况，调查评估实施效果；省级盐业主管部门负责高碘地区无碘食盐的组织供应，落实在非高碘地区合理布设无碘食盐销售网点的相关工作，通过强化措施，规范管理，积极稳妥地推进无碘食盐供应工作。

（四）各地要将高碘地区无碘食盐供应工作的进展情况，以及合理增设无碘食盐销售网点的落实情况，于2010年2月底前，分别报送卫生部、工业和信息化部。

（五）在各地落实无碘食盐供应相关工作期间，卫生部、工业和信息化部将适时组织专家对工作进展情况督导检查。

附 录 B

盐改后主要政策法规

一、盐业体制改革方案

（国发〔2016〕25 号）

为落实党中央、国务院决策部署，推进盐业体制改革，实现盐业资源有效配置，进一步释放市场活力，促进行业健康可持续发展，现制定以下方案。

一、总体要求

（一）指导思想。全面贯彻党的十八大，中共十八届三中全会、四中全会、五中全会和中央经济工作会议精神，认真落实创新、协调、绿色、开放、共享发展理念，以确保食盐质量安全和供应安全为核心，在坚持食盐专营制度基础上推进供给侧结构性改革，坚持依法治盐，创新管理方式，健全食盐储备，严格市场监管，建立公平竞争、监管到位的市场环境，培育一批具有核心竞争力的企业，逐步形成符合我国国情的盐业管理体制。

（二）基本原则。突出食盐安全。完善食盐监管机制，加强企业规范条件和信用体系建设，健全社会食盐储备体系，拓宽碘盐供应渠道，保障食盐质量，实现科学补碘。

释放市场活力。取消食盐产销区域限制，改革食盐定价机制和工业盐管理，鼓励企业自主经营、产销一体，通过兼并重组等方式不断做优做强，为行业健康发展提供动力。

注重统筹兼顾。把确保用盐安全和激发市场活力有机结合，统筹协调各项改革措施，建立沟通协调机制，加强工作指导和效果评估，确保改革稳妥推进。

坚持依法治盐。完善法律法规和政策措施，加快建设标准体系，建立健全监管制度，明确各方管理职责，创新管理方式，实施依法治理。

二、强化食盐专业化监管，完善食盐专营制度

（三）完善食盐定点生产制度。不再核准新增食盐定点生产企业，确保企业数量只减不增。鼓励食盐生产与批发企业产销一体。鼓励社会资本进入食盐生产领域，与现有定点生产企业进行合作。

（四）完善食盐批发环节专营制度。坚持批发专营制度，以现有食盐定点生产企业和食盐批发企业为基数，不再核准新增食盐批发企业，鼓励食盐批发企业与定点生产企业兼并重组，其他各类商品流通企业不得从事食盐批发。鼓励国有食盐批发企业在保持国有控股基础上，通过投资入股、联合投资、企业重组等方式引入社会资本，开展战略合作和资源整合。

（五）完善食盐专业化监管体制。保持现有专业化食盐监管体制不变，由盐业主管机构依法负责食盐管理与监督。工业和信息化部是国务院盐业主管机构，主管全国盐业工作，负责制定盐业发展规划和产业政策，管理全国食盐专营工作，保证盐行业发展稳定。县级以上地方各级人民政府授权的盐业主管机构，负责管理本行政区域内的食盐专营工作。各级盐业主管机构与公安、司法、卫生计生、工商、质检、食品药品监管等部门各司其职、密切协作，依法加强食盐安全监管。结合行政执法体制改革，探索推进食盐安全监管体制改革，研究剥离食盐批发企业承担的行政管理职能，创造条件将食盐质量安全管理与监督职能移交食品药品监管部门或市场监管部门负责。加快建设食盐电子追溯体系，实现食盐来源可追溯、流向可查询、风险可防范、责任可追究。

三、推进盐业管理综合改革，完善食盐储备制度

（六）改革食盐生产批发区域限制。取消食盐定点生产企业只能销售给指定批发企业的规定，允许生产企业进入流通和销售领域，自主确定生产销售数量并建立销售渠道，以自有品牌开展跨区域经营，实现产销一体，或者委托有食盐批发资质的企业代理销售。取消食盐批发企业只能在指定范围销售的规定，允许向食盐定点生产企业购盐并开展跨区域经营，省级食盐批发企业可开展跨省经营，省级以下食盐批发企业可在本省

（区、市）范围内开展经营。鼓励盐业企业依托现有营销网络，大力发展电子商务、连锁经营、物流配送等现代流通方式，开展综合性商品流通业务。

（七）改革食盐政府定价机制。放开食盐出厂、批发和零售价格，由企业根据生产经营成本、食盐品质、市场供求状况等因素自主确定。各级价格管理部门要加强对食盐零售价格的市场监测，配合盐业主管机构采取措施，保持价格基本稳定，特殊情况下可依法采取价格干预或其他紧急措施，防止普通食盐价格异常波动。

（八）改革工业盐运销管理。取消各地自行设立的两碱工业盐备案制和准运证制度，取消对小工业盐及盐产品进入市场的各类限制，放开小工业盐及盐产品市场和价格。各省级人民政府要切实执行放开工业盐运销管制的要求，并研究制定落实细则和责任追究等有关管理办法，工业和信息化部要加强督促检查。工业盐生产企业应当建立、保存完整的生产和销售记录，严格防止工业盐流入食盐市场。质检部门要督促生产企业提高产品质量，加强工业盐产品质量监管，依法查处不合格产品，工商部门要依法查处虚假广告和侵权假冒行为。

（九）改革食盐储备体系。建立由政府储备和企业社会责任储备组成的全社会食盐储备体系，确保自然灾害和突发事件发生时食盐和原碘的安全供应。各省（区、市）根据本地食盐供需情况建立政府食盐储备，储备量不得低于本省（区、市）1 个月食盐消费量，可以依托现有食盐批发企业的仓储能力，也可以选择具备条件的食盐生产企业实施动态储备，本级财政预算应安排资金对食盐储备给予贷款贴息、管理费支出等支持。加大对储备补贴资金的审计力度，接受社会监督。完善企业食盐储备制度，限定食盐生产、批发企业的最低库存和最高库存，防止食盐市场供应短缺和企业囤积居奇，其中最低库存不得低于本企业正常情况下 1 个月的平均销售量，库存具体标准由行业协会研究提出、工业和信息化部核定，各级盐业主管机构要加强对库存情况的监督检查。鼓励企业在供求关系稳定或产能大于需求时，在最低库存基础上建立成本自担的社会责任储备。原碘供应按照现行方式管理，中央财政对原碘采购及碘添加剂生产、供应给予适当支持。

四、加强食盐管理制度建设，保障食盐供应安全

（十）严格规范食盐生产批发企业资质。工业和信息化部牵头，食品药品监管总局等有关部门积极参与，依照有关法律法规，综合考虑技术水平、卫生保障条件等因素，制定食盐生产、批发企业的规范条件。省级盐业主管机构要依照新的规范条件对现有食盐生产、批发企业资质重新进行严格审核后报工业和信息化部备案，并在指定网站公示，接受社会监督。

（十一）加快信用体系建设。各级盐业主管机构要会同有关部门、行业协会建立食盐生产、批发企业及其负责人和高管人员信用记录，纳入国家统一的社会信用体系。依托全国信用信息共享平台、国家企业信用信息公示系统和地方政府指定网站建立健全信息公示制度，对拟进入食盐生产、批发领域的社会资本要在准入前公示有关信息，并每年定期公示所有企业及其负责人的有关信息。对有违法失信行为的企业和个人，有关部门要加大监管力度，依法实施联合惩戒，对行为后果严重且影响食盐安全的，要依法采取行业禁入等措施。各级盐业协会要发挥好协调沟通和行业自律的作用。

（十二）加强科学补碘工作。充分发挥食盐生产、批发企业的保障供应作用，有效拓宽碘盐供应渠道，确保合格碘盐覆盖率在90%以上，同时满足特定人群非碘盐消费需求。积极做好科学补碘宣传教育，提高孕妇、儿童和碘缺乏地区群众的科学补碘意识。国家卫生计生委负责制定食盐加碘标准，组织开展碘缺乏病监测，公布区域人群碘营养状况；省级卫生计生部门负责划定边远贫困碘缺乏地区，做好动态监控，适时调整帮扶地区范围。各地可根据实际情况，灵活选择政府补贴运销费用或直接补贴贫困人口等方式，保证边远贫困地区和经济欠发达的边疆民族地区人口能够吃得上、吃得起合格碘盐，并建立与社会救助标准、物价挂钩的联动机制，及时调整保障标准。

（十三）加强应急机制建设。工业和信息化部负责全国食盐供应紧急突发事件的协调处置工作，各级盐业主管机构要会同有关部门研究制定食盐供应应急预案，并向同级政府应急管理部门备案。紧急突发情况下，由盐业主管机构按照应急预案规定，采取投放政府储备、调运企业社会责任储备等方式，确保食盐市场稳定。

（十四）推动盐业企业做优做强。按照党中央、国务院深化国有企业改革有关要求，加快国有盐业企业公司制、股份制改革，建立规范的公司法人治理结构，积极发展混合所有制，转换经营机制，盘活企业资产，增强生机和活力。鼓励食盐生产、批发企业兼并重组，允许各类财务投资主体以多种形式参与，向优势企业增加资本投入，支持企业通过资本市场或公开上市等方式融资，形成一批具有核心竞争力的企业集团，引领行业发展。将解决中央盐业企业历史遗留问题纳入中央国有资本经营预算支出范围统筹考虑，各级政府要落实国有盐业企业兼并重组整合涉及的资产评估增值、土地变更登记和国有资产无偿划转等方面税收优惠政策。

五、强化组织领导，落实改革任务

（十五）完善盐业法律法规体系。国务院有关部门、地方政府要依照有关法律法规和本方案精神，抓紧对现行盐业管理法规政策进行清理，按程序提出立改废建议，推动健全法律法规体系，促进盐业健康发展。

（十六）设置过渡期分步实施改革。自本方案印发之日起至 2016 年 12 月 31 日，有关部门要抓紧研究制定食盐生产及批发企业规范条件、食盐储备、市场监管和价格监测、干预等政策措施，修改完善相关制度。从 2017 年 1 月 1 日开始，放开所有盐产品价格，取消食盐准运证，允许现有食盐定点生产企业进入流通销售领域，食盐批发企业可开展跨区域经营。现有食盐定点生产企业许可证和食盐批发企业许可证不再重新核发，有效期延至 2018 年 12 月 31 日。从 2018 年 1 月 1 日开始，现有食盐定点生产企业和批发企业可依照新的规定申请许可，根据许可范围从事相应的经营活动。

（十七）切实落实工作责任。各省级人民政府对本行政区域内盐业体制改革负总责，要加强组织领导，明确各有关部门的监管责任，按照本方案确定的改革方向和主要原则，结合实际制定具体工作方案，安排好政府食盐储备、边远贫困地区及经济欠发达的边疆民族地区碘盐供应财政补贴等工作，全面落实改革各项任务。国务院各有关部门要按照方案要求，抓紧制定配套政策措施，建立协作联动机制，形成监管合力。国家发展改革委、工业和信息化部要加强工作指导和统筹协调，并做好督促检查和效果评估，对改革中出现的新问题及时研究提出解决办法，确保食盐安全和市场稳定，做到重大问题及时向国务院报告。

二、关于做好改革过渡期间食盐定点生产企业进入食盐流通销售领域和食盐批发企业开展跨区经营有关工作的通知

（工信厅联消费函〔2016〕585 号）

各省（自治区、直辖市）工业和信息化主管部门、发展改革委、盐业主管机构，中国盐业总公司、中国盐业协会：

为贯彻落实《国务院关于印发盐业体制改革方案的通知》（国发〔2016〕25 号）精神，保障盐业体制改革各项措施顺利实施，按照《经济体制改革工作部际联席会议（盐业专题）会议纪要》（发改办经体〔2016〕1632 号）关于 2016 年盐业体制改革工作要点安排，有序放开区域市场和打通产销环节，确保改革过渡期间食盐质量安全和供应安全，做好食盐定点生产企业（含多品种食盐定点生产企业，下同）进入食盐流通销售领域和食盐批发企业开展跨区经营相关工作。现将有关事项通知如下。

一、关于改革过渡期

自 2017 年 1 月 1 日起至 2018 年 12 月 31 日止为改革过渡期，现有食盐定点生产企业证书和食盐批发企业许可证有效期至 2018 年 12 月 31 日为止。

工业和信息化部、国家发展改革委正会同有关部门制定《食盐定点生产企业和食盐批发企业规范条件》。从 2018 年 1 月 1 日起，现有食盐定点生产企业和食盐批发企业可依照新的规定申请许可，根据许可范围从事相应的经营活动。

二、关于食盐定点生产企业进入食盐流通销售领域

从 2017 年 1 月 1 日开始，食盐定点生产企业可持本省（自治区、直辖市）省级盐业主管机构颁发的食盐批发许可证（有效期至 2018 年 12 月 31 日为止）进入食盐流通销售领域，跨省（自治区、直辖市）自主经营。

2016 年 10 月 31 日前，各省级盐业主管机构应完成向辖区内食盐定点

生产企业颁发食盐批发许可证工作，并将获得食盐批发许可证的企业信息汇总后报送工业和信息化部（消费品工业司）。

三、关于省级食盐批发企业开展跨省经营

现有省级食盐批发企业、中国盐业总公司和取得食盐批发许可证的食盐定点生产企业开展跨省（自治区、直辖市）经营食盐业务，应主动将企业主要信息告知销售地省级盐业主管机构。

（一）应告知的主要信息。主要信息包括：

1. 企业名称；
2. 企业注册地址；
3. 企业生产经营地址；
4. 企业法定代表人或负责人及联系方式；
5. 企业联系人及联系方式；
6. 企业营业执照注册号/统一社会信用代码；
7. 食盐批发许可证书编号；
8. 企业所销售的食盐品种及其所销售食盐品种依据的标准（国家标准、行业标准等）信息。

（二）告知主要信息的方式。食盐批发企业主要信息表（附件 3）应通过信函、传真、电子邮件等方式告知销售地省级盐业主管机构，省级盐业主管机构应做好企业信息管理。企业主要信息发生变更，应及时将变更后的信息告知销售地省级盐业主管机构。

从 2017 年 1 月 1 日开始，现有省级食盐批发企业、中国盐业总公司和取得食盐批发许可证的食盐定点生产企业（含多品种食盐定点生产企业）可以开展跨省（自治区、直辖市）自主经营。

四、关于省级以下食盐批发企业开展跨区经营

省级以下食盐批发企业在本省（自治区、直辖市）内开展跨区经营，应主动将食盐批发企业主要信息表（附件 3）通过信函、传真、电子邮件等方式告知本省（自治区、直辖市）省级盐业主管机构，省级盐业主管机构应做好企业信息管理。企业主要信息发生变更，应及时将变更后的信息告知本省（自治区、直辖市）省级盐业主管机构。

从 2017 年 1 月 1 日开始，省级以下食盐批发企业可在本省（自治区、

直辖市）内跨区自主经营。

五、关于食盐加碘浓度

开展跨省（自治区、直辖市）经营的食盐定点生产企业和食盐批发企业销售的产品应当符合当地的盐碘浓度规定（见附件5），在高水碘地区应供应无碘盐。

附件：1. 食盐定点生产企业（含多品种食盐定点生产企业）
2. 省级食盐批发企业
3. 食盐批发企业主要信息
4. 省级盐业主管机构及其联系方式
5. 各省（自治区、直辖市）盐碘浓度规定

工业和信息化部办公厅
国家发展和改革委员会办公厅
2016年9月8日

附件1：食盐定点生产企业（含多品种食盐定点生产企业）名单

食盐定点生产企业名称：

1. 天津长芦汉沽盐场有限责任公司
2. 中盐工程技术研究院有限公司
3. 河北永大食盐有限公司
4. 唐山兴海制盐有限公司
5. 唐山达峰盐业有限责任公司
6. 唐山市唐丰盐业有限责任公司
7. 唐山市丰南区第一盐场
8. 唐山市南堡开发区冀盐食盐有限公司
9. 沧州盐业集团有限公司
10. 沧州盐业集团银山食盐有限公司
11. 唐山市银海食盐有限公司
12. 内蒙古兰太实业股份有限公司制盐分公司

13. 鄂托克前旗兴盛盐化有限责任公司
14. 内蒙古雅布赖盐化集团有限公司
15. 内蒙古锡林郭勒盟额吉淖尔盐场
16. 营口盐业有限责任公司
17. 大连盐化集团有限公司
18. 瓦房店五岛粉洗盐厂
19. 江苏省瑞丰盐业有限公司
20. 江苏井神盐化股份有限公司
21. 中盐金坛盐化有限责任公司
22. 江苏金桥制盐有限公司
23. 江苏省银宝盐业有限公司
24. 浙江省盐业集团台州市盐业配送有限公司
25. 浙江省宁波晶泰盐业发展有限公司
26. 浙江绿海制盐有限责任公司
27. 浙江杭州湾盐业配送有限公司
28. 中盐东兴盐化股份有限公司
29. 中盐福建盐业有限公司
30. 福建省泉州晶海轻化有限公司
31. 福建省莆田市晶秀轻化有限公司
32. 福建省晶浦轻化有限公司
33. 江西晶昊盐化有限公司
34. 江西富达盐化有限公司
35. 中盐新干盐化有限公司
36. 江西九二盐业有限责任公司
37. 山东肥城精制盐厂
38. 山东岱岳制盐有限公司
39. 山东省广饶明华盐化有限责任公司
40. 山东昌邑盐化精盐厂
41. 山东寒亭第一盐场
42. 山东无棣精盐厂
43. 山东菜央子盐场
44. 威海市高岛制盐有限公司

45. 中盐皓龙盐化有限责任公司
46. 河南省平顶山神鹰盐业有限责任公司
47. 中盐舞阳盐化有限公司
48. 中盐枣阳盐化有限公司
49. 久大（应城）盐矿有限责任公司
50. 中盐长江盐化有限公司
51. 湖北长舟盐化有限公司
52. 湖北广盐蓝天盐化有限公司
53. 孝感广盐华源制盐有限公司
54. 久大（应城）制盐有限责任公司
55. 中盐宏博（集团）有限公司
56. 中国石化江汉油田分公司盐化工总厂
57. 湖南省湘澧盐化有限责任公司
58. 湖南省湘衡盐化有限责任公司
59. 广东省盐业集团江门有限公司
60. 广东省盐业集团阳江有限公司
61. 广东省盐业集团雷州盐场有限公司
62. 广东省盐业集团徐闻盐场有限公司
63. 广东省盐业集团广州有限公司
64. 广东省盐业集团深圳有限公司
65. 广东省盐业集团汕头有限公司
66. 中盐广西盐业有限公司防城碘盐厂
67. 中盐广西盐业有限公司北海碘盐中心
68. 海南晶辉盐业有限公司
69. 海南莺歌海盐场有限公司
70. 海南省东方盐场
71. 重庆索特盐化股份有限公司
72. 重庆合川盐化工业有限公司
73. 云阳盐化有限公司
74. 四川省盐业总公司
75. 四川久大制盐有限责任公司
76. 四川乐山联峰盐化有限责任公司

77. 四川驰宇盐化有限责任公司
78. 四川久大蓬莱盐化有限公司
79. 四川省天渠盐化有限公司
80. 四川省广安盐化工有限责任公司
81. 宜宾丰源盐化有限公司
82. 云南盐化股份有限公司
83. 延长石油定边盐化有限公司
84. 中盐榆林盐化有限公司
85. 甘肃武阳盐化有限公司
86. 中盐甘肃高台盐化有限公司
87. 青海省盐业股份有限公司柯柯制盐分公司
88. 格尔木盐化（集团）有限责任公司
89. 青海省盐业股份有限公司茶卡制盐分公司
90. 和布克赛尔蒙古自治县宏达盐业有限责任公司
91. 哈密盐业有限责任公司
92. 吐鲁番联达制盐有限公司
93. 新疆盐湖制盐有限责任公司
94. 精河县精河盐化有限责任公司
95. 温宿县银峰盐业有限责任公司
96. 新疆盐业阿图什有限责任公司
97. 轮台县银海盐业有限责任公司
98. 巴州保健盐厂
99. 西藏自治区盐业总公司拉萨食盐加碘厂

多品种食盐定点生产企业名称：

1. 中盐北京市盐业公司
2. 中盐国本盐业有限公司
3. 天津长芦海晶集团有限公司
4. 河北绿海康信多品种食盐有限公司
5. 黄骅通宝特种盐有限公司
6. 河北中盐龙翔盐化有限公司
7. 山西晋久品种盐有限责任公司
8. 中盐沈阳（瓦房店）五岛盐业有限公司

9. 大连新春多品种盐有限公司
10. 铁岭市盐业专营有限责任公司
11. 抚顺市盐业有限责任公司
12. 大连东宇盐化有限公司
13. 营口蓝天盐业进出口有限公司
14. 大连雅特盐业有限公司
15. 辽宁益盐堂制盐有限公司
16. 中盐吉林盐业有限公司
17. 中盐上海市盐业公司
18. 上海中盐莫顿盐业有限公司
19. 上海味好美食品有限公司
20. 江苏省苏盐连锁有限公司张虞配送中心
21. 浙江临安三和园竹盐食品有限公司
22. 浙江蓝海星盐制品有限公司
23. 浙江颂康制盐科技有限公司
24. 浙江舟山远东进口海盐制品有限责任公司
25. 中盐安徽润华盐业发展有限公司
26. 江西强本科技发展有限公司
27. 青岛盐海制盐有限公司
28. 山东鲁晶制盐科技有限公司
29. 莱阳市盐场
30. 河南省卫群多品种盐有限公司
31. 中盐河南盐业物流配送有限公司
32. 湖北久大品种盐有限责任公司
33. 湖南雪天盐业技术开发有限公司
34. 广东省盐业集团多品种盐有限公司
35. 广东省盐业集团梅州有限公司
36. 广西壮族自治区银鹏多品种盐公司
37. 重庆市盐业（集团）有限公司
38. 四川顺城盐品股份有限公司
39. 四川久大品种盐有限责任公司
40. 陕西浩海品种盐有限责任公司

附件2：省级食盐批发企业名单

1. 北京　中盐北京市盐业公司
2. 天津　中盐天津市长芦盐业有限公司
3. 河北　河北省盐业专营集团公司
4. 山西　山西省盐业公司
5. 内蒙古　内蒙古自治区盐业公司
6. 辽宁　辽宁省盐业集团公司
7. 吉林　吉林省盐业集团有限公司
8. 黑龙江　中盐黑龙江盐业集团有限公司
9. 上海　中盐上海市盐业公司
10. 江苏　江苏省盐业集团有限责任公司
11. 浙江　浙江省盐业集团有限公司
12. 安徽　安徽省盐业总公司
13. 福建　福建省盐业集团有限责任公司
14. 江西　江西省盐业集团有限责任公司
15. 山东　山东省盐业集团有限公司
16. 河南　河南省盐业总公司
17. 湖北　湖北盐业集团有限公司
18. 湖南　湖南盐业股份有限公司
19. 广东　广东省盐业集团有限公司
20. 广西　广西壮族自治区盐业公司
21. 海南　海南省盐业总公司
22. 重庆　重庆市盐业（集团）有限公司
23. 四川　四川省盐业总公司
24. 贵州　贵州盐业（集团）有限责任公司
25. 云南　云南盐化股份有限公司
26. 西藏　西藏自治区盐业总公司
27. 陕西　陕西省盐业专营公司
28. 甘肃　中盐甘肃省盐业（集团）有限责任公司
29. 青海　青海省盐业股份有限公司
30. 宁夏　宁夏回族自治区盐业公司

31. 新疆　中盐新疆盐业有限公司

附件3：食盐批发企业主要信息（略）

附加4：省级盐业主管机构及其联系方式（略）

附件5：各省（自治区、直辖市）盐碘浓度规定

盐碘水平（mg/kg）	省份名称	省数
25	山西、内蒙古、吉林、江苏、安徽、江西、山东、广西、云南、湖北、海南、福建、浙江、陕西	14
30	天津、湖南、重庆、四川、宁夏、上海、甘肃、青海、西藏、河南、贵州、新疆（包括兵团）	12
25（普通人群） 30（孕妇）	北京、黑龙江、河北、辽宁、广东	5

三、关于加强改革过渡期间食盐专营管理有关工作的通知

（工信厅联消费〔2016〕211号）

为贯彻落实《国务院关于印发盐业体制改革方案的通知》（国发〔2016〕25号）精神，进一步加强食盐管理，确保盐业体制改革顺利实施，现就有关工作通知如下：

一、关于食盐企业销售管理

在2017年1月1日至2018年12月31日的改革过渡期内，食盐批发企业（含取得食盐批发许可证的食盐定点生产企业，下同）开展食盐销售经营活动可以通过以下四种方式进行：

（一）通过自建物流系统或与第三方物流企业签订配送合同委托其将食盐配送到商超、销售网点以及从事食品加工、餐饮服务的单位等食盐终端用户；

（二）通过自建分公司进行食盐销售业务，自建的分公司不得委托没有食盐批发许可资质的单位、个人开展经营活动；

（三）通过自建销售网点直接开展食盐销售业务；

（四）通过现有渠道开展食盐销售业务。

二、关于食盐企业资质管理

任何企业或者个人不得涂改、伪造、变造食盐定点生产企业证书和食盐批发企业许可证，不得买卖、出租、出借或者以其他形式非法转让食盐定点生产企业证书和食盐批发企业许可证。

取得食盐定点生产证书和食盐批发许可证的企业发生停产歇业、因故退出和破产倒闭等连续3个月不能持续正常生产的，省级盐业主管机构应当将资质证书缴回，注销证书编号，并告知国家发展改革委、工业和信息化部，确保食盐定点生产企业和食盐批发企业数量只减不增。

取得食盐定点生产证书和食盐批发许可证的企业不得利用非食盐定点生产企业资产设备从事食盐生产业务，不得和非食盐定点生产企业合作进行“贴牌”生产。

三、关于食盐企业食盐储备

食盐批发企业开展经营业务，应当在企业注册所在地建立企业食盐储备。

四、关于食盐企业电子商务管理

食盐批发企业可以开展食盐电子商务，并参照《网络食品安全违法行为查处办法》（国家食品药品监督管理总局令第27号）要求，将营业执照及其他资质证书正本扫描件置于电子商务网站首页的醒目位置并标明销售区域范围。

无食盐批发许可资质的企业和个人不得开展食盐电子商务。

网络食品交易第三方平台提供者发现其平台上的食盐销售企业无食盐批发许可资质或超出食盐销售区域范围，应当立即停止为其提供服务。

自本通知印发之日起，食盐定点生产企业可以运输食盐到销售地备货，省级食盐批发企业可以跨省备货，省级以下食盐批发企业可以在本省范围内跨区备货。食盐批发企业和食盐定点生产企业要履行好专营责任，完善企业储备制度、保持合理库存，切实保障食盐供应，确保不断供、不脱销。

工业和信息化部办公厅

国家发展改革委办公厅

2016年12月19日

四、关于进一步落实盐业体制改革有关工作的通知

（发改办经体〔2017〕604号）

各省、自治区、直辖市人民政府办公厅

按照《国务院关于印发盐业体制改革方案的通知》（国发〔2016〕25号，以下简称《方案》）精神，自2017年1月1日起，盐业体制改革正式实施。为进一步落实《方案》精神，保证食盐安全，维护市场秩序，促进公平竞争，释放市场活力，现就进一步做好盐业体制改革工作通知如下。

一、全面准确落实盐改精神，抓紧完善地方涉盐法规体系

各省、自治区、直辖市人民政府要增强“四个意识”，从维护党中央决策权威的高度切实担负改革总责，加强对改革落地工作的组织领导，明确各有关部门的责任和任务，加强对省级盐业主管机构的经常性督导，不折不扣落实《方案》部署的各项任务。要加快清理地方性法规和政策中与《方案》精神不符的条款，2017年6月30日前要完成清理工作。有关部门在相关涉盐法规完成修订前，不得拒不落实《方案》精神和国家有关规定，对有此类行为的机构及其主要负责人要责令整改和严肃处理，避免造成不良影响。

二、加快推进政企分开，完善食盐专业化监管体制

各省、自治区、直辖市人民政府要坚决取消食盐准运证、食盐零售许可证等不符合《方案》精神的行政审批事项。省、市、县三级盐业主管机构或食盐质量安全管理与监督机构与盐业公司未分离的，2017年6月30日前要编制完成盐业监管体制改革方案，2017年年底前要实现政企（事企）分离。各省、自治区、直辖市人民政府要完善食盐专业化监管体制，做细做实省级及省级以下盐业监管体制改革方案，统筹解决改革所涉及的编制调整、经费来源、人员安置等问题，进一步加强市场监管。鼓励有条件的地方提前完成政企（事企）分开任务。职能移交过程中要保障执法经费，防止出现监管“真空地带”，确保食盐质量安全。

市、县两级盐业监管体制改革方案的编制和实施是盐业体制改革落地生根的关键一环，要一并纳入省级盐业监管体制改革方案统筹安排，并经上级人民政府审批。各地要建立方案审批责任制度和方案审批督导制度，对市、县两级方案的科学性、系统性、可操作性进行严格把关，从严审批，绝不能出现“二传手、两张皮”的现象，绝不能只讲原则、不易操作。

三、落实盐改跨区经营政策，积极释放市场活力

各省、自治区、直辖市要结合当地实际情况，分自查自纠、整改规范与总结验收三个阶段开展落实盐改跨区经营政策专项行动，并于2017年6月30日前完成。

（一）规范物流配送方式。按照《工业和信息化部办公厅　国家发展改革委办公厅关于加强改革过渡期间食盐专营管理有关工作的通知》（工信厅联消费〔2016〕211号，以下简称“211号文”）规定，食盐批发企业（含取得食盐批发许可证的食盐定点生产企业，下同）可以通过自建物流系统或与第三方物流企业签订配送合同并委托其将食盐配送到百货商店、超级市场、零售商店、专卖店等食盐零售网点，以及从事食品加工、餐饮服务的单位等食盐终端用户。食盐批发企业不得弄虚作假，不得与无道路运输经营许可证和营业执照的物流企业签订物流配送合同。自建物流系统或第三方物流企业应依法设立，营业执照经营范围应涵盖普通货物运输、仓储服务等经营范围；应拥有必要的运输工具和仓库；应履行配送合同做好食盐配送服务，不得转卖转批食盐。食盐批发企业应直接对食盐零售网点或终端用户开具增值税发票或符合规定的销售票据。

（二）有序开展自建渠道销售。按照211号文规定，改革过渡期内食盐批发企业可以通过自建分公司或者自建销售网点开展食盐销售业务。自建分公司应按照《公司法》等相关规定依法设立；自建的分公司不具有法人资格，其违法责任由食盐批发企业承担。自建的分公司或者自建的销售网点应依据《劳动合同法》等法律法规与招用的劳动者签订劳动合同，依法支付工资并缴纳社会保险费等。

（三）严格企业信息告知范围。按照《工业和信息化部办公厅　国家发展改革委办公厅关于做好改革过渡期间食盐定点生产企业进入食盐流通销售领域和食盐批发企业开展跨区经营有关工作的通知》（工信厅联消费

函〔2016〕585号）规定，为方便有关部门履行监管职责，食盐批发企业在开展跨区经营时应将8项信息主动告知销售地省级盐业主管机构。省级盐业主管机构应于收到告知信息之日起的3个工作日内，在机构门户网站公布企业的8项信息，不得以任何理由拒绝公布。省级及省级以下盐业主管机构不得将食盐跨区经营信息告知作为行政审批事项，不得新增告知事项，不得扩大告知范围，不得增加告知频率。

自建物流系统或委托第三方物流企业的食盐批发企业，应向盐业主管机构提供物流企业资质的相关证照复印件及其负责人姓名和联系方式等信息，第三方物流企业还应提供委托配送食盐合同复印件以及自有运输工具和仓库等的证明材料；自建分公司的应提供分公司营业执照复印件及其负责人姓名和联系方式等信息；自建销售网点的应提供销售网点地址、名称等注册信息及其负责人姓名和联系方式等信息。

（四）明确食盐质量检测要求。有关部门不得以检测食盐质量等为由扣押或者没收合法合规进入市场的食盐产品，不得影响企业正常销售；确有必要检测的，应以抽查的形式检测食盐质量，并委托有资质的食盐检测机构依据相关食盐国家标准和行业标准进行检测，也可依据有效的企业标准进行检测；企业标准应严于国家标准和行业标准，并经当地食品安全标准主管部门备案，同时报全国盐业标准化技术委员会，全国盐业标准化技术委员会应在相关网站公布。专业食盐检测机构受有关部门委托抽检时应出具书面通知，抽检结果应书面告知企业。质量不合格的食盐产品应当立即停止销售，并依法依规接受处罚。对抽检结果有异议的，企业可以在收到抽检结果告知书之日起的7个工作日内向上一级有关部门提出复检申请，由受理复检申请的有关部门在国务院盐业主管机构等有关部门公布的复检机构名录中随机确认复检机构进行复检。复检机构与初检机构不得相同，复检结果为最终结果，复检结果应书面告知企业。

（五）严格执行食盐加碘标准。各省级盐业主管机构应会同同级卫生计生行政部门及时在本机构门户网站上公布本辖区内各地区盐碘浓度和高水碘地区名单。食盐批发企业在碘缺乏病地区应当销售碘盐为主，在高水碘地区应当销售未加碘食盐。禁止销售不符合销售地盐碘浓度的加碘食盐产品（依法依规销售的未加碘食盐除外），销售地盐业主管机构等有关部门应当书面告知违反有关规定的企业进行整改，整改时限不得超过7个工作日，整改不到位的要依法进行处罚。

（六）加快建设食盐电子追溯体系。各省级盐业主管机构、食盐定点生产企业和食盐批发企业应按照国家统一规定和标准建立食盐电子追溯系统。在国家统一规定和标准发布之前，各省级盐业主管机构或食盐质量安全管理与监督机构不得将加入本地食盐电子追溯体系作为允许食盐定点生产企业和食盐批发企业开展跨区经营的前置条件。

（七）规范网上交易服务平台建设。各省、自治区、直辖市自建食盐网上交易服务平台应坚持公平、公正、公开原则，并实现市场化运作。是否加入平台应由企业自主决定，不得将加入平台作为开展跨区经营的前置条件。

四、开展食盐质量安全专项检查，确保人民群众食盐安全

各省、自治区、直辖市人民政府要在辖区内组织开展食盐质量安全专项检查，并于2017年6月30日前完成。专项检查不得少于5个县级行政区；实地检查不得少于20家企业（网点），20家企业（网点）应包括食盐定点生产企业、食盐批发企业、食盐零售网点（含农贸市场）以及食盐终端用户（含食品加工企业）；检查样品应送专业食盐检测机构检测，专业食盐检测机构应出具书面检测报告。

（一）严格食盐生产环节检查。严查食盐生产原料来源和食盐生产环境，严肃查处非食盐定点生产企业生产、加工、销售食盐的违法行为，严格执行食盐生产工艺标准和卫生标准，杜绝以次充好、偷工减料，确保食盐质量；对生产质量不合格食盐的食盐定点生产企业，要责令整改，依法从重处罚。

（二）加强食盐批发环节检查。要充分发挥打击制贩假盐机制的长效作用，严厉打击食盐批发企业的违法经营行为，特别是要严厉打击将工业盐、工业废渣废液盐、饲料添加剂氯化钠以及外包装上无标识的盐产品和不符合食盐国家标准、行业标准的盐产品，充作食盐销售给零售网点、餐饮饭店、单位食堂等行为。对检查中发现有上述行为的食盐批发企业，要严厉追责，依法从重处罚。

（三）规范食盐储存和运输条件检查。食盐批发企业自建物流系统或委托第三方物流企业的食盐仓储设施的卫生条件必须符合国家食品安全标准，食盐的运输和装卸工具必须符合卫生要求，严禁将食盐与有毒有害物质混放或同载运输。对不符合此项规定的，应依法追究食盐批发企业和第三方物流企业的相关法律责任。

请各省、自治区、直辖市于2017年7月15日前将清理地方性法规和政策、编制盐业监管体制改革方案、落实盐改跨区经营政策、开展食盐质量安全检查等重点工作完成情况书面报告国家发展改革委、工业和信息化部。国家发展改革委、工业和信息化部将会同有关部门开展专项督查，督查情况将报告国务院。

国家发展改革委办公厅

工业和信息化部办公厅

2017年4月7日

五、食盐专营办法（修订送审稿）

第一章　总　则

第一条　为了加强对食盐的管理，保障食盐加碘工作的有效实施，确保食盐质量安全和供应安全，保护公民的身体健康，制定本办法。

第二条　国家对食盐实行专营管理。

本办法所称食盐，是指直接食用和制作食品所用的盐。

第三条　本办法适用于中华人民共和国境内的食盐生产、储运和销售活动。

第四条　国务院盐业主管机构负责管理全国食盐专营工作。

县级以上（含县级，下同）地方各级人民政府盐业主管机构负责管理本行政区域内的食盐专营工作。

第五条　国务院盐业主管机构会同有关部门、行业协会建立食盐信用管理制度。盐业主管机构会同有关部门记录食盐定点生产企业和批发企业及其负责人和高级管理人员信用信息，纳入全国信用信息共享平台，对有违法和失信行为的企业和个人依法实施联合惩戒。

第二章　食盐生产

第六条　国家对食盐实行定点生产制度。非食盐定点生产企业不得生产食盐。

食盐定点生产企业应当依法取得盐资源开发、开采许可，按照国家规定利用其开发、开采的原盐生产食盐，不得使用国家明令淘汰的工艺和设备。食盐定点生产企业生产的食盐，应当以碘盐为主。

食盐定点生产企业由省、自治区、直辖市人民政府盐业主管机构依照食盐定点生产企业规范条件进行审核，颁发食盐定点生产企业证书，报国务院盐业主管机构备案。食盐定点生产企业证书由国务院盐业主管机构统一制作。国务院盐业主管机构应当公布食盐定点生产企业的名单。

食盐定点生产企业证书不得涂改、倒卖、出租、出借，或者以承包、挂靠等方式转让给其他组织或者个人。

第七条　食盐定点生产企业生产的食盐应当符合《中华人民共和国食品安全法》及其实施条例、《食盐加碘消除碘缺乏危害管理条例》的有关规定。

食盐定点生产企业应当采用符合食品安全标准的碘强化剂生产碘盐。

严禁利用井矿盐卤水晒制、熬制食盐，严禁利用工业废渣、废液生产食盐。

第三章　食盐销售

第八条　国家对食盐批发实行批发许可证制度。

经营食盐批发业务，必须依法申请领取食盐批发许可证。未取得食盐批发许可证的，不得经营食盐批发业务。

食盐定点生产企业可以申请领取食盐批发许可证，并按照食盐批发许可证的规定批发食盐。

第九条　经营食盐批发业务的企业，由省、自治区、直辖市人民政府盐业主管机构依照食盐批发企业规范条件进行审核，颁发食盐批发许可证，并报国务院盐业主管机构备案。

食盐批发许可证由国务院盐业主管机构统一制作。

第十条　食盐批发企业应当从食盐定点生产企业购进食盐，并建立、保存完整的采购和销售记录。采购和销售记录保存时限不得少于两年。

省、自治区、直辖市食盐批发企业可以开展跨省、自治区、直辖市经营，省、自治区、直辖市以下食盐批发企业可以在本省、自治区、直辖市范围内开展经营。国务院盐业主管机构应当公布省、自治区、直辖市食盐批发企业的名单。

食盐批发许可证不得涂改、倒卖、出租、出借，或者以承包、挂靠等方式转让给其他组织或者个人。

第十一条　食盐零售单位（含受委托代销食盐的个体工商户、代购代销店，下同）和食品加工用盐的单位，应当从取得食盐批发许可证的企业购进食盐并保存采购凭证。

市场上零售的碘盐，盐碘含量应当符合零售地所属的省、自治区、直辖市碘盐浓度规定。

在水源性高碘地区，食盐零售单位应当销售未加碘食盐。在其他地区，应当以销售碘盐为主，同时满足特定人群无碘食盐消费需求。

在碘缺乏地区，销往学校、托幼机构、养老机构、建筑工地等集中用餐单位的食堂和餐饮服务提供者的食盐，应当为碘盐。

第十二条　食盐价格实行市场调节价，由企业根据生产经营成本、食盐品质、市场供求状况等因素自主确定。

价格管理部门应当加强食盐零售价格的市场监测，特殊情况下可以依法采取价格干预或者其他紧急措施，防止普通食盐价格异常波动。

第十三条　县级以上地方各级人民政府根据实际情况，通过财政补贴、与社会救助标准和物价联动等方式，保证边远贫困地区、边疆地区、少数民族地区的食盐供应。

第十四条　严禁将下列产品作为食盐销售：

（一）液体盐（含天然卤水）；

（二）工业用盐（含工业废渣、废液制盐）、农业用盐、土盐、硝盐；

（三）利用井矿盐卤水晒制、熬制的盐产品；

（四）不符合食盐国家标准、行业标准的盐产品，不符合食盐卫生标准的原盐和加工盐；

（五）外包装上无标识的盐产品；

（六）国家规定的其他非食用盐产品。

第四章　食盐的储存和运输

第十五条　省、自治区、直辖市人民政府盐业主管机构应当根据实际情况，确定本行政区域食盐定点生产企业、食盐批发企业的合理库存量，并报国务院盐业主管机构备案。

食盐定点生产企业和食盐批发企业应当按照省、自治区、直辖市人民政府盐业主管机构的要求，保持食盐的合理库存，建立企业食盐储备制度，执行国家限定的最低库存和最高库存，其中最低库存不得低于本企业正常情况下 1 个月的平均销售量。企业食盐库存具体标准由国务院盐业主管机构核定，各级盐业主管机构实施监督检查。

鼓励食盐定点生产企业和食盐批发企业在供求关系稳定或者产能大于需求时，在最低库存基础上建立成本自担的社会责任储备。

第十六条 省、自治区、直辖市人民政府盐业主管机构应当根据本行政区域食盐供需情况，建立政府食盐储备，储备量不得低于本行政区域正常情况下 1 个月的食盐平均消费量。本级财政预算安排资金对食盐储备给予支持。

第十七条 食盐作为国家重点运输物资，运输企业应当保障运输。

第五章 罚 则

第十八条 违反本办法第六条第一款的规定，非食盐定点生产企业生产食盐的，由盐业主管机构责令停止生产，没收违法生产的食盐和违法所得，可以并处货值金额十倍以上二十倍以下的罚款；情节严重的，提请工商行政管理机关吊销其营业执照。

第十九条 违反本办法第六条第二款、第七条第三款规定生产食盐的，由盐业主管机构责令停止生产，没收违法生产的盐产品、违法所得和生产工具，可以并处货值金额十倍以上二十倍以下的罚款；情节严重的，吊销其食盐定点生产企业证书或者食盐批发许可证，提请工商行政管理机关吊销其营业执照。

第二十条 违反本办法第八条的规定，未取得食盐批发许可证经营食盐批发业务的，由盐业主管机构责令停止批发活动，没收违法经营的食盐和违法所得，可以并处货值金额十倍以上二十倍以下的罚款；情节严重的，提请工商行政管理机关吊销其营业执照。

第二十一条 违反本办法第十条第一款的规定，食盐批发企业未建立或者保存食盐采购和销售记录的，由盐业主管机构责令改正，可以给予警告；情节严重的，可以处十万元以下的罚款。

第二十二条 违反本办法第十一条第一款的规定，食盐零售单位和食品加工用盐的单位，从未取得食盐批发许可证的企业、单位或者个人购进食盐的，由盐业主管机构责令改正，没收违法购进的食盐，可以并处货值金额十倍以上二十倍以下的罚款。

违反本办法第十一条第二款、第三款、第四款的规定的，依照《食盐加碘消除碘缺乏危害管理条例》有关规定处罚。

第二十三条　违反本办法第十四条第一、二、三、五、六项的规定，将非食用盐作为食盐销售的，由盐业主管机构责令停止销售，没收违法所得，可以并处货值金额十倍以上二十倍以下的罚款；情节严重的，提请工商行政管理机关吊销其营业执照。

第二十四条　违反本办法第十四条第四项的规定，将不符合食盐标准的盐产品、不符合食盐卫生标准的原盐和加工盐当作食盐销售的，依照《中华人民共和国食品安全法》有关规定处罚。

第二十五条　食盐定点生产企业、食盐批发企业有下列行为之一的，由省、自治区、直辖市人民政府盐业主管机构吊销其食盐定点生产企业证书或者食盐批发许可证，提请工商行政管理机关吊销其营业执照；对直接负责的主管人员和其他直接责任人员可以处一万元以上十万元以下的罚款，属于国家工作人员的，依法给予处分：

（一）参与制贩假盐的；

（二）食盐批发企业从非食盐定点生产企业购进食盐的；

（三）经审核不符合食盐定点生产和批发企业规范条件的；

（四）连续3个月达不到本办法第十五条第二款规定的食盐最低库存量的；

（五）涂改、倒卖、出租、出借或者以其他方式非法转让食盐定点生产企业证书、食盐批发许可证的；

（六）违反国家食盐专营管理规定并且影响食盐安全的其他行为。

第二十六条　盐业主管机构开展食盐专营执法工作，有权采取下列措施：

（一）进入生产或者销售场所实施现场检查；

（二）对生产或者销售的食盐或者原材料抽样检验；

（三）查阅、复制有关合同、票据、账簿及其他有关资料；

（四）查封、扣押有证据证明不符合食盐专营管理规定的食盐及原材料，用于违法生产、销售活动的工具、设备；

（五）查封违法从事食盐生产或者销售的场所。

盐业主管机构的工作人员玩忽职守、徇私舞弊的，依法给予行政处分。

第二十七条 违反本办法的规定，构成犯罪的，依法追究刑事责任。

第二十八条 食盐定点生产企业、批发企业违反本办法的规定，情节严重或者造成严重后果并且影响食盐安全的，盐业主管机构可以对企业或者其负责人和其他责任人员采取食盐行业禁入措施，即在一定期限内直至终身不得从事食盐生产经营管理活动或者不得担任食盐定点生产企业、批发企业董事、监事、高级管理人员。

第六章 附 则

第二十九条 食盐定点生产和批发企业规范条件由国务院盐业主管机构会同有关部门制定并公布。食盐定点生产企业和批发企业按照规范条件重新申请许可。

第三十条 渔业、畜牧用盐适用本办法。

第三十一条 本办法自2017年 月 日起施行。

六、盐业管理条例（修订送审稿）

第一章 总 则

第一条 为了加强盐资源的保护和开发，加强盐业管理，促进盐业健康可持续发展，保证盐的正常运销，适应经济社会发展和人民生活的需要，制定本条例。

第二条 在中华人民共和国境内从事盐资源开发、盐业生产和运销活动，均须遵守本条例。

第三条 盐资源属于国家所有，国家对盐资源实行保护。具体管理办法，按照国家有关规定执行。

第四条 国务院盐业主管机构负责主管全国盐业工作。

省及省级以下人民政府盐业主管机构负责主管本行政区域内的盐业工作。

第五条 国家鼓励盐业的科学研究和先进技术的推广；对于在盐业科

学技术研究和运用方面做出显著成绩的单位和个人，应当给予表彰和奖励。

第二章　资源开发

第六条　开发盐资源（包括利用海水制盐、开发岩盐、湖盐和天然卤水制盐），必须遵守国家有关矿产资源开发、土地管理、环境保护、固定资产投资及其他有关法律、法规。

第七条　国家对开发盐资源实行统筹规划，合理布局。

国家鼓励开发盐资源，发展盐业生产，地方人民政府予以扶持。

第八条　开发盐资源（矿盐除外），开办制盐企业（含非制盐企业开发盐资源，下同），必须经省级盐业主管机构审查同意，报省、自治区、直辖市人民政府批准。

开采矿盐（包括岩盐、湖盐和天然卤水），必须按照《中华人民共和国矿产资源法》的有关规定，领取采矿许可证。

制盐企业固定资产投资项目，应当按照国家关于固定资产投资的有关规定办理。

第九条　盐业企业与其他单位和个人之间在资源使用权和土地所有权、使用权上的争议，由当事人协商解决；协商不成的，应当分别按照《中华人民共和国矿产资源法》《中华人民共和国土地管理法》的规定，由有关人民政府处理。

第三章　盐场（厂、矿）保护

第十条　为了保证国家对盐资源的开发利用，维护制盐企业的正常生产，划定合理的海盐场保护区和湖盐场（厂）保护区。

海盐场防护堤临海面的一定区域和纳潮排淡沟道两侧的一定区域划为海盐场保护区。保护区具体界限的划定，由海盐场所在地省级盐业主管机构提出方案，报省级人民政府批准。

湖盐场（厂）开发的盐湖边缘向外一定区域划为湖盐场（厂）保护区。保护区具体界限的划定，由湖盐场（厂）所在地省级盐业主管机构会同省级国土资源主管部门提出方案，报省级人民政府批准。

第十一条　任何单位和个人不得在海盐场保护区内兴建小虾池、小盐田以及非法进行其他有损海盐场的活动。

任何单位和个人不得破坏湖盐场（厂）保护区内的防护林带、植被和其他防护设施。

第十二条 制盐企业的下列财产和设施受国家法律保护，任何单位和个人不得破坏、侵占、盗窃、哄抢：

（一）制盐企业依法使用的土地、滩涂和盐矿资源；

（二）海盐场防护堤和纳潮排淡沟道；

（三）制盐企业的生产工具、设备和产品；

（四）制盐企业已开采的盐矿石（包括共生、伴生矿石）和卤水，已纳入盐田的海水、各级卤水，盐田中的卤虫、鱼虾、微藻等盐田生物。

第十三条 制盐企业所在地的公安机关应当加强盐区治安保卫工作，以维护盐区正常的生产秩序。

盐区治安管理的具体问题，由县级以上（含县级，下同）盐业主管机构与同级公安机关共同协商解决。

第四章 生产管理

第十四条 制盐企业必须加强企业管理，提高技术水平，降低消耗，增加效益。

第十五条 制盐企业必须严格按照国家有关规定，加强质量监督检测工作，不符合质量和卫生标准的产品不准出企业。

第十六条 禁止利用盐土、硝土和工业废渣、废液加工制盐。但以盐为原料的碱厂综合利用资源加工制盐不在此限。

工业盐生产经营企业应当建立、保存完整的生产和销售记录，严格防止工业盐流入食盐市场。生产和销售记录保存时限不得少于两年。

工业盐等非食盐产品必须在外包装上用中文标明“工业用盐禁止食用”或者“非食用盐禁止食用”。

第十七条 国家鼓励制盐企业综合利用盐资源，发展盐化工和水产养殖等多品种生产。

第五章 运销管理

第十八条 食盐的批发业务，由取得食盐批发许可证的企业经营。

第十九条 零售食盐的单位应当保持合理库存，不得脱销。

第二十条 运输部门应当将盐列为重要运输物资，对食用盐的运输应当重点保证。

第二十一条　海盐产区应当按照国家规定建立以丰补歉的平衡盐储备制度，盐的销区应当按照国家规定建立食用盐储备制度。

第六章　法律责任

第二十二条　违反本条例第八条规定，擅自开发盐资源、开办制盐企业的，由地方人民政府或地方有关行政主管部门按照国家有关规定处理。

第二十三条　非法侵占制盐企业依法使用的土地、滩涂，擅自进入国家划定的盐业企业的矿区采矿的，按照国家有关土地管理、矿产资源管理的法律、法规处理。

第二十四条　违反本条例第十一条、第十二条第二项、第三项、第四项规定的，盐业主管机构有权制止，责令其赔偿损失，没收其非法所得，并可处以不超过非法所得额五倍的罚款。

第二十五条　违反本条例第十五条、第十六条规定的，盐业主管机构、食品药品监管机构、卫生计生主管部门按照他们的职责分工，有权予以制止，责令其停止销售，没收其非法所得，并可处以货值金额十倍以上二十倍以下的罚款；情节严重的，提请工商行政管理机关吊销其营业执照。

第二十六条　当事人对盐业主管机构做出的行政处罚决定不服的，可以在知道该处罚决定之日起六十日内向该盐业主管机构的本级人民政府或者上一级盐业主管机构申请复议。行政复议机关应当在受理复议申请之日起六十日内做出复议决定。申请人对复议决定不服的，可以在收到复议决定书之日起十五日内向人民法院起诉。当事人直接向人民法院提起行政诉讼的，应当在知道做出行政处罚决定之日起六个月内提出。

第二十七条　违反本条例规定，构成犯罪的，依法追究刑事责任。

第七章　附　则

第二十八条　省、自治区、直辖市人民政府可以根据本条例制定实施办法。

第二十九条　本条例自2017年　月　日起施行。

重要术语索引表

后　记

本书是我们近年来在盐业领域所做研究的一次系统梳理和总结，凝聚着中国盐业总公司、全国各地盐业生产企业与盐业公司、北京物资学院的领导、专家学者的真知灼见。

感谢中国盐业总公司和全国各地盐业生产企业、盐业公司的大力支持和帮助。近年来，我们先后在浙江、江苏、广东、安徽、重庆、河南、青海、甘肃、内蒙古等地调研，与各地领导、专家进行座谈交流，得到了他们热情的指教，获得了他们在实践中及学术上的经验、知识和见解。

感谢北京物资学院中国盐业问题研究团队的专家学者支持和帮助。北京物资学院中国盐业问题研究团队是一个具有凝聚力、战斗力，能够挽着胳膊一同向前走的科研攻关团队。近年来，团队成员共同承担的盐业问题研究项目主要是：中国盐业总公司委托项目“培育成熟的食盐市场经营主体研究”、北京市教育委员会社科计划重点项目“后专营时代京津冀食盐供应安全保障机制研究”、北京市社会科学基金项目“后专营时代北京市食盐封闭供应链运行机制研究”、内蒙古额吉淖尔盐场委托项目“食盐产品市场定位及营销策略研究”、国家发改委经济体制改革综合司委托项目“盐业体制改革进展及成效评估”等。同样，本书也凝聚着北京物资学院中国盐业问题研究团队成员的心血，由衷地感谢刘丙午教授、刘军教授、魏国辰教授、尚珂教授的支持。

感谢北京物资学院的领导专家对中国盐业问题研究团队的关注和鼓

励。在国家《盐业体制改革方案》发布实施之际，北京物资学院成立了中国盐业研究中心，主要聚焦于中国盐业发展政策与食盐市场营销、盐业信息化和盐产品开发与检测，以盐业发展需求为依托开展研究，服务盐业发展，力争建设成为中国盐业发展的新型智库。

中国食盐经营体制已进入“后专营时代”，希望在以市场化为导向的改革中，能够继续保持食盐市场的稳定发展。我们也愿同大家一道，为中国食盐经营市场化改革贡献一分力量。

王可山、郝玉柱、刘永胜

2017 年 3 月